어느 교과서를 배우더라도

꼭 알아야 하는 **개념**과 **기본 문제** 구성으로

다양한 학교 평가에 완벽 대비할 수 있어요!

11종 검정 교과서

평가 자료집

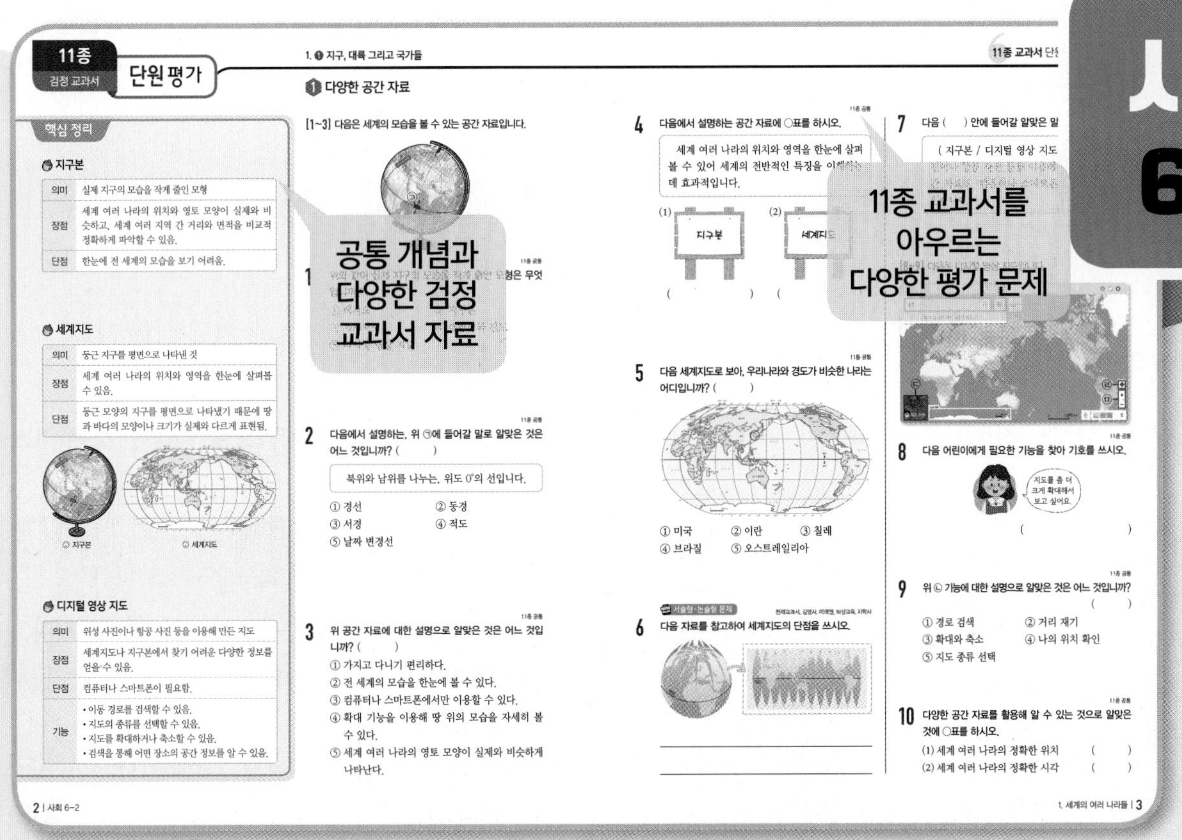

사회
6-2

❶ 다양한 공간 자료

핵심 정리

지구본

의미	실제 지구의 모습을 작게 줄인 모형
장점	세계 여러 나라의 위치와 영토 모양이 실제와 비슷하고, 세계 여러 지역 간 거리와 면적을 비교적 정확하게 파악할 수 있음.
단점	한눈에 전 세계의 모습을 보기 어려움.

세계지도

의미	둥근 지구를 평면으로 나타낸 것
장점	세계 여러 나라의 위치와 영역을 한눈에 살펴볼 수 있음.
단점	둥근 모양의 지구를 평면으로 나타냈기 때문에 땅과 바다의 모양이나 크기가 실제와 다르게 표현됨.

지구본　　세계지도

디지털 영상 지도

의미	위성 사진이나 항공 사진 등을 이용해 만든 지도
장점	세계지도나 지구본에서 찾기 어려운 다양한 정보를 얻을 수 있음.
단점	컴퓨터나 스마트폰이 필요함.
기능	• 이동 경로를 검색할 수 있음. • 지도의 종류를 선택할 수 있음. • 지도를 확대하거나 축소할 수 있음. • 검색을 통해 어떤 장소의 공간 정보를 알 수 있음.

[1~3] 다음은 세계의 모습을 볼 수 있는 공간 자료입니다.

11종 공통

1 위와 같이 실제 지구의 모습을 작게 줄인 모형은 무엇입니까? (　　　)

① 백지도　② 지구본
③ 세계지도　④ 대한민국 전도
⑤ 디지털 영상 지도

11종 공통

2 다음에서 설명하는, 위 ㉠에 들어갈 말로 알맞은 것은 어느 것입니까? (　　　)

> 북위와 남위를 나누는, 위도 0°의 선입니다.

① 경선　② 동경
③ 서경　④ 적도
⑤ 날짜 변경선

11종 공통

3 위 공간 자료에 대한 설명으로 알맞은 것은 어느 것입니까? (　　　)

① 가지고 다니기 편리하다.
② 전 세계의 모습을 한눈에 볼 수 있다.
③ 컴퓨터나 스마트폰에서만 이용할 수 있다.
④ 확대 기능을 이용해 땅 위의 모습을 자세히 볼 수 있다.
⑤ 세계 여러 나라의 영토 모양이 실제와 비슷하게 나타난다.

정답 2쪽

11종 공통

4 다음에서 설명하는 공간 자료에 ○표를 하시오.

세계 여러 나라의 위치와 영역을 한눈에 살펴볼 수 있어 세계의 전반적인 특징을 이해하는 데 효과적입니다.

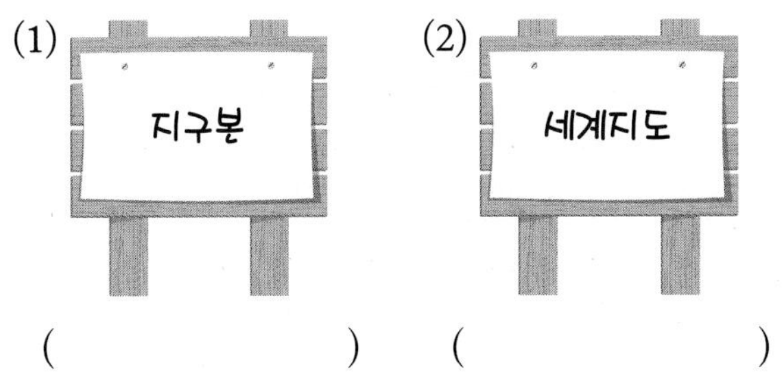

( ) ( )

11종 공통

5 다음 세계지도로 보아, 우리나라와 경도가 비슷한 나라는 어디입니까? ( )

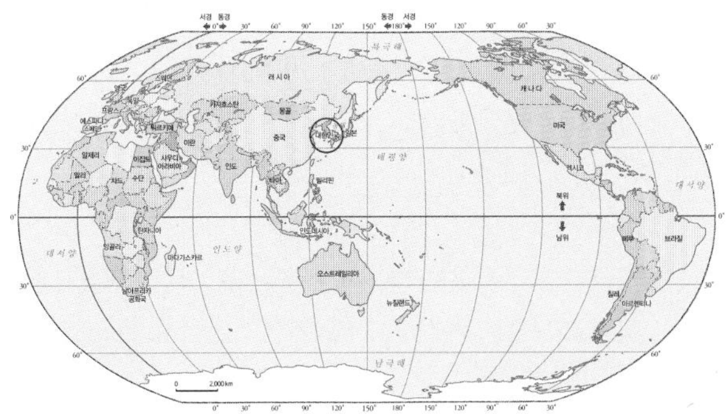

① 미국 ② 이란 ③ 칠레
④ 브라질 ⑤ 오스트레일리아

서술형·논술형 문제 천재교과서, 김영사, 미래엔, 비상교육, 지학사

6 다음 자료를 참고하여 세계지도의 단점을 쓰시오.

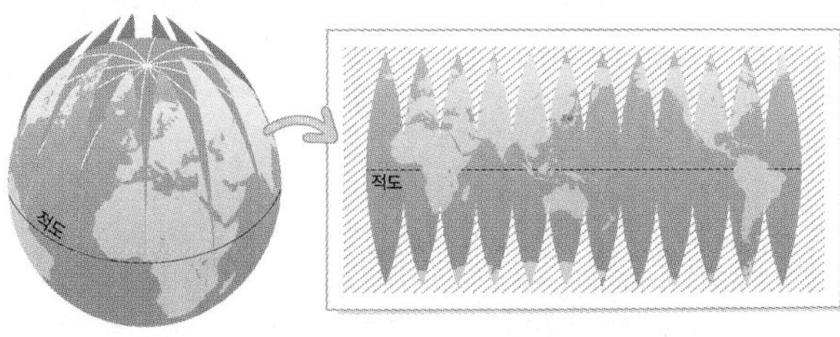

11종 공통

7 다음 ( ) 안에 들어갈 알맞은 말에 ○표를 하시오.

(지구본 / 디지털 영상 지도)은/는 위성 사진이나 항공 사진 등을 이용해 만든 디지털 공간 자료로, 컴퓨터나 스마트폰에서 이용할 수 있습니다.

[8~9] 다음은 디지털 영상 지도입니다.

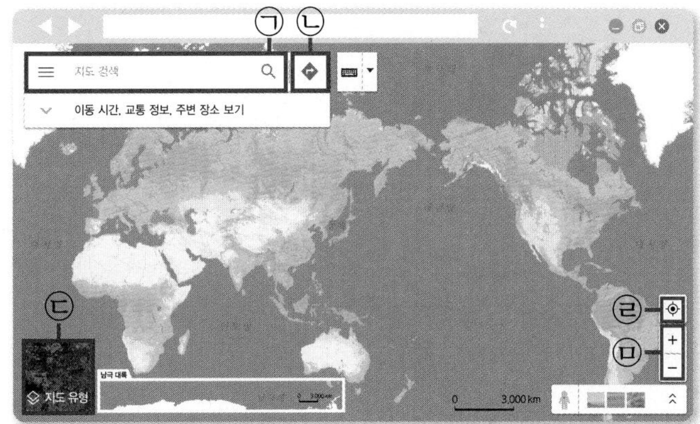

11종 공통

8 다음 어린이에게 필요한 기능을 찾아 기호를 쓰시오.

지도를 좀 더 크게 확대해서 보고 싶어요.

( )

11종 공통

9 위 ㉡ 기능에 대한 설명으로 알맞은 것은 어느 것입니까? ( )

① 경로 검색 ② 거리 재기
③ 확대와 축소 ④ 나의 위치 확인
⑤ 지도 종류 선택

11종 공통

10 다양한 공간 자료를 활용해 알 수 있는 것으로 알맞은 것에 ○표를 하시오.

(1) 세계 여러 나라의 정확한 위치 ( )
(2) 세계 여러 나라의 정확한 시각 ( )

11종 검정 교과서

단원평가

핵심 정리

지구의 구성

① 지구는 대양과 대륙으로 이루어져 있습니다.

② 큰 바다를 대양, 바다로 둘러싸인 땅덩어리를 대륙이라고 합니다.

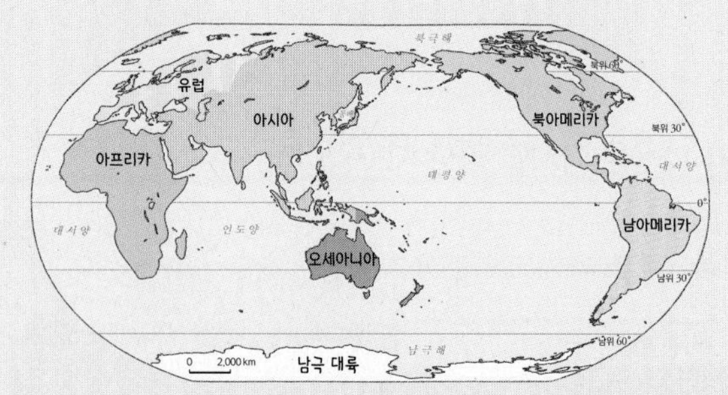

세계의 대양

태평양	가장 큰 바다로, 아시아, 오세아니아, 아메리카 대륙의 사이에 있음.
대서양	두 번째로 큰 바다로, 아메리카, 유럽, 아프리카 대륙 사이에 위치함.
인도양	세 번째로 큰 바다로, 아프리카, 아시아, 오세아니아 대륙의 사이에 있음.
남극해	남극 대륙을 둘러싸고 있음.
북극해	북극 주변에 있는 바다로, 아시아, 유럽, 북아메리카 대륙에 둘러싸여 있음.

세계의 대륙

아시아	가장 넓은 대륙으로, 세계 육지 면적의 약 30%를 차지함.
유럽	다른 대륙에 비해 좁지만 많은 나라가 있음.
북아메리카	북반구에 속하며, 북쪽은 북극해와 접해 있음.
남아메리카	대부분 남반구에 속해 있고, 남쪽은 남극해와 접해 있음.
아프리카	아시아 다음으로 넓은 대륙으로, 북반구와 남반구에 걸쳐 있음.
오세아니아	가장 좁은 대륙으로, 대부분이 남반구에 있음.

2 세계의 대양과 대륙

11종 공통

1 다음은 지구의 구성에 대한 설명입니다. (　　) 안에 들어갈 알맞은 말에 각각 ○표를 하시오.

> 지구에서 ❶(바다 / 육지)의 면적은 약 70%이고, ❷(바다 / 육지)의 면적은 약 30%입니다.

11종 공통

2 다음에서 설명하는 대양은 무엇입니까? (　　　　)

> • 세계에서 가장 넓은 바다입니다.
> • 서쪽에 아시아와 오세아니아, 동쪽에 북아메리카와 남아메리카 대륙이 있습니다.

① 인도양　② 대서양
③ 태평양　④ 남극해
⑤ 북극해

11종 공통

3 다음에서 설명하는 대양으로 알맞은 것은 어느 것입니까? (　　　　)

> 세 번째로 큰 바다로, 아프리카, 아시아, 오세아니아 대륙 사이에 있습니다.

①
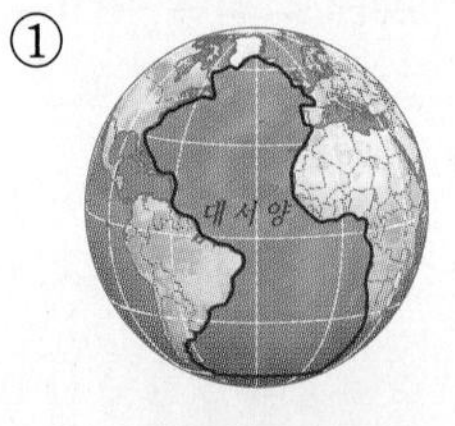

②
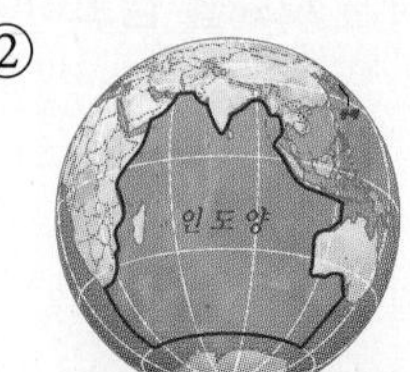

③
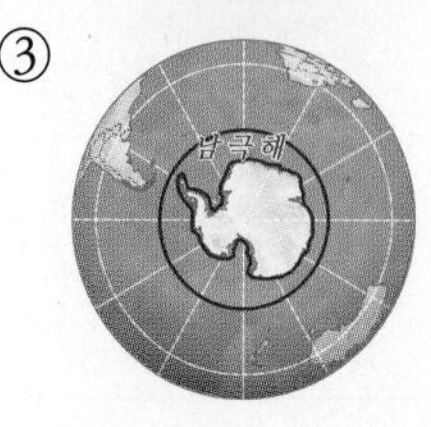

④
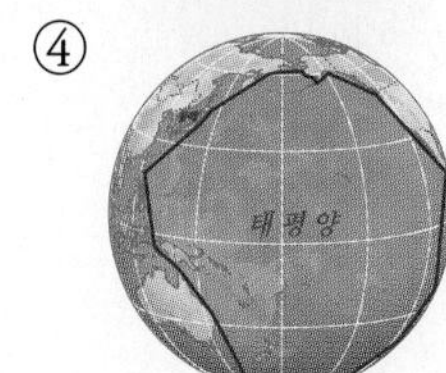

정답 2쪽

11종 공통

4 **다음에서 설명하는 대양을 보기에서 찾아 기호를 쓰시오.**

> **보기**
> ㉠ 남극해　　㉡ 대서양
> ㉢ 태평양　　㉣ 북극해

(1) 북극 주변에 있는 바다입니다. (　　)
(2) 남극 대륙을 둘러싸고 있습니다. (　　)

11종 공통

5 **다음 ㉠과 ㉡에 들어갈 말이 알맞게 짝 지어진 것은 어느 것입니까? (　　)**

> [㉠]은/는 북반구에 속하고, 북쪽의 그린란드까지 포함합니다. [㉡]은/는 대부분 남반구에 속해 있고, 남쪽은 남극해와 접해 있습니다.

	㉠	㉡
①	유럽	아시아
②	북아메리카	아시아
③	오세아니아	남아메리카
④	북아메리카	남아메리카
⑤	남아메리카	북아메리카

11종 공통

6 **다음에서 설명하는 대륙에 ○표를 하시오.**

> 세계에서 두 번째로 면적이 넓은 대륙으로, 북반구와 남반구에 걸쳐 있습니다.

(1)
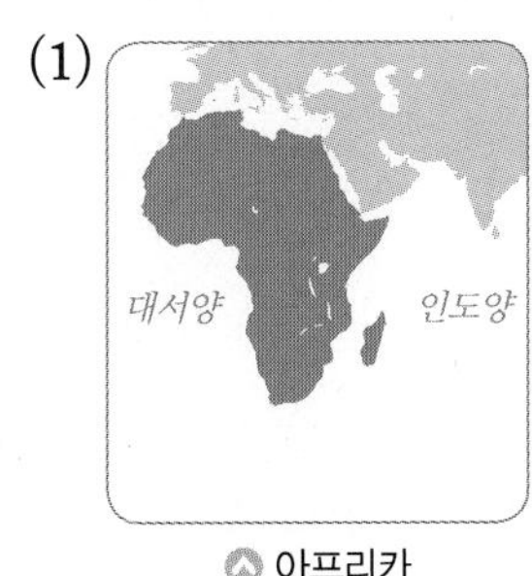

아프리카
(　　)

(2)

남아메리카
(　　)

11종 공통

7 **다음에서 설명하는 대륙은 무엇입니까? (　　)**

> 다른 대륙에 비해 면적은 좁지만 많은 나라가 있습니다.

① 유럽　② 아시아　③ 아프리카
④ 북아메리카　⑤ 오세아니아

11종 공통

8 **오세아니아 대륙에 대한 설명으로 알맞은 것을 두 가지 고르시오. (　　,　　)**

① 면적이 가장 좁은 대륙이다.
② 남쪽은 인도양과 접해 있다.
③ 북쪽은 북극해와 접해 있다.
④ 대서양과 인도양 사이에 있다.
⑤ 대부분이 남반구에 위치해 있다.

[9~10] 다음은 대륙과 대양을 나타낸 지도입니다.

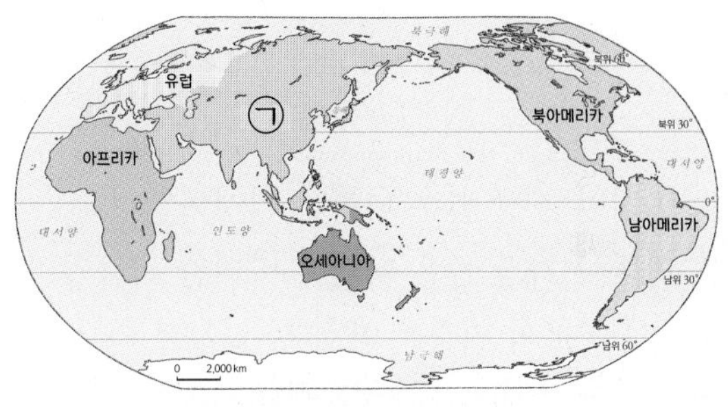

11종 공통

9 **위 ㉠ 대륙에 대한 설명으로 알맞은 것은 어느 것입니까? (　　)**

① 가장 넓은 대륙이다.
② 대륙 중에서 가장 작다.
③ 남반구에만 위치해 있다.
④ 사람이 거의 살지 않는다.
⑤ 남쪽은 남극해와 접해 있다.

서술형·논술형 문제

11종 공통

10 **위 지도를 보고 대서양의 위치를 쓰시오.**

____

____

❸ 대륙별 나라들과 세계 여러 나라의 면적과 모양

핵심 정리

대륙별 나라들

아시아	대한민국, 중국, 일본, 몽골 등
유럽	스웨덴, 영국, 에스파냐, 프랑스, 체코 등
북아메리카	캐나다, 미국, 멕시코, 쿠바 등
남아메리카	브라질, 칠레, 에콰도르, 우루과이 등
아프리카	남아프리카 공화국, 이집트, 탄자니아 등
오세아니아	오스트레일리아, 뉴질랜드 등

세계 여러 나라의 영토 면적

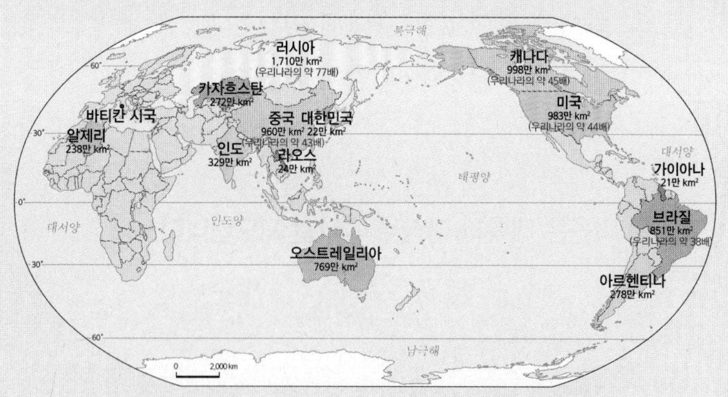

① 영토 면적이 가장 넓은 나라는 러시아입니다.
② 영토 면적이 가장 좁은 나라는 바티칸 시국입니다.
③ 우리나라 영토의 면적은 약 22만 km²로 라오스, 영국, 가이아나 등과 영토 면적이 비슷합니다.

세계 여러 나라의 영토 모양 예

해안선이 복잡한 나라	노르웨이, 인도네시아, 일본
국경선이 단조로운 나라	사우디아라비아, 이집트, 미국
영토의 모양이 길게 뻗어 있는 나라	칠레, 네팔, 러시아
영토가 둥근 모양인 나라	짐바브웨, 탄자니아, 체코, 레소토
사물이나 동물의 모양을 닮은 나라	이탈리아(장화), 소말리아(부메랑), 타이(코끼리)

11종 공통

1 다음 어린이가 설명하는 대륙은 무엇입니까? (　　　)

우리나라, 중국, 몽골, 일본 등이 속해 있는 대륙이야.

① 유럽　② 아시아　③ 아프리카
④ 오세아니아　⑤ 남아메리카

11종 공통

2 유럽 대륙에 속한 나라가 아닌 곳은 어디입니까? (　　　)

① 체코　② 영국　③ 프랑스
④ 뉴질랜드　⑤ 에스파냐

11종 공통

3 다음 대륙에 속한 나라를 보기에서 모두 찾아 기호를 쓰시오.

보기
㉠ 미국　㉡ 브라질
㉢ 멕시코　㉣ 우루과이

(1) 북아메리카: (　　　,　　　)
(2) 남아메리카: (　　　,　　　)

11종 공통

4 다음은 오른쪽 지도에 표시된 나라에 대한 정보입니다. ㉠에 들어갈 알맞은 말을 쓰시오.

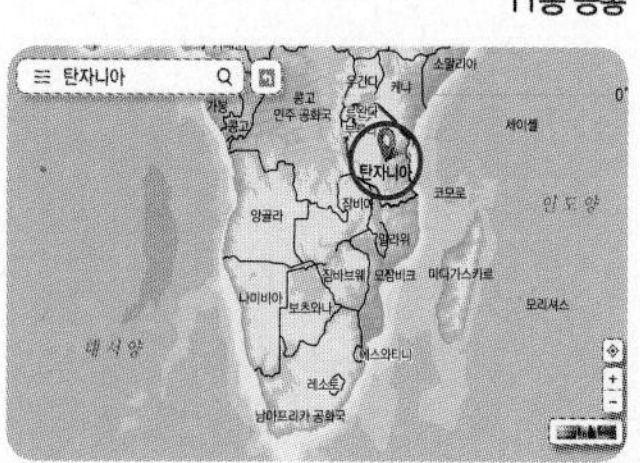

나라 이름	탄자니아
속한 대륙	㉠
주변에 있는 대양	인도양
주변에 있는 나라	케냐, 우간다 등

(　　　　　)

정답 3쪽

[5~6] 다음은 세계 여러 나라의 면적을 나타낸 지도입니다.

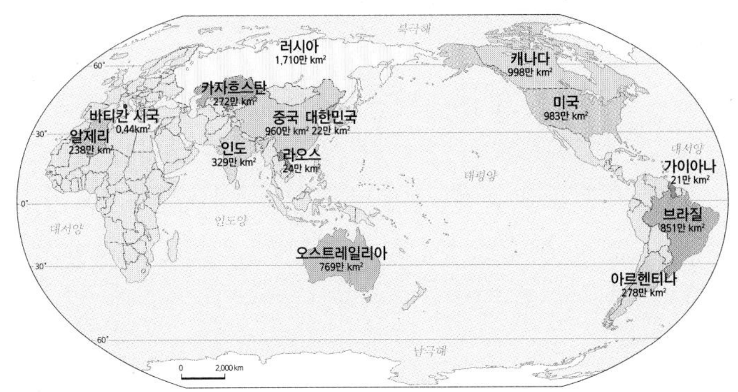

11종 공통

5 위 지도로 보아, 우리나라와 면적이 비슷한 나라는 어디입니까? (　　　)

① 중국　② 미국　③ 라오스
④ 알제리　⑤ 브라질

천재교육, 천재교과서, 교학사, 금성출판사, 김영사, 동아출판, 미래엔, 비상교과서, 비상교육, 지학사

6 다음에서 설명하는 나라를 찾아 쓰시오.

- 이탈리아 로마 시내에 있습니다.
- 영토 면적이 0.44㎢로, 세계에서 가장 좁은 나라입니다.

(　　　　　　　　)

천재교과서, 동아출판, 비상교과서, 비상교육, 아이스크림 미디어

7 노르웨이의 영토 특징에 대한 설명으로 알맞은 것은 어느 것입니까? (　　　)

① 해안선이 복잡하다.
② 영토가 둥근 모양이다.
③ 바다와 접해 있지 않다.
④ 영토가 코끼리 모양이다.
⑤ 영토가 두 대륙에 걸쳐 있다.

천재교과서, 김영사

8 다음 밑줄 친 부분에 해당하는 나라에 ○표를 하시오.

세계 여러 나라는 영토 면적뿐만 아니라 영토 모양도 다양합니다. ㉠ <u>국경선이 단조로운 나라</u>가 있고 해안선이 복잡한 나라가 있습니다. 영토 모양이 둥근 나라, 길쭉한 나라, 사물이나 동물을 닮은 나라도 있습니다.

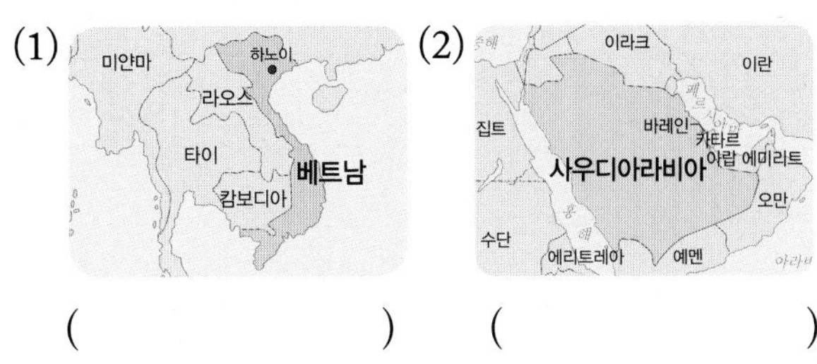

(　　　　　　)　(　　　　　　)

서술형·논술형 문제　천재교과서, 교학사, 금성출판판, 김영사, 동아출판, 미래엔, 비상교과서, 비상교육, 아이스크림 미디어, 지학사

9 오른쪽 지도에 나타난 칠레 영토 모양의 특징을 쓰시오.

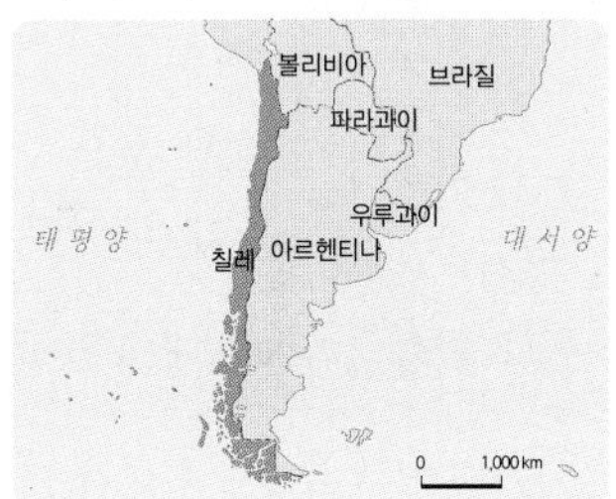

____

____

교학사, 미래엔, 비상교육

10 영토 모양이 부메랑 모양인 나라는 어디입니까? (　　　)

① 몽골　② 타이
③ 이집트　④ 소말리아
⑤ 이탈리아

11종 검정 교과서

단원 평가

핵심 정리

세계의 기후

① 세계의 기후와 그 특징

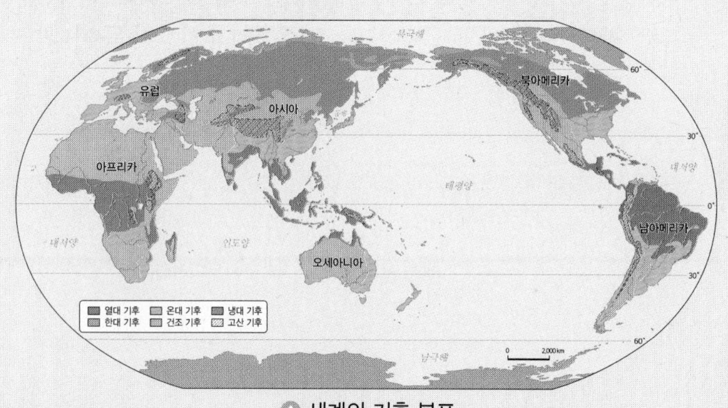

세계의 기후 분포

열대 기후	일 년 내내 기온이 높고 연 강수량이 많음.
건조 기후	일 년 동안의 강수량이 500mm보다 적음.
온대 기후	사계절이 뚜렷하고 기온이 온화하며 강수량이 풍부한 편임.
냉대 기후	사계절이 나타나며 온대 기후보다 겨울이 길고 추움.
고산 기후	고도가 높은 지역에서 나타나며, 주변의 고도가 낮은 지역보다 기온이 낮음.
한대 기후	일 년 내내 평균 기온이 매우 낮음.

② 기후가 다르게 나타나는 까닭: 위도, 나라의 위치나 지형 등이 다르기 때문입니다.

기후에 따라 다른 사람들의 생활 모습

열대 기후	화전 농업, 열대작물 재배, 생태 관광 등
건조 기후	• 사막 지역: 강, 오아시스 주변에서 농사 • 초원 지역: 유목 생활
온대 기후	농업 발달(예 유럽의 밀 재배, 아시아의 벼농사, 지중해 주변의 올리브나 포도 재배), 목축업 등
냉대 기후	농업, 목재 생산, 펄프 생산 등
고산 기후	감자와 옥수수 재배, 라마와 알파카 사육 등
한대 기후	유목 생활, 자원 개발, 자연환경 연구 등

1 세계의 다양한 기후

11종 공통

1 다음 세계 여러 나라의 기후가 다양한 까닭에서 ( ) 안에 들어갈 알맞은 말에 각각 ○표를 하시오.

> 지구는 둥글기 때문에 위도에 따라 땅에 닿는 햇빛의 양이 다릅니다. 일 년 내내 햇빛을 집중적으로 받는 ❶(적도 / 극지방) 부근은 기온이 높고, 햇빛을 분산하여 받는 ❷(적도 / 극지방) 부근은 기온이 낮습니다.

[2~3] 다음은 세계의 기후 분포도입니다.

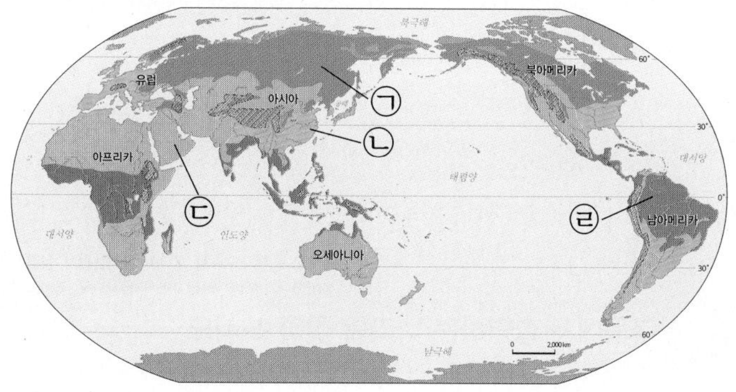

11종 공통

2 위 지도에서 다음에서 설명하는 기후를 찾아 기호를 쓰시오.

> • 북반구의 중위도와 고위도 지역에 널리 나타납니다.
> • 사계절이 나타나며, 온대 기후보다 겨울이 길고 춥습니다.

( )

서술형·논술형 문제 11종 공통

3 위 지도의 ㉣ 지역에 나타나는 기후의 특징을 쓰시오.

정답 3쪽

11종 공통

4 열대 기후 지역에서 볼 수 있는 생활 모습으로 알맞지 않은 것은 어느 것입니까? (　　　)

① 침엽수를 이용해 종이를 생산한다.
② 바나나, 커피 등의 작물을 재배한다.
③ 습기를 피해 기둥을 세우고 그 위에 집을 짓는다.
④ 초원의 야생 동물을 관찰하는 사파리 관광을 한다.
⑤ 숲을 태워 그 재를 영양분으로 삼아 농작물을 기른다.

11종 공통

5 건조 기후에 대한 설명으로 알맞은 것은 어느 것입니까? (　　　)

① 연 강수량이 매우 많다.
② 고도가 높은 지역에서만 나타난다.
③ 일 년 내내 평균 기온이 매우 낮다.
④ 사계절이 뚜렷하고 기온이 온화하다.
⑤ 일 년 동안의 강수량을 모두 합쳐도 500㎜가 되지 않는다.

11종 공통

6 건조 기후 지역의 생활 모습을 바르게 말한 어린이를 쓰시오.

> 우영: 초원 지역에 사는 사람들은 얌, 카사바 등을 재배해요.
> 채린: 사막 지역에 사는 사람들은 강이나 오아시스 주변에 모여 살며 농사를 지어요.

(　　　　　　　　)

11종 공통

7 온대 기후 지역과 거리가 먼 것은 어느 것입니까? (　　　)

① 벼농사　　② 밀 재배
③ 적은 인구　　④ 오렌지 재배
⑤ 온화한 기후

11종 공통

8 냉대 기후 지역에서 볼 수 있는 생활 모습에 ○표를 하시오.

(1) 
목재 생산
(　　　　　　)

(2) 
올리브 수확
(　　　　　　)

천재교과서, 교학사, 금성출판사, 김영사, 동아출판, 미래엔, 비상교과서, 비상교육, 아이스크림 미디어, 지학사

9 다음과 같은 모습을 볼 수 있는 지역은 어디입니까? (　　　)

> 극지방의 자연환경과 자원을 연구하고자 세계 여러 나라가 연구소나 기지를 세우고 있습니다.

① 냉대 기후 지역　　② 건조 기후 지역
③ 열대 기후 지역　　④ 온대 기후 지역
⑤ 한대 기후 지역

11종 공통

10 다음 보기에서 고산 기후 지역에 대한 설명으로 알맞은 것은 모두 몇 개입니까? (　　　)

> 보기
> ㉠ 기온이 매우 낮아 농사를 짓기 어렵습니다.
> ㉡ 남아메리카 대륙 서쪽의 높은 산지에서 널리 나타납니다.
> ㉢ 주민들은 라마와 알파카 같은 가축을 길러 고기와 털을 얻습니다.
> ㉣ 주민들은 서늘한 지역에서 잘 자라는 감자와 옥수수를 재배합니다.

① 1개　　② 2개　　③ 3개
④ 4개　　⑤ 없음.

단원평가

핵심 정리

세계 여러 나라 사람들의 다양한 생활 모습

① 다양한 생활 모습 예

의생활	• 케냐의 마사이족은 붉은색의 천으로 만든 시카를 입음. • 힌두교를 믿는 인도 사람들은 바느질을 하지 않은 긴 천으로 이루어진 사리를 입음. • 멕시코 사람들은 체온을 유지하려고 판초를 입고, 햇볕을 가려 주는 솜브레로를 씀.
식생활	• 뉴질랜드 사람들은 땅의 열로 재료를 익혀 만든 항이를 먹음. • 튀르키예 유목민들은 옮겨 다니면서 간단히 만들어 먹을 수 있는 케밥을 먹음.
주생활	• 몽골의 초원 지역에서 유목 생활을 하는 사람들은 이동식 천막인 게르에서 생활함. • 덥고 비가 많이 내리는 지역에서는 더위와 습기, 벌레를 피하기 위해 수상 가옥을 지음.

인도의 사리

[출처: 셔터스톡]
수상 가옥

② 생활 모습이 다양한 까닭: 기후, 지형 등 자연환경과 풍습, 종교 등 인문환경의 영향을 받기 때문입니다.

③ 다양한 생활 모습을 대하는 태도: 서로 다른 생활 모습을 이해하고 존중해야 합니다.

세계 여러 나라 사람들의 생활 모습 조사하기

조사 주제 정하기 ➡ 조사 계획 세우기 ➡ 조사하기 ➡ 조사 결과 정리하기 ➡ 조사 결과 발표하기

❷ 세계 여러 나라 사람들의 생활 모습

천재교육, 김영사, 비상교과서, 비상교육, 아이스크림 미디어

1 다음에서 설명하는 의생활 모습에 ○표를 하시오.

> 낮과 밤의 기온 차가 큰 멕시코에서는 밤에 체온을 유지하기 위해 판초를 입고, 강한 햇볕을 가리기 위해 솜브레로를 씁니다.

(1) [출처: 게티이미지]
( )

(2) 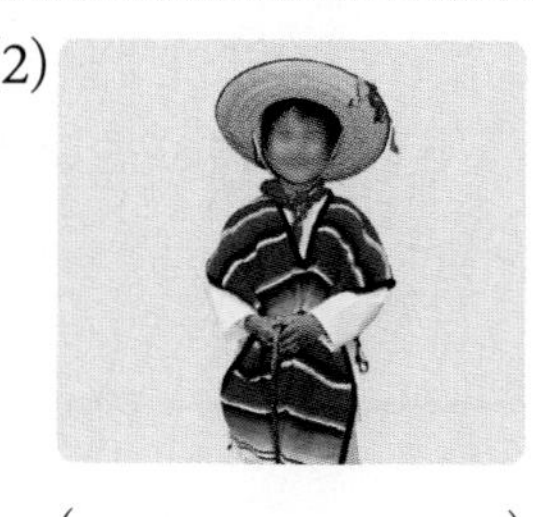
( )

천재교육, 천재교과서, 교학사, 금성출판사, 김영사, 동아출판, 미래엔, 비상교과서, 비상교육, 지학사

2 다음 ( ) 안에 들어갈 알맞은 말에 ○표를 하시오.

> 인도 사람들이 바느질을 하지 않은 긴 천으로 이루어진 사리라는 옷을 입는 것은 (종교 / 기후)의 영향 때문입니다.

교학사, 금성출판사, 김영사, 동아출판, 비상교과서, 비상교육, 아이스크림 미디어, 지학사

3 다음에서 설명하는 음식으로 알맞은 것은 어느 것입니까? ( )

> 튀르키예의 초원 지역에서 유목 생활을 하던 사람들이 쉽게 요리하려고 고기를 조각내어 구워 먹던 것에서 비롯된 음식입니다.

① 타코 ② 퐁뒤
③ 케밥 ④ 팟타이
⑤ 나시고렝

정답 4쪽

천재교과서, 동아출판, 미래엔, 비상교육, 지학사

4 항이에 대한 설명으로 알맞은 것을 두 가지 고르시오. (,)

① 땅의 열을 이용해 만든 음식이다.
② 뉴질랜드 마오리족의 전통 음식이다.
③ 옥수수빵에 채소와 고기를 넣어 만든다.
④ 널리 벼농사를 짓는 타이에서 많이 먹는 음식이다.
⑤ 여러 종류의 치즈를 녹인 소스에 재료를 찍어 먹는 요리이다.

서술형·논술형 문제

천재교육, 김영사, 동아출판, 비상교과서, 비상교육, 아이스크림 미디어

5 덥고 비가 많이 내리는 지역에서 다음과 같은 집을 짓는 까닭을 쓰시오.

수상 가옥

11종 공통

6 오른쪽과 같은 집에서 생활하는 사람들은 누구입니까? ( )

게르

① 몽골의 유목민
② 케냐의 마사이족
③ 힌두교를 믿는 사람들
④ 고산 기후 지역의 사람들
⑤ 지중해 주변 지역 사람들

천재교육, 천재교과서, 금성출판사, 김영사, 동아출판, 미래엔, 비상교과서, 아이스크림 미디어, 지학사

7 오른쪽과 같이 사막 지역에서 볼 수 있는 집을 만든 재료는 무엇입니까? ( )

① 짚 ② 흙 ③ 바위
④ 나무 ⑤ 시멘트

11종 공통

8 다음 ㉠, ㉡에 들어갈 알맞은 말을 쓰시오.

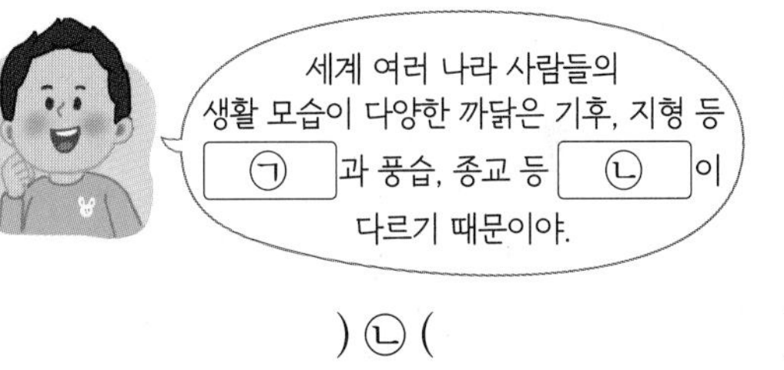

세계 여러 나라 사람들의
생활 모습이 다양한 까닭은 기후, 지형 등
㉠ 과 풍습, 종교 등 ㉡ 이
다르기 때문이야.

㉠ ( ) ㉡ ( )

11종 공통

9 세계 여러 나라 사람들의 다양한 생활 모습을 대하는 태도로 알맞은 것은 어느 것입니까? ( )

① 무시 ② 차별 ③ 공격
④ 비난 ⑤ 존중

11종 공통

10 세계 여러 나라 사람들의 생활 모습을 조사할 때, 조사 계획서에 들어갈 수 없는 것은 무엇입니까? ( )

① 조사 주제
② 역할 분담
③ 조사할 내용
④ 자료 수집 방법
⑤ 조사 이후 알게된 점

단원 평가

핵심 정리

이웃 나라의 자연환경과 인문환경

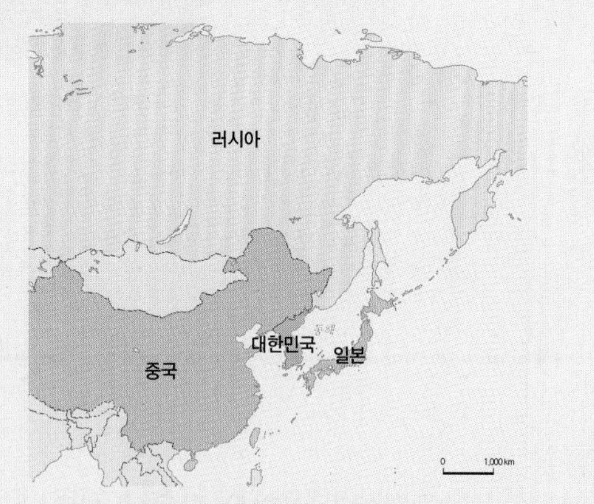

① 중국

자연환경	• 다양한 지형과 기후가 나타남. • 동쪽은 평야, 서쪽은 고원과 산지가 분포함.
인문환경	• 세계적으로 인구가 많은 나라임. • 자원이 풍부하고 여러 가지 산업이 발달했으며, 동부 지역에 대도시가 분포함.

② 일본

자연환경	• 크고 작은 섬들로 이루어진 섬나라임. • 산지가 많고, 화산과 지진 활동이 활발함.
인문환경	• 태평양 연안에 공업이 발달했음. • 온천 등의 관광 산업이 성장했음.

③ 러시아

자연환경	• 세계에서 영토가 가장 넓음. • 서부는 평원, 동부는 산지가 많음. • 고위도에 위치해 연평균 기온이 낮음.
인문환경	• 풍부한 자원을 바탕으로 한 산업이 발달함. • 유럽과 가까운 서부 지역에 인구가 모여 있음.

천재교육, 천재교과서, 교학사, 금성출판사, 김영사, 동아출판, 미래엔, 비상교과서, 비상교육, 지학사

우리나라와 이웃 나라 사람들의 생활 모습

① 우리나라와 중국, 일본은 식사 도구가 비슷하고, 한자의 영향을 받았으며, 불교문화를 찾아볼 수 있습니다.

② 러시아의 식사 도구나 문자는 유럽의 나라들과 비슷합니다.

1 우리나라와 가까운 이웃 나라

11종 공통

1 우리나라와 지리적으로 가까운 이웃 나라를 알맞게 짝 지은 것은 어느 것입니까? (   )

① 미국, 몽골, 일본
② 중국, 일본, 러시아
③ 영국, 러시아, 탄자니아
④ 중국, 일본, 아이슬란드
⑤ 독일, 프랑스, 아르헨티나

11종 공통

2 다음 지도를 보고, (   ) 안에 들어갈 알맞은 말에 ○표를 하시오.

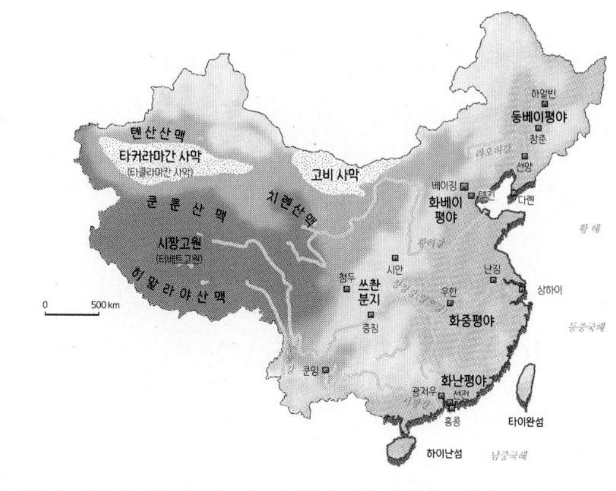

중국은 (동쪽 / 서쪽)으로 갈수록 해발 고도가 높아져 고원과 산지가 분포합니다.

11종 공통

3 중국의 인문환경에 대한 설명으로 알맞은 것을 두 가지 고르시오. (,   )

① 문화가 다양하지 않다.
② 세계적으로 인구가 많은 나라이다.
③ 다른 나라와 교류를 하지 않는다.
④ 자원이 부족해 산업이 발달하지 못했다.
⑤ 동부 지역에 인구가 많은 도시들이 분포해 있다.

정답 4쪽

11종 공통

4 다음과 같은 특징이 나타나는 이웃 나라는 어디입니까? (　　　)

> 네 개의 큰 섬과 3,000개가 넘는 작은 섬들로 이루어져 있고, 화산과 지진 활동이 활발합니다.

① 몽골　② 일본　③ 중국
④ 미국　⑤ 러시아

서술형·논술형 문제

11종 공통

5 다음 질문에 대한 답을 쓰시오.

> 일본의 주요 공업 도시가 태평양 연안을 따라 발달한 까닭은 무엇입니까?

____

____

[6~7] 다음은 러시아의 지도입니다.

11종 공통

6 위 나라에 주로 분포하는 기후를 쓰시오.
(　　　　　　　　　) 기후

11종 공통

7 위 ㉠, ㉡ 중 러시아에서 인구가 더 많이 분포해 있는 곳을 찾아 기호를 쓰시오.
(　　　　　　　　　)

천재교육, 천재교과서, 교학사, 금성출판사, 김영사, 동아출판, 미래엔, 비상교과서, 비상교육, 지학사

8 다음 보기에서 우리나라와 중국, 일본의 비슷한 점으로 알맞은 것을 모두 고른 것은 어느 것입니까? (　　　)

> 보기
> ㉠ 불교문화가 있습니다.
> ㉡ 똑같은 전통 의복을 입습니다.
> ㉢ 포크와 칼을 주로 사용해 식사를 합니다.
> ㉣ 한자의 영향을 받아 한자어로 된 단어가 많습니다.

① ㉠, ㉡　② ㉠, ㉣　③ ㉡, ㉢
④ ㉠, ㉡, ㉣　⑤ ㉡, ㉢, ㉣

천재교과서, 교학사, 미래엔, 비상교육

9 다음 나라 사람들이 사용하는 젓가락을 찾아 바르게 줄로 이으시오.

(1) 중국 •　　• ㉠ 금속 젓가락

(2) 일본 •　　• ㉡ 끝이 뾰족한 나무젓가락

(3) 대한민국 •　　• ㉢ 길고 끝이 뭉툭한 나무젓가락

11종 공통

10 러시아의 생활 모습에 대한 설명으로 알맞지 않은 것을 두 가지 고르시오. (　　,　　)

① 유교문화가 있다.
② 빵을 주식으로 한다.
③ 기모노라는 전통 의상을 입는다.
④ 문자에 알파벳처럼 대문자와 소문자가 있다.
⑤ 음식을 먹을 때 포크, 칼, 숟가락 등을 이용한다.

11종 검정 교과서

단원평가

2 우리나라와 이웃 나라의 교류

핵심 정리

우리나라와 이웃 나라의 교류 모습

① 경제 교류

무역	우리나라와 이웃 나라는 물건을 수출하거나 수입하는 등 활발한 무역을 하고 있음.
에너지 협력	우리나라와 이웃 나라는 전력망을 연결해 에너지를 주고받기 위해 협력하고 있음.

② 문화 교류

문화 콘텐츠 교류	우리나라와 이웃 나라는 공동으로 만화 영화를 제작하기도 함.
공연·축제	공연을 하거나 축제를 개최하면서 서로의 문화를 친숙하게 하기 위해 노력함.
유학	우리나라와 이웃 나라는 공부를 하기 위해 서로 이동하고 있음.

③ 정치 교류: 정상 회담, 장관 회의 등을 통해 다양한 문제를 논의하고 있습니다.

우리나라와 이웃나라의 전력망 연결

한·중·일 보건 장관 회의

우리나라와 이웃 나라의 공동의 문제 해결

① 우리나라와 이웃 나라는 다양한 영역에서 활발하게 교류하며 상호 의존하고 있습니다.

② 환경문제, 감염병 문제 등 여러 가지 공동의 문제를 해결하기 위해서 우리나라와 이웃 나라 사이에는 서로 이해하고 협력하는 태도가 필요합니다.

11종 공통

1 다음 (   ) 안에 들어갈 알맞은 말에 ○표를 하시오.

> 우리 주변의 상점에서는 중국에서 생산된 옷, 러시아에서 잡힌 생선, 일본에서 만들어진 식품 등이 판매되고 있습니다. 이를 통해 우리나라와 이웃 나라가 (정치 / 경제)적으로 교류하고 있음을 알 수 있습니다.

11종 공통

2 다음 자료로 보아, 우리나라의 수입과 수출 비중이 가장 큰 나라는 어디인지 쓰시오.

〈우리나라와 이웃나라의 무역 현황〉

나라	수입 비중	수출 비중
중국	1위(23.2%)	1위(25.9%)
일본	3위(9.8%)	5위(4.9%)
러시아	9위(2.3%)	11위(1.3%)

[출처: 관세청, 2020.]
※ 우리나라의 총수출액, 총수입액을 기준으로 한 순위임.

(   )

천재교육, 비상교과서, 비상교육

3 우리나라와 이웃 나라의 경제 교류 사례를 나타내는 자료에 ○표를 하시오.

(1)
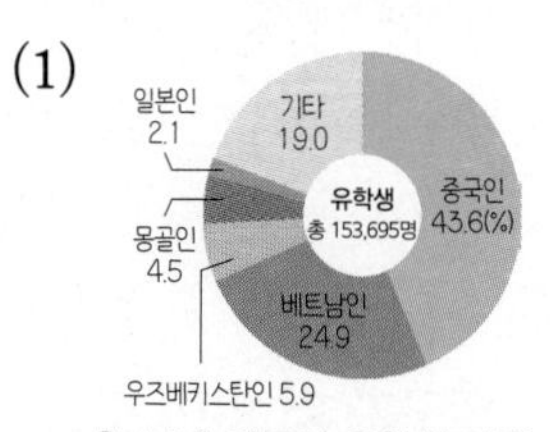

국내 외국인 유학생 비율

(   )

(2)

우리나라와 이웃 나라의 전력망 연결

(   )

정답 5쪽

김영사, 동아출판, 미래엔, 비상교과서, 비상교육

4 우리나라와 이웃 나라의 문화 교류 사례에 해당하는 것은 어느 것입니까? (　　　)

① 러시아가 일본에 천연가스를 수출했다.
② 일본이 우리나라에 화장품을 수출했다.
③ 우리나라는 중국에서 신발을 수입했다.
④ 한·중·일 과학 기술 장관 회의를 개최했다.
⑤ 우리나라, 중국, 일본이 합작하여 만화영화를 만들었다.

금성출판사, 김영사, 비상교육

5 다음과 관련 있는 우리나라와 이웃 나라의 교류 분야는 무엇입니까? (　　　)

> 러시아 발레단이 우리나라를 방문해 공연을 했습니다.

① 정보 교류　② 문화 교류　③ 의료 교류
④ 경제 교류　⑤ 기술 교류

천재교육, 미래엔, 비상교과서, 비상교육

6 다음 자료를 통해 알 수 있는 것으로 알맞은 것을 두 가지 고르시오. (　　　,　　　)

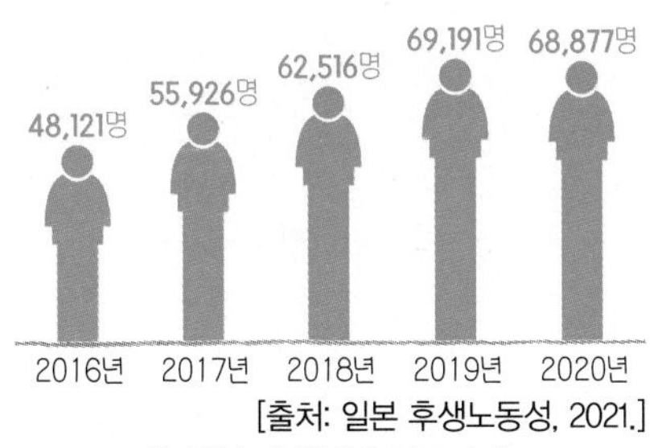

▲ 일본 내 한국인 근로자 수

① 우리나라와 이웃 나라의 인적 교류 사례이다.
② 일본 사람들은 우리나라에 와서 일하지 않는다.
③ 우리나라 사람들은 일본으로 가장 많이 유학을 간다.
④ 일본에서 일하고 있는 한국인들이 점점 줄어들고 있다.
⑤ 우리나라 사람들은 일자리를 구하러 이웃 나라로 이동하기도 한다.

11종 공통

7 우리나라와 이웃 나라의 정치 교류 모습을 담고 있는 신문 기사의 제목으로 알맞은 것은 어느 것입니까? (　　　)

① 중국산 농수산물 수입 증가
② 러시아에 퍼진 케이 팝(K-POP)
③ 한·러 정상 회담 개최
④ 일본 내 한국인 유학생 수 증가

11종 공통

8 우리나라와 이웃 나라의 교류에 대한 설명으로 알맞은 것에 ○표를 하시오.

(1) 우리나라와 이웃 나라는 교류를 하면서 긴밀한 관계를 맺고 있습니다. (　　　)
(2) 우리나라와 이웃 나라의 교류로 상호 간에 관계가 악화되고 있습니다. (　　　)

천재교육

9 다음 어린이가 말하고 있는 공동의 문제는 무엇인지 보기 에서 찾아 기호를 쓰시오.

공동의 문제를 해결하기 위해 우리나라는 중국의 사막 지역에 나무를 심고 있어요.

보기
㉠ 역사 왜곡 문제　㉡ 황사와 미세 먼지 문제

(　　　　　　　)

서술형·논술형 문제　11종 공통

10 우리나라와 이웃 나라가 공동의 문제를 해결하기 위해 필요한 태도를 쓰시오.

11종 검정 교과서

단원 평가

핵심 정리

우리나라와 관계 깊은 나라

① 미국

자연환경	북아메리카 대륙에 위치하고, 면적은 한반도의 약 44배로 넓으며, 다양한 기후가 나타남.
인문환경	풍부한 자원을 바탕으로 농업, 상업, 공업 등 다양한 산업이 발달했음.

② 사우디아라비아

자연환경	국토 대부분이 사막으로 이루어져 있고, 덥고 건조함.
인문환경	원유 생산과 수출로 많은 발전을 이룸.

③ 베트남

자연환경	아시아의 동남쪽에 위치하고, 대체로 덥고 습한 기후가 나타남.
인문환경	세계적인 쌀 수출국이고, 노동력이 풍부하며, 우리나라 기업이 많이 진출해 있음.

④ 오스트레일리아 교학사, 김영사, 동아출판

자연환경	영토가 넓고, 국토의 중앙부를 중심으로 사막이 넓게 나타남.
인문환경	동부 지역에 도시가 분포하고, 농업과 목축업이 발달했으며, 지하자원이 많음.

우리나라와 세계 여러 나라의 교류 사례

칠레	자유무역협정(FTA)을 맺고 칠레산 구리와 과일을 수입하며, 자동차와 전자 제품을 수출함.
캐나다	우리나라는 캐나다와 과학 기술 혁신 협력 협정을 맺고, 과학 기술 분야의 다양한 연구를 함께 진행하고 있음. 천재교육
G20	우리나라를 포함한 세계 20개 주요 국가들이 G20에서 국제 문제의 해결과 협력을 위해 논의함. 김영사, 비상교과서

❸ 우리나라와 세계 여러 나라의 교류

11종 공통

1 미국에 대한 설명으로 알맞지 않은 것은 어느 것입니까? (　　)

① 북아메리카 대륙에 있다.
② 면적이 한반도의 약 44배로 넓다.
③ 동쪽에 로키산맥이 있어 지형이 높고 험하다.
④ 온대 기후, 냉대 기후, 건조 기후 등이 나타난다.
⑤ 풍부한 자원을 바탕으로 다양한 산업이 발달해 있다.

천재교육, 천재교과서, 교학사, 금성출판사, 김영사, 동아출판, 미래엔, 비상교과서, 비상교육

2 다음 (　　) 안에 들어갈 알맞은 말에 ○표를 하시오.

> 사우디아라비아는 아라비아반도의 대부분을 차지하고 있는 나라로, 국토 대부분이 (사막 / 초원)으로 이루어져 있으며 덥고 건조합니다.

서술형·논술형 문제 　11종 공통

3 다음 밑줄 친 부분에 들어갈 내용을 한 가지만 쓰시오.

> 우리나라는 환경이나 기술 수준 등이 다르게 나타나는 사우디아라비아와 활발하게 교류하고 있습니다. 그 예로 ____________

____

____

11종 공통

4 다음에서 설명하는 나라는 어디입니까? (　　)

> • 대체로 덥고 습한 기후가 나타납니다.
> • 아시아 동남쪽에 있고, 영토가 남북으로 깁니다.

① 영국　② 미국　③ 인도
④ 브라질　⑤ 베트남

정답 5쪽

천재교육, 천재교과서, 교학사, 금성출판사, 김영사, 동아출판, 비상교과서, 비상교육, 아이스크림 미디어

5 베트남의 인문환경에 대해 바르게 알고 있는 어린이를 쓰시오.

( )

교학사, 김영사, 동아출판

6 다음 보기에서 오스트레일리아에 대한 설명으로 알맞은 것은 모두 몇 개입니까? ( )

보기
㉠ 건조 기후가 많이 나타납니다.
㉡ 농업과 목축업이 발달해 밀, 소고기 등을 수출합니다.
㉢ 철광석, 석탄 등의 광물 자원이 부족해 수입을 많이 합니다.
㉣ 평야가 넓게 펼쳐진 영토의 중심부에 도시가 발달해 있습니다.

① 1개 ② 2개 ③ 3개
④ 4개 ⑤ 없음.

천재교육

7 다음 □ 안에 들어갈 알맞은 나라는 어디입니까? ( )

우리나라는 □와 과학 기술 혁신 협력 협정을 맺고, 항공·우주, 생명 과학, 정보 통신, 인공 지능(AI) 등의 연구를 함께 진행하고 있습니다.

① 칠레 ② 타이 ③ 라오스
④ 캐나다 ⑤ 에티오피아

천재교육, 천재교과서, 교학사, 김영사, 동아출판, 미래엔, 비상교육

8 우리나라와 오스트레일리아의 교류 모습으로 알맞은 것은 어느 것입니까? ( )

① 오스트레일리아에 밀, 옥수수 등을 수출한다.
② 오스트레일리아에 원유, 천연가스 등을 수출한다.
③ 오스트레일리아로부터 소고기, 철광석 등을 수입한다.
④ 오스트레일리아로부터 반도체, 자동차, 전자 제품 등을 주로 수입한다.
⑤ 오스트레일리아의 통일 사례를 통해 앞으로 나아가야 할 방향을 배우고 있다.

김영사, 비상교과서

9 다음 □ 안에 들어갈 알맞은 말을 보기에서 찾아 쓰시오.

우리나라를 포함한 세계 20개 주요 국가들이 □ 정상 회의에서 국제 문제의 해결과 협력을 위해 논의하고 있습니다.

보기
• G7 • G20 • 유럽연합(EU)

( )

11종 공통

10 우리나라와 세계 여러 나라의 교류에 대한 설명으로 알맞은 것에 ○표를 하시오.

(1) 우리나라는 환경이 비슷한 세계 여러 나라들과만 교류하고 있습니다. ( )
(2) 우리나라는 세계 여러 나라와 서로 교류하고 협력하며 깊은 관계를 맺고 있습니다. ( )

11종 검정 교과서 **단원 평가**

1 독도의 위치와 중요성

핵심 정리

독도의 위치와 자연환경

위치	• 우리나라 영토의 동쪽 끝에 있음. • 대략 북위 37°, 동경 132°에 있음.
자연환경	• 화산 활동으로 생긴 화산섬으로, 독특한 지형과 모습을 지녔음. • 동도와 서도 두 개의 큰 섬과 89개의 작은 바위섬으로 이루어져 있음.

독도의 중요성

① 선박의 항로뿐만 아니라 항공 교통과 방어 기지로서도 중요한 위치에 있습니다.
② 여러 종류의 동식물이 서식하는 생태계의 보고로, 천연기념물 제336호로 지정해 보호하고 있습니다.
③ 주변 바다는 차가운 바닷물과 따뜻한 바닷물이 만나 먹이가 풍부해 해양 생물이 살기 좋은 환경입니다.

독도에 대한 옛 기록과 지도

『세종실록』「지리지」(1454년)	울릉도(무릉)와 독도(우산)가 강원도에 속한 섬이라고 기록했음.
『신증동국여지승람』「팔도총도」(1531년)	동해에 울릉도와 독도(우산도) 두 섬을 함께 그렸음.
「대일본전도」(1877년)	일본이 공식적으로 만든 지도로, 주변 섬들을 포함해 일본 영토를 자세히 그렸지만 독도는 없음.
「대한 제국 칙령 41호」(1900년)	독도(석도)를 울릉도(울도군) 관할로 두었다고 기록했음.

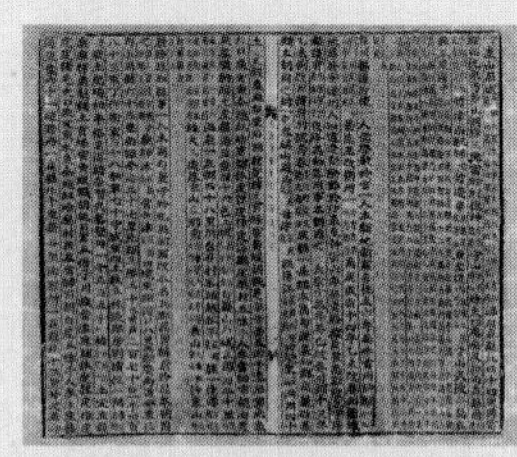
『세종실록』「지리지」

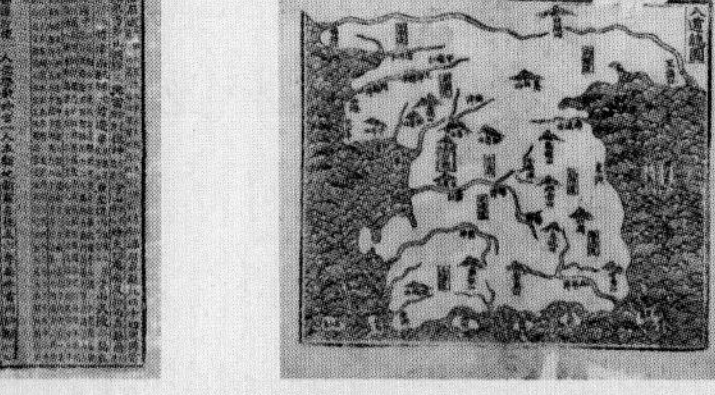
『신증동국여지승람』「팔도총도」

[1~2] 다음은 우리나라 영토의 일부를 나타낸 지도입니다.

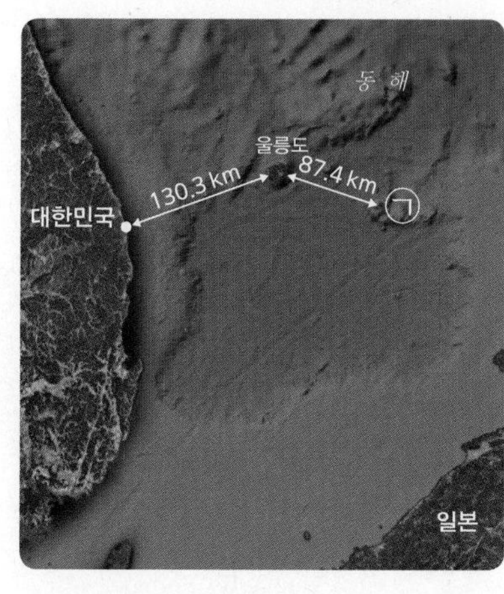

11종 공통

1 울릉도의 동남쪽에 위치한 위 ㉠ 섬의 이름을 쓰시오.
(　　　　　　　　)

11종 공통

2 위 ㉠의 위치에 대한 설명으로 알맞은 것을 두 가지 고르시오. (　　,　　)

① 남해에 자리 잡고 있다.
② 우리나라 영토의 서쪽 끝에 있다.
③ 우리나라 영토의 동쪽 끝에 있다.
④ 대략 남위 37°, 서경 132°에 있다.
⑤ 대략 북위 37°, 동경 132°에 있다.

11종 공통

3 다음에서 밑줄 친 섬의 이름을 모두 쓰시오.

> 독도는 <u>두 개의 큰 섬</u>과 89개의 작은 바위섬으로 이루어져 있습니다.

(　　　　,　　　　)

정답 6쪽

11종 공통

4 독도에서 볼 수 있는 지형 중 천장굴을 찾아 기호를 쓰시오.

(　　　　　　　　)

11종 공통

5 독도와 관련이 없는 말은 어느 것입니까? (　　　　)

① 섬기린초
② 조경 수역
③ 천연기념물
④ 괭이갈매기
⑤ 건조한 기후

서술형·논술형 문제 11종 공통

6 다음 글을 뒷받침 할 수 있는 내용을 한 가지만 쓰시오.

> 독도 주변 바닷속에는 새로운 자원이 많아 경제적 가치가 높습니다.

____

____

11종 공통

7 다음은 독도가 나타난 우리나라의 옛 기록입니다. ㉠, ㉡ 중 독도를 의미하는 것의 기호를 쓰시오.

> **『세종실록』「지리지」(1454년)**
> "㉠ 우산과 ㉡ 무릉, 두 섬은 서로 멀리 떨어져 있지 않아 날씨가 맑으면 바라볼 수 있다."

(　　　　　　　　)

천재교육, 교학사, 금성출판사, 김영사, 동아출판, 미래엔, 비상교과서, 비상교육, 아이스크림 미디어

8 다음 자료를 통해 알 수 있는 사실로 알맞은 것에 ○표를 하시오.

> 「연합국 최고 사령관 각서 제677호」에서는 독도를 일본의 관할 지역에서 제외한다는 내용을 발표하고, 부속 지도에서 독도를 우리나라 영토로 표시했습니다.

(1) 국제적으로 독도가 우리나라 영토임이 인정되었습니다. (　　)
(2) 국내에서만 독도가 우리나라 영토라고 생각하고 있습니다. (　　)

11종 공통

9 다음에서 설명하고 있는 독도에 관한 옛 기록은 무엇입니까? (　　　　)

> • 독도가 울릉도의 서쪽에 그려져 있습니다.
> • 현재 남아 있는 우리나라 옛 지도 중 독도가 그려진 가장 오래된 지도입니다.

① 「대일본전도」　② 「삼국접양지도」
③ 「태정관 지령」　④ 『세종실록』「지리지」
⑤ 『신증동국여지승람』「팔도총도」

천재교육, 김영사

10 「대일본전도」에 대한 설명으로 알맞지 않은 것은 어느 것입니까? (　　　　)

① 독도가 나타나 있지 않다.
② 독도를 중국 영토로 표시했다.
③ 일본 영토가 자세히 그려져 있다.
④ 일본이 공식적으로 만든 지도이다.
⑤ 일본은 독도가 일본 영토가 아니라고 생각했음을 알 수 있다.

② 독도를 지키기 위한 노력

핵심 정리

독도를 지키기 위한 노력

① 옛날 사람들의 노력

이사부	신라의 장군 이사부가 우산국을 정복해 우산국이 신라의 영토가 되었음.
안용복	조선 시대에 안용복은 독도 주변의 일본 어부들을 쫓아내고 독도가 우리나라 땅임을 확인받았으며, 이를 계기로 일본은 어민들이 울릉도와 독도에 가지 못하도록 하는 '죽도(울릉도) 도해 금지령'을 내렸음.
심흥택	대한 제국 시기에 울도군(울릉군) 군수였던 심흥택은 일본의 관리들이 독도를 일본의 영토로 만들려 한다는 것을 알고, 정부에 알렸음.
독도 의용 수비대	울릉도의 청년들이 불법으로 독도를 침입하는 일본을 막기 위해서 만들었던 민간 조직임.

② 오늘날의 노력

정부	• 독도 관련 각종 법령을 시행함. • 독도 경비대원과 경비함이 독도를 지킴. • 주민 숙소, 등대, 선박 접안 시설, 경비 시설 등 여러 가지 시설물을 설치해 운영함.
민간단체 및 개인	• 독도를 세계에 알리기 위해 노력함. • 사이버 외교 사절단 반크: 인터넷에서 우리나라와 관련된 잘못된 사실을 바로잡는 일을 하고 있음.

독도에 설치한 등대

반크의 독도 관련 활동

독도를 지키려는 노력이 필요한 까닭

① 소중한 우리나라 영토이기 때문입니다.
② 국민들의 중요한 삶의 터전이기 때문입니다.

천재교육, 교학사, 김영사, 동아출판, 아이스크림 미디어

1 다음 (   ) 안에 들어갈 알맞은 말에 ○표를 하시오.

> 신라 장군 이사부는 지증왕 때 지금의 독도인 (우산국 / 탐라국)을 정복하여 신라의 영토로 만들었습니다.

[2~3] 다음은 독도를 지킨 인물에 대한 이야기입니다.

> 조선 시대에 [㉠]은/는 일본 어민이 울릉도와 독도를 침범하자 이를 꾸짖었습니다. 그로 인해 그는 일본에 끌려갔으나 울릉도와 독도가 우리 영토임을 주장하고, 이를 확인하는 문서를 일본에서 받아 낸 후 돌아왔습니다. 이후 [㉠]은/는 울릉도 근처에서 일본 어민을 발견하자 일본에 건너가 울릉도와 독도가 우리 영토임을 다시 확인했습니다. 이를 계기로 일본은 ㉡ '죽도(울릉도) 도해 금지령'을 내렸습니다.

11종 공통

2 위 ㉠에 공통으로 들어갈 알맞은 인물은 누구입니까? (   )

① 허준 ② 장영실 ③ 안용복
④ 장보고 ⑤ 최무선

서술형·논술형 문제 11종 공통

3 밑줄 친 위 ㉡에 대한 내용을 간단히 쓰시오.

____

____

정답 6쪽

김영사, 비상교과서, 비상교육, 지학사

4 심흥택에 대한 설명으로 알맞은 것은 어느 것입니까? (   )

① 사이버 외교 사절단으로 활동했다.
② 독도를 일본에 넘기고 이득을 보았다.
③ 독도에 최초로 주민 등록을 한 사람이다.
④ 독도를 실제로 관측하고 기록한 최초의 관리였다.
⑤ 일본 관리들이 독도를 일본의 영토로 만들려고 한다는 것을 대한 제국 정부에 알렸다.

천재교과서, 김영사, 비상교육

5 다음 □ 안에 들어갈 알맞은 말은 무엇입니까? (   )

> 6·25 전쟁으로 우리나라가 혼란을 겪자 일본은 독도를 침범했습니다. 이에 울릉도의 청년들은 □을/를 조직하고, 일본의 불법 침입을 막아 냈습니다.

① 삼별초 ② 별무반
③ 독립 협회 ④ 한국광복군
⑤ 독도 의용 수비대

11종 공통

6 오늘날 독도를 지키기 위해 정부에서 하는 일로 알맞지 않은 것은 어느 것입니까? (   )

① 독도 관련 법령을 시행한다.
② 경찰이 머무르며 독도를 지키게 한다.
③ 여러 가지 시설물을 설치하여 운영한다.
④ 주민들을 강제로 이주시켜 독도에 살게 한다.
⑤ 독도 주변 바다를 경비하도록 경비함을 보낸다.

11종 공통

7 다음 (   ) 안에 들어갈 알맞은 말에 ○표를 하시오.

> 현재 독도에는 일본 등 외부 세력의 독도 침범에 대비하여 독도를 지키는 (독도 경비대원 / 등대 관리원)이 있습니다.

11종 공통

8 독도에서 볼 수 있는 시설로 알맞지 않은 것은 어느 것입니까? (   )

① 등대 ② 울릉군청
③ 경비 시설 ④ 주민 숙소
⑤ 선박 접안 시설

11종 공통

9 다음에서 설명하고 있는 단체는 무엇입니까? (   )

> • 사이버 외교 사절단입니다.
> • 인터넷에서 독도를 알리고 있습니다.
> • 독도와 관련된 잘못된 정보를 찾아 수정을 요구합니다.

① 반크 ② 그린피스
③ 유니세프 ④ 국제 연합(UN)
⑤ 국경 없는 의사회

11종 공통

10 독도를 지키려는 노력이 필요한 까닭을 알맞게 말한 어린이를 쓰시오.

소중한 우리나라의 영토이자 국민들의 삶의 터전이기 때문이야.

소미

독도는 경제적 가치는 없지만 지키지 못하면 아쉬울 것 같기 때문이야.

(   )

핵심 정리

남북통일의 필요성
① 이산가족의 아픔을 치유할 수 있습니다.
② 남북간의 문화적 차이를 극복할 수 있습니다.
③ 분단에 따른 국방비 및 경제적 비용을 줄일 수 있습니다.

남북통일을 위한 다양한 노력
① 정치적 노력

7·4 남북 공동 성명 발표(1972년)	남북 정치 교류의 시작으로, 최초로 통일에 관하여 합의하고 발표했음.
남북 기본 합의서 채택(1991년)	남북 화해, 교류, 협력 등의 내용이 담긴 남북 기본 합의서를 채택했음.
6·15 남북 공동 선언(2000년)	남북한 정상이 만나 회담 후 남북 간 교류 활성화와 통일 방안에 관해 발표했음.

② 경제적 노력

개성 공업 지구 운영	남한의 자본과 북한의 노동력이 결합한 개성 공업 지구가 2016년까지 운영되었음.
경의선 및 동해선 연결	끊어진 도로와 철도를 연결하고 낡은 시설을 개선하려는 노력을 했음.

③ 사회·문화적 노력

남북 예술단 합동 공연(2018년)	남북한 예술단이 강릉과 서울, 평양에서 함께 공연했음.
남북 선수단 공동 입장(2018년)	평창 동계 올림픽에서 남북한 선수들이 함께 입장했음. [출처: 연합뉴스]

통일 한국의 모습
① 비무장 지대를 평화롭게 이용합니다.
② 남북 자원을 활용하여 경제가 성장합니다.
③ 전쟁에 대한 두려움이 사라져 평화로워집니다.

③ 남북통일의 필요성과 통일을 위한 노력

11종 공통

1 남북 분단으로 겪는 어려움으로 볼 수 없는 것은 어느 것입니까? (　　　)
① 국방비가 감소하고 있다.
② 이산가족이 만나지 못하고 있다.
③ 언어와 생활 모습 등이 달라지고 있다.
④ 대륙과 해양을 잇는 지리적 장점을 살릴 수 없다.
⑤ 전쟁에 대한 두려움 때문에 불안하게 지내고 있다.

11종 공통

2 통일이 되면 좋은 점으로 알맞은 것은 어느 것입니까? (　　　)
① 국방비가 늘어난다.
② 우리의 전통문화가 사라진다.
③ 우리 민족의 동질성이 회복된다.
④ 남북 간의 문화적 차이가 커진다.
⑤ 다른 나라와 교류할 수 없게 된다.

서술형·논술형 문제 　11종 공통

3 다음 글을 읽고, 통일이 필요한 까닭을 쓰시오.

> 평양에서 태어난 ○○○씨는 6·25 전쟁이 일어나서 남쪽으로 피난 올 때 동생과 손을 놓쳐서 서로 헤어졌습니다. 평생 고향과 동생을 그리워하시던 ○○○씨의 어머니는 몇 해 전 돌아가셨습니다. ○○○씨의 소원은 동생을 만나 함께 고향에 가 보는 것이라고 합니다.

정답 7쪽

천재교육, 김영사, 미래엔, 비상교육, 아이스크림 미디어, 지학사

4 다음 ( ) 안에 들어갈 알맞은 말에 ○표를 하시오.

> (7·4 남북 공동 성명 / 남북 기본 합의서)은/는 남북 정치 교류의 시작으로, 최초로 통일에 관해 합의하고 발표한 것입니다.

11종 공통

5 다음 중 남북통일을 위한 정치적 노력에 해당하는 것은 어느 것입니까? ( )

① 금강산 관광

② 6·15 남북 공동 선언

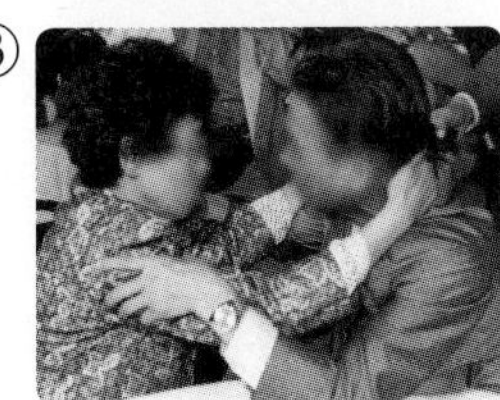

③ 남북 이산가족 상봉

④ 경의선 및 동해선 철도·도로 연결 착공식

11종 공통

6 다음 □ 안에 들어갈 말로 알맞은 것은 어느 것입니까? ( )

> 2005년부터 2016년까지 남한의 자본과 기술력에 북한의 노동력이 결합한 경제 협력으로 □에서 공업 지구가 운영되었습니다.

① 함흥시 ② 평양시 ③ 청진시
④ 개성시 ⑤ 원산시

11종 공통

7 남북한이 교류와 협력을 확대하기 위해 연결한 철도를 두 가지 고르시오. (,)

① 장항선 ② 경부선
③ 경의선 ④ 전라선
⑤ 동해선

11종 공통

8 다음은 남북통일을 위해 어떤 분야에서 노력하는 모습입니까? ( )

> 2018년에 개최된 평창 동계 올림픽에서 남북 선수단이 공동으로 입장했습니다.

① 경제적 노력 ② 정치적 노력
③ 언어적 노력 ④ 문화적 노력
⑤ 종교적 노력

11종 공통

9 남북통일을 위한 사회·문화적 노력을 보기에서 찾아 기호를 쓰시오.

> **보기**
> ㉠ 남북한 예술단이 함께 한반도의 평화를 기원하는 음악회와 공연을 했습니다.
> ㉡ 남북 화해, 교류, 협력 등의 내용이 담긴 남북 기본 합의서를 채택했습니다.

( )

11종 공통

10 통일 한국의 모습으로 알맞지 않은 것은 어느 것입니까? ( )

① 기차를 타고 유럽까지 간다.
② 비무장 지대에서 아름다운 자연을 즐긴다.
③ 전쟁의 위험이 커져 사람들의 불안해한다.
④ 고구려와 발해의 역사 유적지를 방문한다.
⑤ 국방비가 줄어들어 국민의 복지 혜택이 늘어난다.

단원 평가

❶ 지구촌의 다양한 갈등

핵심 정리

지구촌의 갈등 사례

이스라엘–팔레스타인 분쟁	유대인이 오래전 조상들이 살던 곳이라며 팔레스타인 지역에 이스라엘을 건국했고, 이슬람교를 믿는 팔레스타인이 영토를 되찾기 위해 저항함.
카슈미르 분리 분쟁	주민 대부분이 이슬람교를 믿는 카슈미르 지역이 이슬람 국가인 파키스탄이 아닌, 힌두교를 믿는 사람이 많은 인도에 편입됨.
메콩강을 둘러싼 갈등	중국이 메콩강 상류에 댐을 건설해 물의 양을 조절하자 메콩강 하류 지역 나라들의 쌀 생산량, 어획량이 감소하는 등 피해를 받고 있음. 천재교과서, 비상교과서
르완다 내전	르완다를 지배한 벨기에가 후투족을 차별하는 정책을 실시하면서 갈등이 발생했고, 독립 이후 내전으로 이어짐. 천재교과서, 동아출판
쿠릴 열도 영유권 분쟁	쿠릴 열도의 4개 섬을 둘러싸고 러시아와 일본이 영유권을 주장하고 있음. 아이스크림 미디어

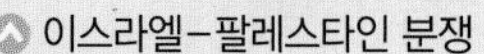
이스라엘–팔레스타인 분쟁

카슈미르 분리 분쟁

지구촌 갈등의 원인과 문제

원인	자원, 영토, 민족, 인종, 종교, 언어, 역사 등 다양한 원인이 복합적으로 얽혀서 발생함.
문제	• 수많은 사람이 전쟁, 범죄, 테러의 위협을 받음. • 많은 사람들이 질병, 가난, 난민, 차별 등의 어려운 상황 속에서 살게 됨. • 주변 지역에도 영향을 미칠 수 있음.
해결 방법	• 지구촌이 공존할 수 있는 방법 고려하기 • 세계 여러 나라가 지켜야 하는 국제법 제정하기 • 뉴스나 기사로 지구촌 갈등 문제를 찾아보는 등 우리가 할 수 있는 일 찾기

11종 공통

1 다음 ☐ 안에 들어갈 말로 알맞은 것은 어느 것입니까? ( )

> 이스라엘과 팔레스타인의 분쟁은 1948년 ☐를 믿는 사람들이 팔레스타인 지역에 이스라엘을 세우면서 시작되었습니다.

① 불교 ② 유교
③ 유대교 ④ 힌두교
⑤ 이슬람교

11종 공통

2 팔레스타인 지역에서 분쟁 중인 이스라엘과 팔레스타인의 주장을 찾아 바르게 줄로 이으시오.

(1) 이스라엘 • • ㉠ 옛날부터 팔레스타인 지역에 살아 왔음.

(2) 팔레스타인 • • ㉡ 오래전에 유대인이 살았고, 성서에 기록되어 있음.

천재교육, 금성출판사, 김영사, 동아출판, 미래엔, 비상교과서, 지학사

3 카슈미르 분리 분쟁과 관련 있는 두 나라를 고르시오. (,)

① 인도 ② 영국
③ 미얀마 ④ 파키스탄
⑤ 방글라데시

정답 7쪽

천재교과서, 동아출판

4 다음에서 설명하는 지구촌 갈등으로 알맞은 것은 어느 것입니까? (　　　)

> 벨기에가 식민 지배를 하면서 투치족에게 권력을 주고 후투족을 차별하는 정책을 실시하면서 두 민족 사이에 갈등이 발생했습니다. 이는 독립 이후 내전으로 이어지게 되었습니다.

① 예맨 내전　② 르완다 내전
③ 보스니아 내전　④ 소말리아 내전
⑤ 에티오피아 내전

[5~6] 다음은 지구촌의 갈등 모습입니다.

> 중국에서 시작되어 미얀마, 라오스, 타이, 캄보디아, 베트남을 지나는 강인 [㉠]에 중국이 2010년부터 강 상류에 댐들을 건설해 물의 양을 조절하여 ㉡ 강 하류 지역의 나라들이 피해를 입었고, 갈등이 발생했습니다.

천재교과서, 비상교과서

5 위 ㉠에 공통으로 들어갈 알맞은 강은 어느 것입니까? (　　　)

① 나일강　② 황허강
③ 메콩강　④ 인더스강
⑤ 아마존강

서술형·논술형 문제　천재교과서, 비상교과서

6 위 밑줄 친 ㉡과 같이 강 하류 지역에 있는 나라들이 입은 피해를 한 가지만 쓰시오.

____

____

아이스크림 미디어

7 쿠릴 열도 영유권 분쟁과 관련된 나라는 어디와 어디입니까? (　　　)

① 영국과 일본　② 영국과 몽골
③ 러시아와 몽골　④ 러시아와 일본
⑤ 러시아와 프랑스

11종 공통

8 지구촌 갈등의 원인으로 알맞은 것을 보기에서 두 가지 찾아 기호를 쓰시오.

> **보기**
> ㉠ 여러 원인이 복합적으로 얽혀서 발생합니다.
> ㉡ 서로 상대방의 입장을 배려하기 때문에 일어납니다.
> ㉢ 자원, 영토, 종교, 민족 등 다양한 원인으로 일어납니다.

(　　　　,　　　　)

11종 공통

9 지구촌 갈등으로 발생하는 문제로 볼 수 <u>없는</u> 것은 어느 것입니까? (　　　)

① 난민　② 기아　③ 가난
④ 평등　⑤ 질병

11종 공통

10 지구촌 갈등을 해결하는 방법에 대해 알맞게 말한 어린이를 찾아 쓰시오.

> 영선: 국제법을 폐지해야 해.
> 수빈: 자기 나라의 이익만 추구해야 해.
> 범희: 누리 소통망에 지구촌 문제와 관련된 글을 올리고 관심을 가져야 해.

(　　　　　　)

❷ 지구촌 평화와 발전을 위한 노력

핵심 정리

지구촌 평화와 발전을 위한 국제기구의 노력

① 국제 연합(UN): 1945년에 지구촌의 평화 유지와 전쟁 방지 등을 위해 만들어졌습니다.

② 국제 연합(UN)의 다양한 기구 천재교과서, 교학사, 금성출판사, 비상교육

세계 보건 기구(WHO)	전 세계인의 건강을 위한 연구와 전염병 예방, 치료를 위해 노력함.
국제 원자력 기구(IAEA)	평화적이고 안전한 원자력 이용을 위해 노력함.
국제 노동 기구(ILO)	전 세계의 노동 문제를 다룸.

지구촌 평화와 발전을 위한 비정부 기구의 노력

그린피스	지구의 환경과 평화를 지키고자 핵실험 반대, 자연 보호 운동 등을 함.
해비타트	터전을 잃어버린 사람들에게 집을 지어 주고, 집을 고쳐 주기도 함.
국제 앰네스티	국가 권력에 의해 억울하게 인권을 탄압받는 사람들의 인권 보호를 위해 활동함.

지구촌 평화와 발전을 위한 우리나라의 노력

① 다양한 국제기구 활동에 참여합니다.

② 국제 연합(UN)에 평화 유지군을 파견합니다.

③ 한국 국제 협력단(KOICA)이 봉사 활동을 합니다.

천재교육, 천재교과서, 금성출판사, 김영사, 동아출판, 미래엔, 비상교과서, 비상교육, 아이스크림 미디어

지구촌 평화와 발전을 위한 개인의 노력

조디 윌리엄스	1991년에 지뢰 금지 국제 운동 단체를 설립했음.
넬슨 만델라	인종 차별을 없애고자 노력했음.
말랄라 유사프자이	여성과 어린이 교육을 위해 활동했음.

11종 공통

1 다음 (   ) 안에 들어갈 알맞은 말에 각각 ○표를 하시오.

> 여러 나라가 모여 지구촌의 평화와 협력을 위해 활동하는 단체를 ❶(국제기구 / 비정부 기구)라고 하고, 지구촌의 여러 문제를 해결하기 위해 뜻이 비슷한 개인들이 모여 활동하는 단체를 ❷(국제기구 / 비정부 기구)라고 합니다.

11종 공통

2 다음에서 설명하는 국제기구는 무엇인지 쓰시오.

> 1945년에 지구촌의 평화 유지와 전쟁 방지 등을 위해 만들어졌고, 다양한 기구를 두어 지구촌 갈등 문제를 해결하려고 노력하고 있습니다.

(   )

11종 공통

3 국제 연합(UN)의 다양한 기구에 대한 설명으로 알맞지 <u>않은</u> 것은 어느 것입니까? (   )

① 국제 연합 난민 기구(UNHCR)는 난민들을 돕는다.

② 세계 보건 기구(WHO)는 전염병을 예방하기 위해 노력한다.

③ 국제 원자력 기구(IAEA)는 안전한 원자력 이용을 위해 노력한다.

④ 국제 노동 기구(ILO)는 어려움에 처한 사람들에게 식량을 지원한다.

⑤ 국제 연합 아동 기금(UNICEF)은 어린이의 권리 향상을 위해 노력한다.

정답 8쪽

11종 공통

4 다음에서 설명하는 비정부 기구로 알맞은 것은 어느 것입니까? (　　　)

> 의료 지원을 받지 못하거나 전쟁, 질병, 자연 재해 등으로 고통받는 사람들에게 인종, 종교, 성별 등과 관계없이 의료 서비스를 제공합니다.

① 그린피스　② 해비타트
③ 국제 앰네스티　④ 국경 없는 의사회
⑤ 핵무기 폐기 국제 운동

11종 공통

5 국제 앰네스티에 대해 바르게 말한 어린이를 쓰시오.

> 주헌: 지구의 환경과 평화를 지키고자 자연 보호 운동을 하고 있어.
> 이수: 터전을 잃어버린 사람들에게 집을 지어 주거나 고쳐주는 활동을 하고 있어.
> 종윤: 국가 권력에 의해 인권을 탄압받는 사람들의 인권을 보호하는 활동을 하고 있어.

(　　　　　　　　)

천재교육, 천재교과서, 교학사, 금성출판사, 김영사, 동아출판, 미래엔, 비상교과서, 비상교육, 지학사

6 다음에서 설명하는 비정부 기구를 찾아 ○표를 하시오.

> 종교, 국적, 인종을 초월해 모든 어린이들의 생존과 보호를 위해 교육, 의료 등의 분야에서 다양한 지원을 합니다.

(1) ican

핵무기 폐기 국제 운동

(　　　　　　)

(2)

세이브 더 칠드런

(　　　　　　)

서술형·논술형 문제

11종 공통

7 우리나라가 지구촌 평화와 발전을 위해 하는 노력을 한 가지만 쓰시오.

____

____

11종 공통

8 다음 □ 안에 들어갈 알맞은 인물을 쓰시오.

> 가톨릭교 신부인 □은 빈곤과 기아로 고통받는 남수단 사람들을 위해 병원을 지어 환자들을 진료했고, 학교를 만들어 학생들을 교육했습니다.

(　　　　　　　　)

천재교과서, 천재교육, 금성출판사

9 지뢰 금지 국제 운동 단체를 설립한 미국의 사회 운동가는 누구입니까? (　　　)

① 테레사 수녀　② 넬슨 만델라
③ 마틴 루서 킹　④ 마하트마 간디
⑤ 조디 윌리엄스

천재교육, 천재교과서, 금성출판사, 김영사, 동아출판, 미래엔, 비상교과서, 비상교육, 아이스크림 미디어

10 말랄라 유사프자이에 대한 설명으로 알맞은 것에 ○표를 하시오.

(1) 여성과 어린이의 교육을 위해 활동했습니다. (　　)

(2) 남아프리카 공화국에서 흑인 인권 운동을 했습니다. (　　)

단원 평가

핵심 정리

지구촌의 환경문제

열대 우림 파괴	무분별한 개발로 인해 지구에 산소를 공급하는 열대 우림이 파괴되고 있음.
지구 온난화	온실가스가 지나치게 배출되어 지구의 평균 기온이 상승하고 있음.
쓰레기 문제	잘 썩지 않는 플라스틱 쓰레기가 생태계를 파괴시키고 있음.
사막화	오랜 가뭄이나 과도한 개발로 인한 사막화로 식량 생산량이 줄고 황사가 심해지고 있음.
초미세 먼지 증가	공장이나 자동차에서 오염 물질이 배출되어 사람들이 호흡기 질환에 걸림.

열대 우림 파괴

초미세 먼지 증가

환경문제 해결을 위한 노력

개인	• 일상생활에서 자원과 에너지를 절약함. • 정부의 환경 정책을 따르며 환경을 생각하는 소비를 함.
기업	• 친환경 소재나 기술을 개발함. • 제품의 생산·이동·폐기 과정에서 불필요한 자원과 에너지가 낭비되지 않도록 노력함.
시민 단체	• 환경 보호 의식을 높이는 환경 운동을 함. • 기업이나 정부의 활동이 환경에 나쁜 영향을 끼치지 않는지 감시함.
정부	환경 관련 법과 제도를 만들어서 개인과 기업이 실천하도록 함.
세계	환경문제를 해결하고자 서로 협력해 대응책을 세우고 실천함.

1 지구촌의 환경문제와 해결을 위한 노력

11종 공통

1 다음 (   ) 안에 들어갈 알맞은 말에 ○표를 하시오.

> 무분별한 개발로 인해 여러 동식물이 사는 보금자리이자 지구에 산소를 공급하는 (사막 / 열대 우림)이 파괴되고 있습니다.

서술형·논술형 문제 11종 공통

2 다음 글에 나타난 환경문제의 원인을 쓰시오.

> △△일보
>
> 지구의 평균 기온은 지난 100년 동안 꾸준히 상승했습니다. 이로 인해 빙하가 녹아 해수면이 높아졌고, 일부 해안 지역은 바닷물이 들이닥쳐 사람들이 살 땅을 잃고 있습니다.

11종 공통

3 다음과 같은 환경문제가 주는 피해는 무엇입니까? (   )

> 북태평양에는 플라스틱 조각들로 이루어진 거대한 쓰레기 섬이 있습니다.

① 화석 연료가 고갈된다.
② 해양 생태계가 파괴된다.
③ 지구의 대기가 오염된다.
④ 사람이 살 수 있는 땅이 줄어든다.
⑤ 빙하가 녹아 북극곰이 살 곳이 사라진다.

정답 8쪽

천재교과서, 금성출판사, 김영사, 미래엔, 아이스크림 미디어, 지학사

4 사막화가 일어나는 원인을 두 가지 고르시오. (,)

① 가뭄 ② 황사 ③ 홍수
④ 산소 부족 ⑤ 과도한 개발

11종 공통

5 다음 ☐ 안에 공통으로 들어갈 알맞은 말을 쓰시오.

> 공장이나 자동차에서 배출되는 오염 물질 때문에 공기 중 ☐의 농도가 증가했습니다. ☐는 사람 몸속에 들어가 호흡기 질환과 같은 여러 질병을 일으킵니다.

( )

11종 공통

6 환경문제를 해결하기 위해 개인이 노력해야 할 일로 알맞지 않은 것은 어느 것입니까? ( )

① 일회용품 사용을 줄인다.
② 친환경 제품을 구입한다.
③ 가까운 거리는 걸어다닌다.
④ 분리배출을 올바르게 한다.
⑤ 전자 제품의 플러그를 항상 꽂아 둔다.

11종 공통

7 환경문제를 해결하기 위한 기업의 노력을 보기 에서 두 가지 찾아 기호를 쓰시오.

> 보기
> ㉠ 친환경 기술을 개발합니다.
> ㉡ 환경 관련 법과 제도를 만듭니다.
> ㉢ 제품의 생산·이동·폐기 과정에서 불필요한 자원이 낭비되지 않도록 노력합니다.

(,)

천재교육, 교학사

8 환경문제를 해결하기 위해 다음과 같이 노력하는 주체는 무엇입니까? ( )

> • 사람들의 환경 보호 의식을 높이는 환경 운동을 펼칩니다.
> • 기업이나 정부의 활동이 환경에 나쁜 영향을 끼치지 않는지 감시합니다.

① 개인 ② 기업 ③ 정부
④ 가정 ⑤ 시민 단체

11종 공통

9 환경문제를 해결하기 위해 정부가 하는 노력에 대해 바르게 말한 어린이를 쓰시오.

> 찬우: 에너지 고효율 가전제품과 친환경 제품을 생산해요.
> 채린: 환경과 관련된 법과 제도를 만들어 개인과 기업이 이를 실천하도록 만들어요.

( )

11종 공통

10 세계 여러 나라가 다음과 같은 노력을 하는 까닭으로 알맞은 것은 어느 것입니까? ( )

> • 2014년 국제 연합 환경 총회(UNEA)에서는 '해양 플라스틱 쓰레기와 미세 플라스틱에 관한 결의안'이 채택되었습니다.
> • 2015년 '파리 협정'에서 전 세계 195개 나라가 온실가스의 배출을 줄이는 협정에 동의했습니다.

① 환경문제를 해결하기 위해서
② 난민 문제를 해결하기 위해서
③ 인권 침해 문제를 해결하기 위해서
④ 인종 차별 문제를 해결하기 위해서
⑤ 빈부 격차 문제를 해결하기 위해서

11종 검정 교과서

단원 평가

핵심 정리

지속가능한 미래를 위한 과제

① 친환경적 생산과 소비

친환경적 생산	환경을 생각하며 물건을 생산하고 판매함. ㉮ 친환경 에너지를 활용해 물건 만들기, 친환경 농산물 생산하기
친환경적 소비	환경을 생각하며 소비함. ㉮ 가져간 용기에 필요한 만큼 담아서 사기, 친환경 제품 구입하기

② 빈곤과 기아 퇴치

빈곤과 기아 문제 원인	열악한 환경, 자연재해, 식량 분배의 불균형 등 다양한 원인으로 발생함.
빈곤과 기아 문제의 해결 노력	• 농업 기술을 지원함. • 식량, 물건 등의 구호 물품을 보냄. • 학교를 짓는 등 학생들의 교육 여건을 개선함.

③ 문화적 편견과 차별 해소

문화적 편견과 차별의 원인	어느 한쪽의 문화만 옳다고 생각하기 때문임.
문화적 편견과 차별 문제의 해결 노력	• 다양성을 존중하는 교육 활동을 함. • 다양한 문화를 체험할 수 있는 행사를 개최함. • 취업, 교육 등 여러 방면에서 편견과 차별로 고통받는 사람들을 지원함.

세계시민으로서 가져야 할 태도

① 세계시민: 지구촌 문제가 우리의 문제임을 알고 이를 해결하고자 협력하는 자세를 지닌 사람

② 세계시민으로서 가져야 할 태도

물은 필요한
만큼만 사용해야지.

자원과 에너지 아끼기

계산하고 남은 동전은
모금함에 넣어야지.

지구촌 이웃 돕기 모금에 참여하기

2 지속가능한 미래를 위한 노력

11종 공통

1 다음 ( ) 안에 들어갈 알맞은 말에 ○표를 하시오.

> 지속가능한 미래란 미래 세대가 발전할 수 있는 가능성을 (유지 / 차단)하면서 지금 필요한 개발을 지속하는 태도나 행동을 말합니다.

11종 공통

2 지속가능한 미래를 위해 해결해야 할 과제를 잘못 쓴 어린이는 누구입니까? (   )

① 환경문제
② 성적 하락
③ 빈곤과 기아
④ 문화적 편견

11종 공통

3 다음 검색 결과에서 ㉠에 들어갈 내용으로 알맞지 않은 것은 어느 것입니까? (   )

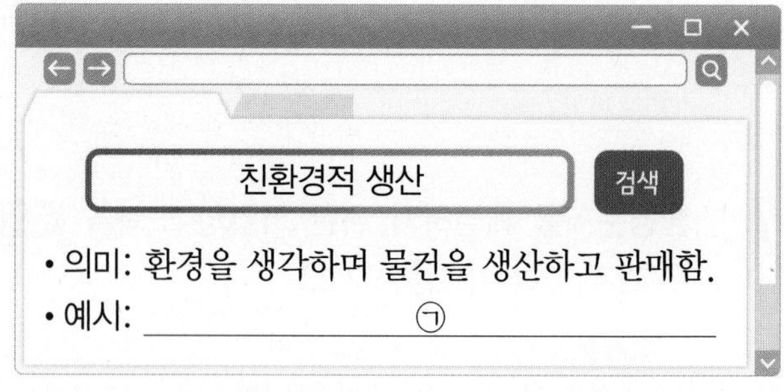
친환경적 생산
검색
• 의미: 환경을 생각하며 물건을 생산하고 판매함.
• 예시: ㉠

① 전기 자동차 생산
② 수소 자동차 생산
③ 친환경 농산물 생산
④ 친환경 에너지 활용
⑤ 안전을 위한 과대 포장

정답 9쪽

11종 공통

4 **다음에서 환경을 생각하는 생산 활동을 하는 기업 대표를 찾아 기호를 쓰시오.**

> ㉠ □□ 기업 대표: 자원과 에너지를 최대한으로 많이 사용해서 상품을 생산해요.
> ㉡ ○○ 기업 대표: 버려진 자원으로 만든 재생 용지만을 이용해서 상품을 만들어요.

( )

11종 공통

5 **환경을 생각하는 소비를 하지 못한 소비자는 누구입니까? ( )**

① 포장이 없는 제품을 산 소비자
② 가까운 곳에서 생산한 식품을 구입한 소비자
③ 친환경 인증 표시가 있는 물건을 구입한 소비자
④ 장바구니 대신 비닐봉지에 물건을 담아온 소비자
⑤ 용기를 가져가서 필요한 만큼 담아서 물건을 구입한 소비자

11종 공통

6 **다음에서 친환경적 소비를 한 어린이 두 명을 쓰시오.**

개인컵을 가져가서 음료수를 구입했어.
소윤

어제 부모님과 마트에 가서 오리 농법으로 생산한 쌀을 샀어.
태준

플라스틱으로 만든 제품은 가벼워서 좋아. 난 플라스틱으로 만든 물건만 사.
민지

(,)

천재교과서, 교학사, 금성출판사, 김영사, 동아출판, 비상교과서, 비상교육, 지학사

7 **다음은 세계 기아 지도입니다. 굶주림 문제를 겪는 사람들의 비율이 높은 대륙은 어디입니까? ( )**

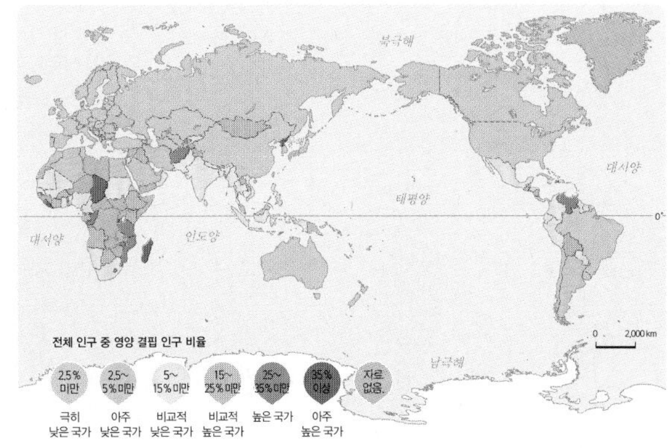

① 유럽 ② 아시아
③ 아프리카 ④ 오세아니아
⑤ 남아메리카

11종 공통

8 **빈곤과 기아로 고통받는 모습을 두 가지 찾아 ○표를 하시오.**

(1) 자연재해로 물과 식량이 부족합니다. ( )
(2) 학교에 가지 못하고 일을 하면서 가족의 생계를 책임지고 있습니다. ( )
(3) 종교적인 이유로 먹지 않는 음식이 있는데 사람들이 이를 가볍게 생각합니다. ( )

서술형·논술형 문제

11종 공통

9 **지구촌 사람들이 다음과 같은 활동을 하는 까닭을 쓰시오.**

> • 기초 교육을 받지 못하는 어린이들을 위해 학교를 짓습니다.
> • 농업 기술을 알려 주어 더 많은 식량을 생산할 수 있도록 도와줍니다.

[10~12] 다음은 지속가능한 미래를 위한 과제를 나타낸 그림입니다.

제가 믿는 종교를 이야기하면 무섭다고 저를 피해요.
아시아인이라는 이유로 놀림받고 따돌림을 당해요.

11종 공통

10 위 그림과 관련된 문제로 알맞은 것은 어느 것입니까? (　　)

① 성 차별　② 빈곤과 기아
③ 일자리 부족　④ 생태계 파괴
⑤ 문화적 편견과 차별

11종 공통

11 위 그림과 관련된 문제가 일어나는 원인으로 알맞은 것을 두 가지 고르시오. (　　,　　)

① 다양성을 인정하기 때문이다.
② 다문화에 대한 선입견이 없기 때문이다.
③ 다른 사람들의 생각을 존중하기 때문이다.
④ 어느 한쪽의 문화만 옳다고 생각하기 때문이다.
⑤ 자신의 문화를 기준으로 다른 문화를 함부로 판단하기 때문이다.

서술형·논술형 문제　11종 공통

12 위 그림과 관련된 문제를 해결하기 위해 지구촌 사람들이 하고 있는 노력을 쓰시오.

11종 공통

13 다음 □ 안에 들어갈 알맞은 말을 보기에서 찾아 쓰시오.

> 지구촌 문제가 우리의 문제임을 알고 이를 해결하고자 협력하는 자세를 지닌 사람을 □이라고 합니다.

보기
• 지역 주민　• 세계시민

(　　)

11종 공통

14 세계시민으로 바르지 못한 자세를 가진 어린이는 누구입니까? (　　)

①

물은 필요한 만큼만 사용해야지.

②

캘리포니아산 오렌지
제주산 감귤
이산화 탄소를 많이 배출한 멀리서 생산된 과일을 사야지.

③

남기지 말고 다 먹어야지.

④

잘 안 입는 옷이니까 기부해야지.

11종 공통

15 지속가능한 미래를 위해 할 수 있는 일로 알맞지 않은 것은 어느 것입니까? (　　)

① 쓰레기를 분리배출한다.
② 지구촌 다문화 행사에 참여한다.
③ 에어컨을 가장 낮은 온도로 낮추어서 사용한다.
④ 가전제품을 사용하지 않을 때는 플러그를 뽑는다.
⑤ 용돈을 아껴 빈곤과 기아 문제로 어려움에 처한 사람을 돕는다.

BOOK 1

교과서 개념을 쉽게 이해할 수 있는

개념북

6-2

✦ 쉽고 자세한 개념 학습 ✦ 다양한 검정 교과서 자료

사회 리더

천재교육

Chunjae
Makes
Chunjae

사회 리더 6-2

편집개발 윤순란, 김운용
디자인총괄 김희정
표지디자인 윤순미, 장미
내지디자인 박희춘
본문 사진 제공 게티이미지, 뉴스뱅크, 서울대학교 규장각 한국학 연구원,
셔터스톡, 수원시박물관사업소, 연합뉴스
제작 황성진, 조규영

발행일 2024년 6월 1일 2판 2024년 6월 1일 1쇄
발행인 (주)천재교육
주소 서울시 금천구 가산로9길 54
신고번호 제2001-000018호
고객센터 1577-0902
교재 구입 문의 1522-5566

리더가 되기 위한 공부 비법

사회 리더

6-2

1 쉽고 재미있게 개념을 익히고 다지기

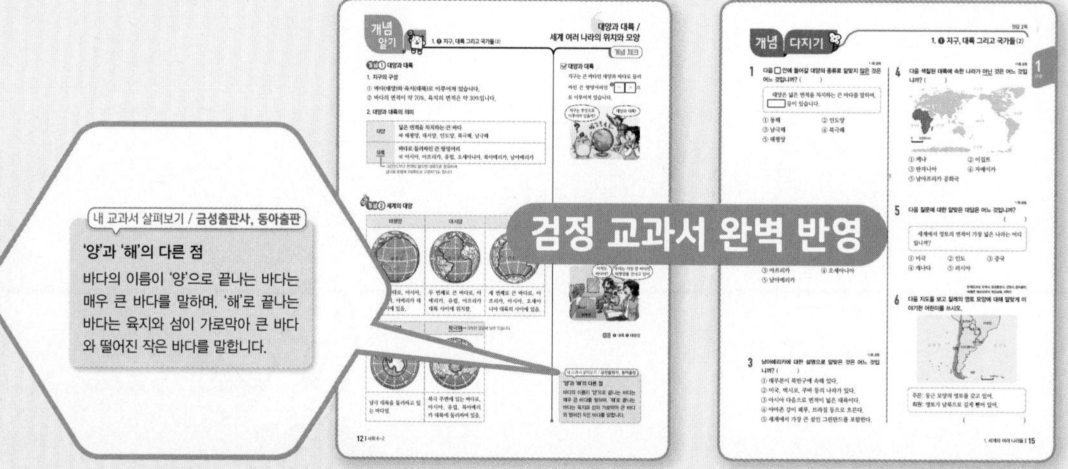

내 교과서 살펴보기 / 금성출판사, 동아출판
'양'과 '해'의 다른 점
바다의 이름이 '양'으로 끝나는 바다는 매우 큰 바다를 말하며, '해'로 끝나는 바다는 육지와 섬이 가로막아 큰 바다와 떨어진 작은 바다를 말합니다.
검정 교과서 완벽 반영

2 Step ❶, ❷, ❸단계로 단원 실력 쌓기

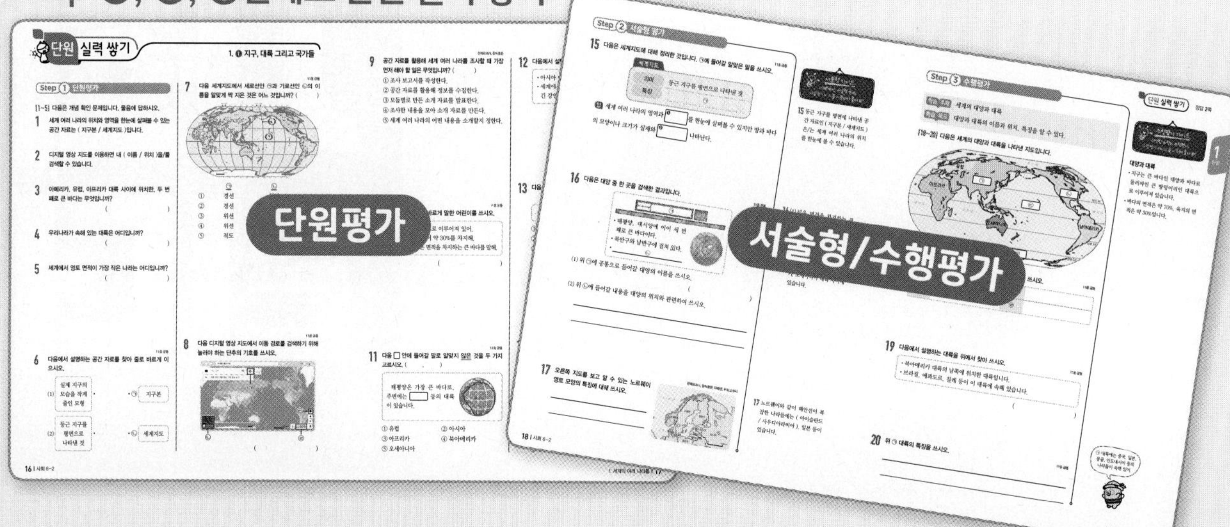

3 대단원 평가로 단원 마무리하기

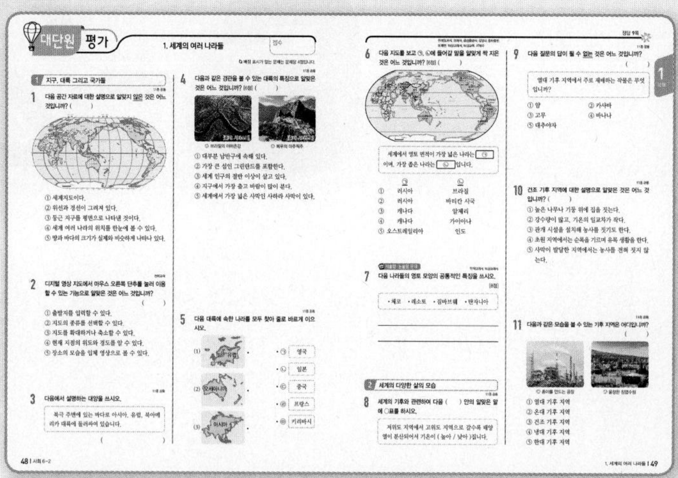

평가북

1 스피드 쪽지 시험

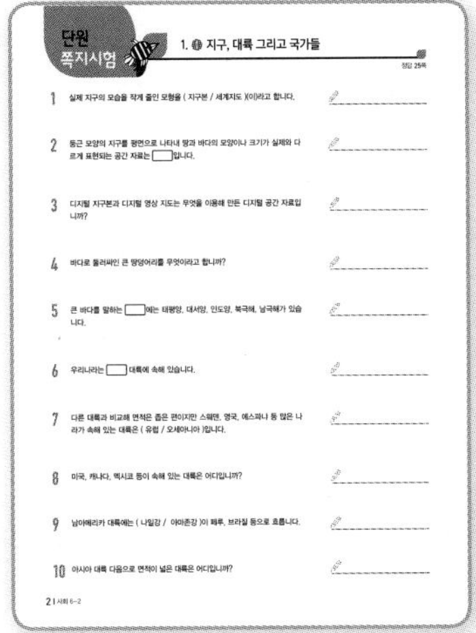

2 학교시험에 잘 나오는 대표 문제

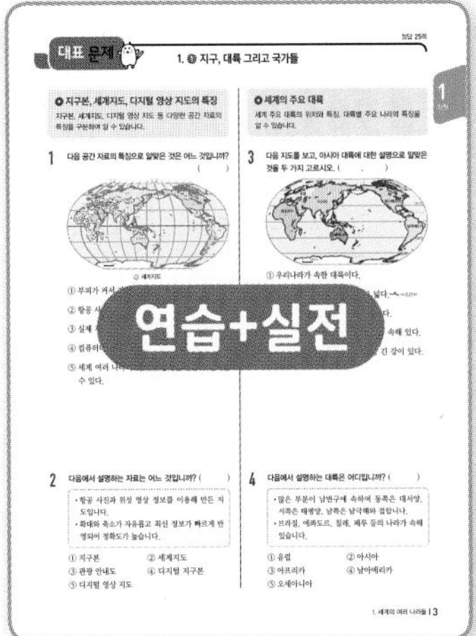

3 대단원 평가로 단원 정리

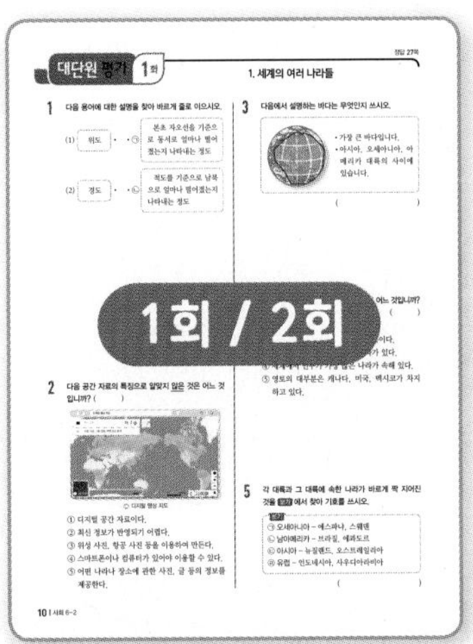

4 서술형 · 논술형 평가 완벽 대비

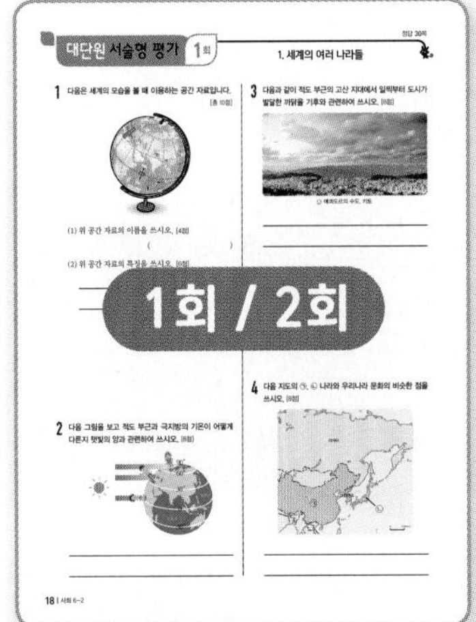

코칭북

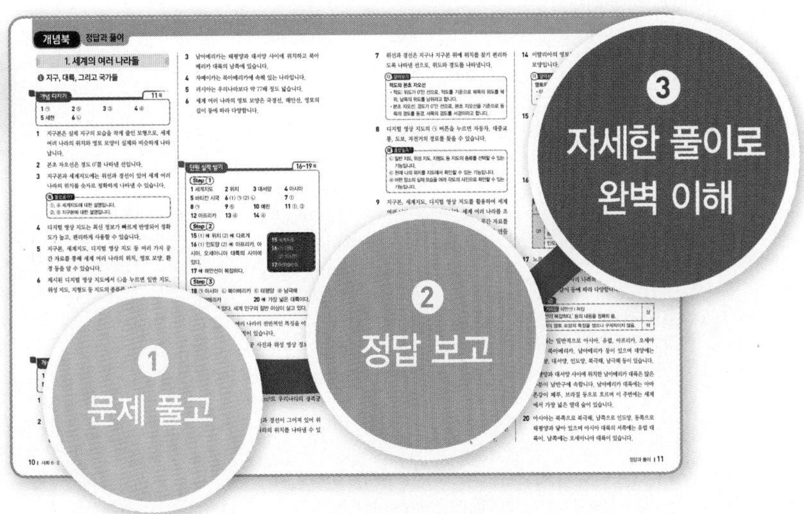

차례

1 세계의 여러 나라들

일본에 발달한 온천 관광

냉대 기후 지역의 침엽수림

2 통일 한국의 미래와 지구촌의 평화

우리나라의 영토인 독도

대한민국의 요괴 소녀로, 정체는 불여우.
엉뚱발랄한 매력으로
상대방을 당황하게 만든다.

피빠

동유럽에 사는 흡혈귀로,
인간 세상에 관심이 많다.
늘 다이어트 중이라 얼굴이 창백하다.

닉스

피빠의 반려동물로, 정체는 불사조.
불 조절 능력이 미숙해
피빠를 곤란에 빠뜨리곤 한다.

연관 학습 안내

초등 5학년	초등 6학년	중학교
기후가 생활에 미치는 영향 강수량에 따라 터돋움집, 우데기 등 다양한 생활 모습이 나타나요.	**기후에 따른 생활 모습** 각 기후의 특징에 따라 사람들의 생산 활동이 다르게 나타나요.	**기후와 주민 생활** 사람들은 기후 환경에 적응하거나 이를 극복하면서 살아가요.

만화로 단원 미리보기

1 세계의 여러 나라들

 단원 안내

1. 지구, 대륙 그리고 국가들
2. 세계의 다양한 삶의 모습
3. 우리나라와 가까운 나라들

이어서 개념 웹툰

1. ❶ 지구, 대륙 그리고 국가들(1)

중요 개념 ① 지구본과 세계지도

→ 위도와 경도로 여러 나라의 위치를 숫자로 정확하게 나타낼 수 있습니다.

1. 지구본

의미	실제 지구의 모습을 작게 줄인 모형
특징	• 세계 여러 지역 간 거리와 면적을 비교적 정확하게 파악할 수 있음. • 둥근 모양이라 한눈에 보기 어렵고, 가지고 다니기 불편함.

본초 자오선(경도 0°)을 기준으로 동쪽의 경도를 동경, 서쪽의 경도를 서경이라고 함.

적도(위도 0°)를 기준으로 북쪽의 위도를 북위, 남쪽의 위도를 남위라고 함.

2. 세계지도

의미	둥근 지구를 평면으로 나타낸 것
특징	• 세계 여러 나라의 위치와 영역을 한눈에 살펴볼 수 있음. • 땅과 바다의 모양이나 크기가 실제와 다르게 표현됨.

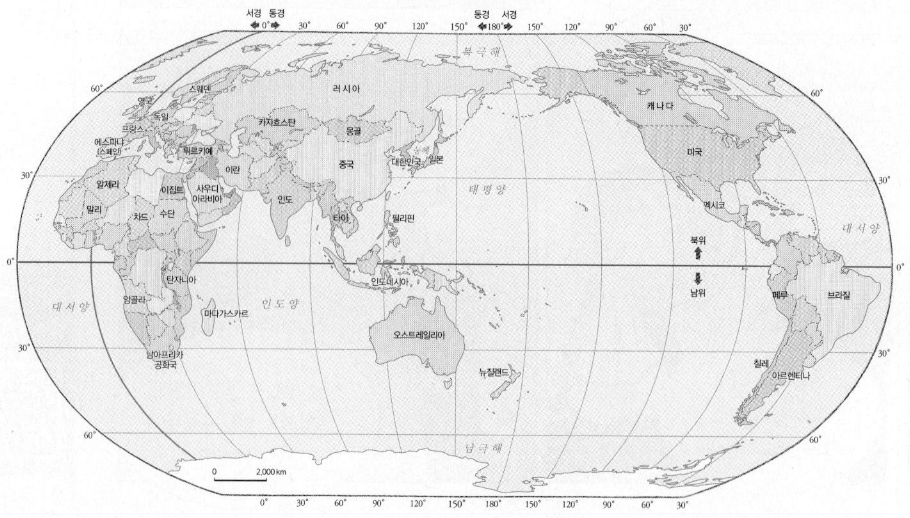

개념 체크

☑ 지구본

지구본에는 세계 여러 나라의 위치와 영토 모양이 실제와 ❶(비슷하게 / 다르게) 나타납니다.

이건 실제 지구의 모습을 작게 줄인 지구본이야.
지구를 어떻게 가져온 거야?

☑ 세계지도

세계지도는 둥근 지구를 ❷ ㅍ ㅁ 으로 나타내어 세계를 한눈에 볼 수 있습니다.

세계지도는 전 세계를 한눈에 볼 수 있구나.
대신 땅과 바다의 모양이 실제와 다르게 나타나 있어.

정답 ❶ 비슷하게 ❷ 평면

용어 사전

- 위도(緯 가로 위 度 도 도): 적도를 기준으로 남북으로 얼마나 떨어졌는지 나타내는 정도
- 경도(經 지날 경 度 도 도): 본초 자오선을 기준으로 동서로 얼마나 떨어졌는지 나타내는 정도

개념 2 디지털 영상 지도

1. 디지털 영상 지도의 의미와 특징

의미	항공 사진과 위성 영상 정보를 이용해 만든 지도 → 컴퓨터나 스마트폰 등 다양한 기기에서 이용할 수 있습니다.
특징	• 확대와 축소가 자유로움. • 최신 정보가 빠르게 반영되어 정확도가 높음. • 어떤 나라나 장소에 관한 사진, 글 등의 정보를 제공함.

중요 2. 디지털 영상 지도 이용법

출발지와 도착지를 입력하고 이용하려는 교통수단을 선택하여 이동 경로를 검색할 수 있음.

마우스 오른쪽 단추를 누르면 현재 지점의 위도와 경도를 알 수 있고, 거리 재기 기능을 이용할 수 있음.

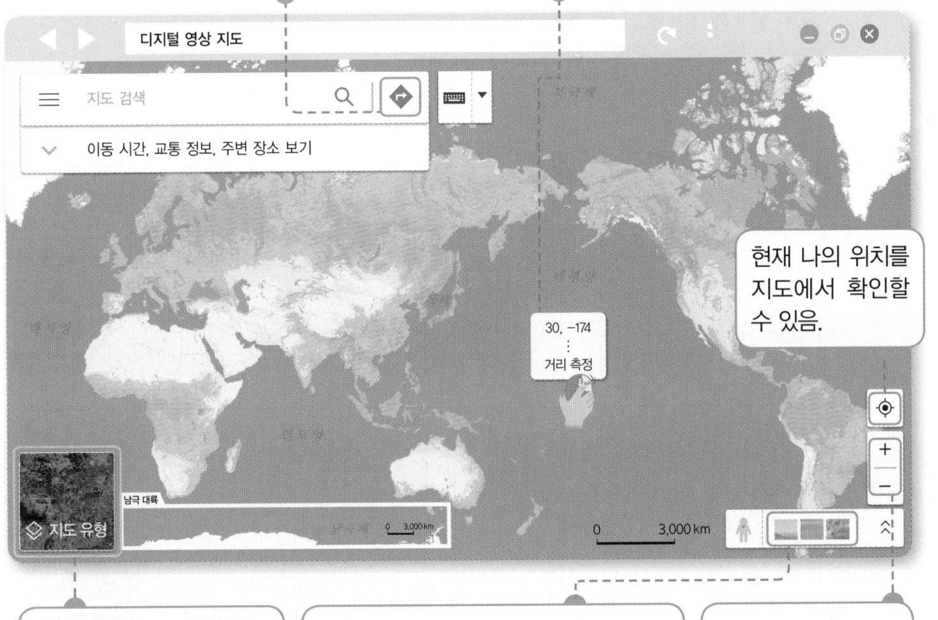

지도의 종류를 선택할 수 있음. → 일반 지도, 위성 지도, 지형도 등이 있습니다.

어떤 장소의 실제 모습을 여러 각도의 사진으로 확인할 수 있음.

지도를 확대하거나 축소할 수 있음.

내 교과서 살펴보기 / **천재교육**

디지털 지구본

- 지구본을 컴퓨터에서 활용하도록 위성 사진이나 항공 사진 등을 이용해 만든 디지털 공간 자료입니다.
- 시기별 도시 성장 과정 등 다양한 주제로 나타낸 공간 자료를 볼 수 있으며, 장소의 모습을 입체 영상(3D)으로 실감 나게 볼 수 있습니다.

개념 체크

1 단원

☑ **디지털 영상 지도**

위성 사진이나 항공 사진 등을 이용해 만든 지도로, ❸ ㅅ ㅁ ㅌ ㅍ 이나 컴퓨터에서 이용할 수 있습니다.

☑ **디지털 영상 지도의 기능**

교통수단을 선택해 경로를 검색할 수 있고 일반 지도, 위성 지도 등 지도의 ❹ ㅈ ㄹ 를 선택할 수 있습니다.

정답 ❸ 스마트폰 ❹ 종류

개념 체크

개념③ 다양한 공간 자료 활용하기

└→ 예 지구본, 세계지도, 디지털 영상 지도

중요

1. 공간 자료를 활용해 알 수 있는 것

① 영토의 특징과 환경
② 세계 여러 나라의 정확한 위치
③ 나라마다 시간과 날짜, 계절이 다른 까닭 → 위도와 경도를 이용해 알 수 있습니다.

2. 공간 자료를 활용해 세계 여러 나라 조사하기

① 조사 과정

1 주제 정하기: 모둠별로 세계 여러 나라의 어떤 내용을 조사하여 소개할지 의논하여 주제를 정함.
2 조사하기: 지구본, 세계지도, 디지털 영상 지도 등을 활용하여 다양한 정보를 수집함.
3 소개 자료 만들기: 조사한 내용을 모아 소개 자료를 만듦.
4 발표하기: 모둠별로 만든 소개 자료를 발표함.

② 소개 자료 만들기 예

남아메리카에서 영토가 가장 넓은 브라질

- **위치:** 북위 5°~ 남위 33°, 서경 34°~73°
- **면적:** 851만 km²(우리나라의 약 38배)
- **수도:** 브라질리아
- **주변에 있는 나라:** 베네수엘라 볼리바르, 콜롬비아, 페루, 볼리비아, 파라과이 등

조사를 하면서 새롭게 알게 된 점과 느낀 점

디지털 영상 지도를 활용하니 남아메리카에서 영토가 가장 넓은 나라가 브라질이라는 것을 알 수 있었다.

지구본을 이용하니 브라질이 우리나라 반대 편에 있다는 것을 쉽게 알 수 있었다.

세계지도를 보고 브라질 주변에 대서양이 있다는 것을 알게 되었고, 주변의 나라도 쉽게 찾을 수 있었다.

☑ 공간 자료의 활용

지구본, 세계지도, 디지털 영상 지도 등을 통해 여러 나라의 ❺ ㅇ ㅊ, 영토의 환경 등을 알 수 있습니다.

공간 자료를 활용해 세계 여러 나라의 정확한 위치를 알 수 있어요.
경도를 알면 세계 여러 나라의 시각도 대략 알 수 있대!
소곤 소곤

☑ 공간 자료를 활용해 나라 소개하기

공간 자료를 활용해 세계 여러 나라를 소개할 때는 가장 먼저 ❻ ㅈ ㅈ 를 정합니다.

공간 자료를 이용하기 전에 먼저 주제를 정해야 해.
대륙별로 면적이 가장 넓은 나라를 조사하고 싶어.
나도!

정답 ❺ 위치 ❻ 주제

영토(領 다스릴 영 土 땅 토)
나라의 주권이 미치는 땅의 범위

개념 다지기

1. ❶ 지구, 대륙 그리고 국가들(1)

11종 공통

1 다음과 같은 특징을 가지고 있는 공간 자료를 보기에서 찾아 기호를 쓰시오.

> 세계 여러 지역 간의 거리와 면적을 비교적 정확하게 파악할 수 있지만, 한눈에 보기 어렵다는 단점이 있습니다.

보기
㉠ 지구본　　㉡ 세계지도

(　　　　　　　　)

11종 공통

2 다음 세계지도에서 □ 안에 들어갈 세로선의 이름은 어느 것입니까? (　　　)

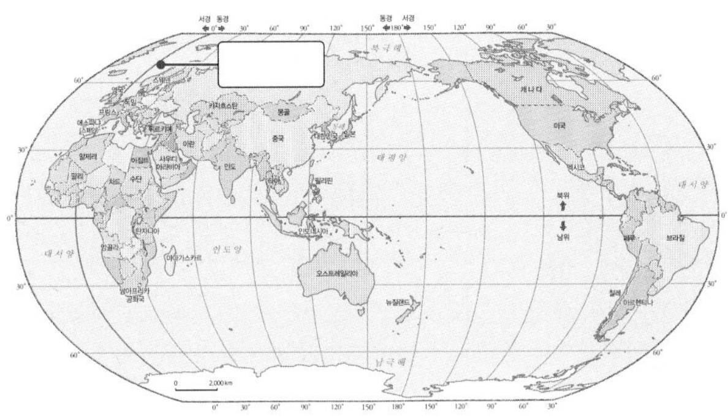

① 적도　　② 위선
③ 동경　　④ 날짜 변경선
⑤ 본초 자오선

11종 공통

3 지구본과 세계지도의 공통점으로 알맞은 것은 어느 것입니까? (　　　)

① 가지고 다니기 편하다.
② 생김새가 지구처럼 둥글다.
③ 위도와 경도가 나타나 있다.
④ 둥근 지구를 평면에 나타냈다.
⑤ 땅과 바다의 모양이 실제와 같게 나타나 있다.

11종 공통

4 디지털 영상 지도에 대한 설명으로 알맞지 않은 것은 어느 것입니까? (　　　)

① 확대와 축소가 자유롭다.
② 다양한 정보를 편리하게 찾을 수 있다.
③ 컴퓨터나 스마트폰에서 이용할 수 있다.
④ 최신 정보가 반영되지 않아 정확도가 떨어진다.
⑤ 항공 사진과 위성 영상 정보를 이용해 만들었다.

11종 공통

5 공간 자료의 활용에 대해 알맞게 말한 어린이를 쓰시오.

(　　　　　　　　)

11종 공통

6 다음 디지털 영상 지도에서 지도의 종류를 선택할 수 있는 단추를 찾아 기호를 쓰시오.

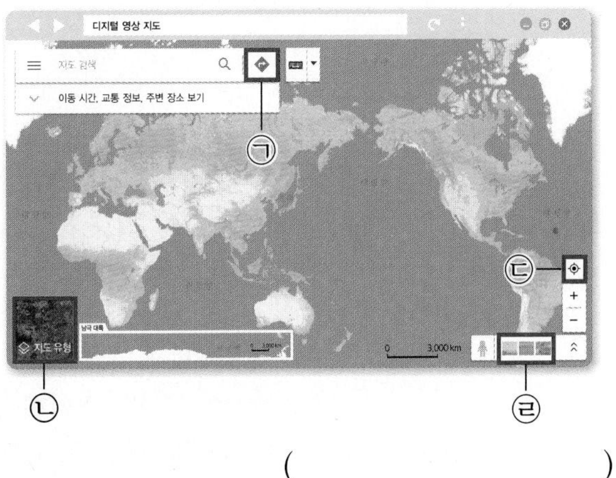

(　　　　　　　　)

대양과 대륙 / 세계 여러 나라의 위치와 모양

개념 ① 대양과 대륙

1. 지구의 구성

① 바다(대양)와 육지(대륙)로 이루어져 있습니다.
② 바다의 면적이 약 70%, 육지의 면적은 약 30%입니다.

2. 대양과 대륙의 의미

대양	넓은 면적을 차지하는 큰 바다 예 태평양, 대서양, 인도양, 북극해, 남극해
대륙	바다로 둘러싸인 큰 땅덩어리 예 아시아, 아프리카, 유럽, 오세아니아, 북아메리카, 남아메리카

→ 대륙: 그린란드보다 면적이 넓으면 대륙으로 분류하며, 남극을 포함해 7대륙으로 구분하기도 합니다.

개념 ② 세계의 대양

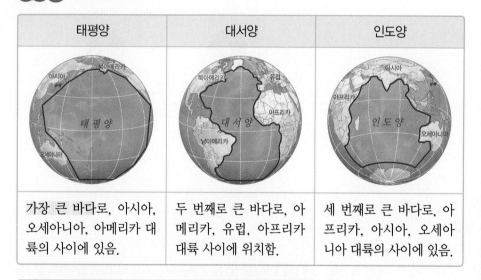

태평양	대서양	인도양
가장 큰 바다로, 아시아, 오세아니아, 아메리카 대륙의 사이에 있음.	두 번째로 큰 바다로, 아메리카, 유럽, 아프리카 대륙 사이에 위치함.	세 번째로 큰 바다로, 아프리카, 아시아, 오세아니아 대륙의 사이에 있음.

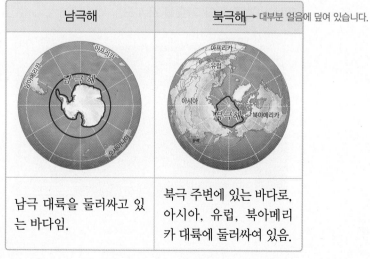

남극해	북극해
남극 대륙을 둘러싸고 있는 바다임.	북극 주변에 있는 바다로, 아시아, 유럽, 북아메리카 대륙에 둘러싸여 있음.

→ 북극해: 대부분 얼음에 덮여 있습니다.

개념 체크

☑ 대양과 대륙

지구는 큰 바다인 대양과 바다로 둘러싸인 큰 땅덩어리인 ❶ [ㄷ][ㄹ]으로 이루어져 있습니다.

지구는 무엇으로 이루어져 있을까?
대양과 대륙!
빙그르르르~
정답!

☑ 대양의 종류

가장 큰 바다인 ❷ [ㅌ][ㅍ][ㅇ]을 비롯해 대서양, 인도양, 남극해, 북극해 등이 있습니다.

아직도 바다야?
우리는 가장 큰 바다인 태평양을 건너고 있어.
태평양

정답 ❶ 대륙 ❷ 태평양

내 교과서 살펴보기 / 금성출판사, 동아출판

'양'과 '해'의 다른 점

바다의 이름이 '양'으로 끝나는 바다는 매우 큰 바다를 말하며, '해'로 끝나는 바다는 육지와 섬이 가로막아 큰 바다와 떨어진 작은 바다를 말합니다.

개념 ③ 세계의 대륙

중요 1. 각 대륙의 특징

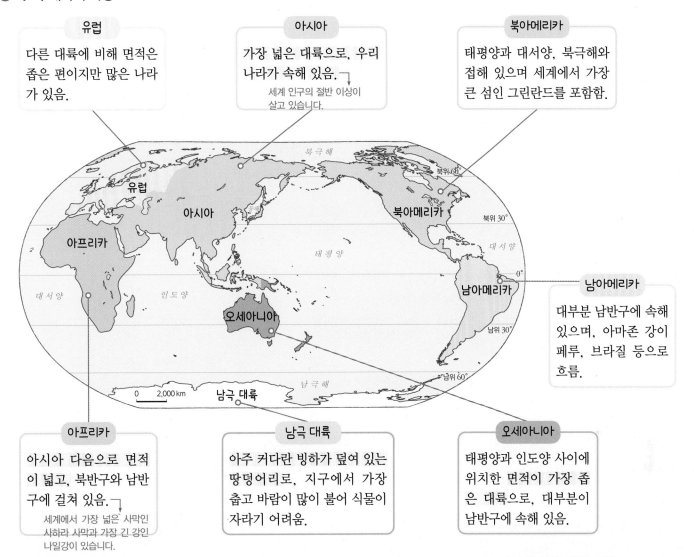

유럽
다른 대륙에 비해 면적은 좁은 편이지만 많은 나라가 있음.

아시아
가장 넓은 대륙으로, 우리나라가 속해 있음.
세계 인구의 절반 이상이 살고 있습니다.

북아메리카
태평양과 대서양, 북극해와 접해 있으며 세계에서 가장 큰 섬인 그린란드를 포함함.

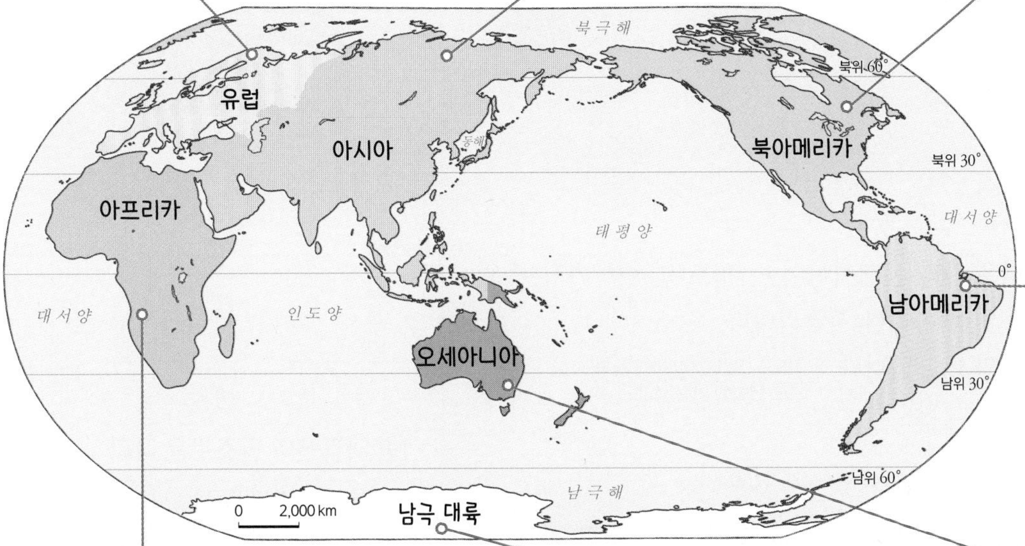

남아메리카
대부분 남반구에 속해 있으며, 아마존 강이 페루, 브라질 등으로 흐름.

아프리카
아시아 다음으로 면적이 넓고, 북반구와 남반구에 걸쳐 있음.
세계에서 가장 넓은 사막인 사하라 사막과 가장 긴 강인 나일강이 있습니다.

남극 대륙
아주 커다란 빙하가 덮여 있는 땅덩어리로, 지구에서 가장 춥고 바람이 많이 불어 식물이 자라기 어려움.

오세아니아
태평양과 인도양 사이에 위치한 면적이 가장 좁은 대륙으로, 대부분이 남반구에 속해 있음.

2. 각 대륙에 속한 나라

대륙	나라
아시아	중국, 일본, 몽골, 인도, 사우디아라비아, 인도네시아 등
유럽	영국, 독일, 프랑스, 에스파냐, 이탈리아, 노르웨이 등
북아메리카	캐나다, 미국, 멕시코, 쿠바, 파나마, 자메이카 등
남아메리카	브라질, 에콰도르, 칠레, 페루, 아르헨티나 등
아프리카	이집트, 케냐, 탄자니아, 남아프리카 공화국 등
오세아니아	오스트레일리아, 뉴질랜드, 파푸아 뉴기니, 키리바시 등

☑ 세계의 여러 대륙

대륙에는 일반적으로 아시아, 아프리카, ❸ [ㅇ][ㄹ], 오세아니아, 북아메리카, 남아메리카 등이 있습니다.

아시아에 속해 있어.
여기!!
여러 대륙 중에 우리나라는 어디 있지?

정답 ❸ 유럽

개념 체크

개념 4 세계 여러 나라의 면적과 모양

1. 세계 여러 나라의 영토 면적

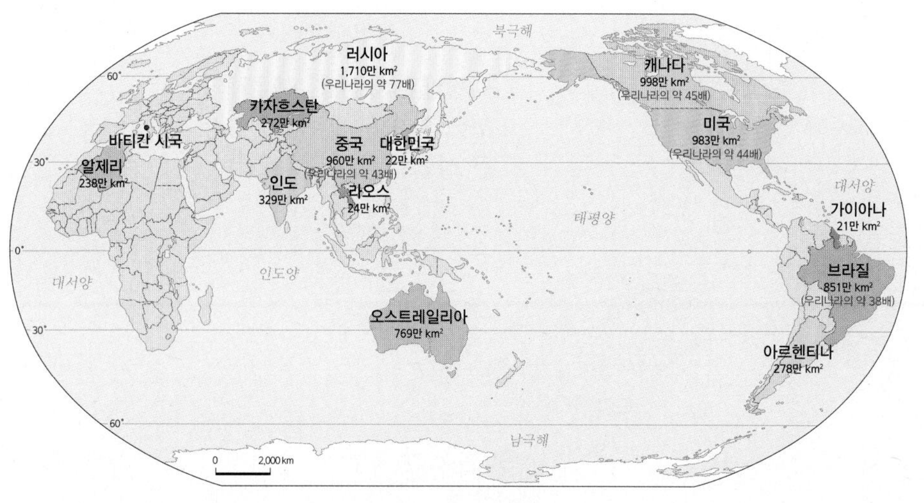

① 세계에서 영토 면적이 가장 넓은 나라는 러시아이며, 영토 면적이 가장 좁은 나라는 이탈리아 로마 시내에 있는 바티칸 시국입니다.

② 우리나라 영토의 면적은 약 22만 km²입니다. → 라오스, 영국, 가이아나 등과 영토 면적이 비슷합니다.

2. 세계 여러 나라의 모양 → 국경선, 해안선, 영토의 길이 등에 따라 다양합니다.

해안선이 복잡한 나라

노르웨이, 인도네시아, 일본 등

국경선이 단조로운 나라

사우디아라비아, 이집트, 미국 등

영토의 모양이 길게 뻗어 있는 나라

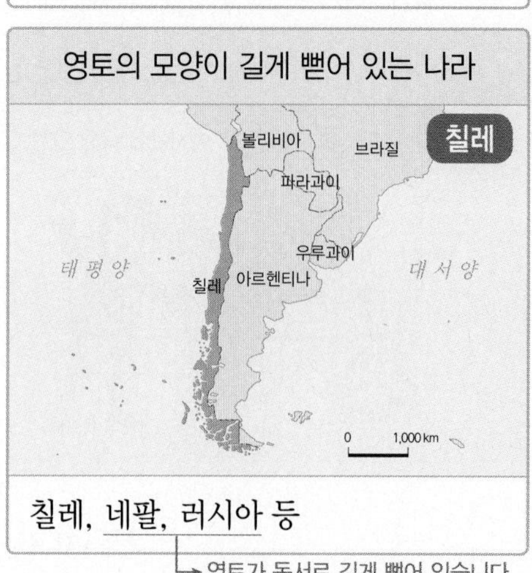

칠레, 네팔, 러시아 등
→ 영토가 동서로 길게 뻗어 있습니다.

영토가 둥근 모양인 나라

짐바브웨, 탄자니아, 체코, 레소토 등

세계 여러 나라의 면적

세계에서 영토 면적이 가장 넓은 나라는 러시아, 영토 면적이 가장 좁은 나라는 ❹ ㅂ ㅌ ㅋ 시국입니다.

이탈리아 로마 시내 안에 나라가 있다고?
세계에서 영토 면적이 가장 좁은 나라인 바티칸 시국이야.
맞아!

국경선이 단조로운 나라

국경선이 단조로운 나라에는 사우디아라비아, ❺(일본 / 미국), 이집트 등이 있습니다.

국경선이 단조로운 나라들이네.
이 세 나라의 공통점은 무엇일까?
이집트
사우디아라비아
미국

정답 ❹ 바티칸 ❺ 미국

내 교과서 살펴보기 / **천재교과서, 교학사, 금성출판사, 김영사, 동아출판, 미래엔, 비상교과서, 비상교육, 지학사**

영토의 모양이 사물이나 동물과 비슷한 나라

이탈리아	장화와 비슷함.
소말리아	부메랑과 닮음.
타이	코끼리와 비슷함.

개념 다지기

1. ❶ 지구, 대륙 그리고 국가들(2)

11종 공통

1 다음 □ 안에 들어갈 대양의 종류로 알맞지 않은 것은 어느 것입니까? (　　　)

> 대양은 넓은 면적을 차지하는 큰 바다를 말하며, □ 등이 있습니다.

① 동해　② 인도양
③ 남극해　④ 북극해
⑤ 태평양

11종 공통

2 다음에서 설명하는 대륙은 어디입니까? (　　　)

> 태평양과 인도양 사이에 위치한 면적이 가장 좁은 대륙으로, 대부분이 남반구에 속해 있습니다.

① 유럽　② 아시아
③ 아프리카　④ 오세아니아
⑤ 남아메리카

11종 공통

3 남아메리카에 대한 설명으로 알맞은 것은 어느 것입니까? (　　　)

① 대부분이 북반구에 속해 있다.
② 미국, 멕시코, 쿠바 등의 나라가 있다.
③ 아시아 다음으로 면적이 넓은 대륙이다.
④ 아마존 강이 페루, 브라질 등으로 흐른다.
⑤ 세계에서 가장 큰 섬인 그린란드를 포함한다.

11종 공통

4 다음 색칠된 대륙에 속한 나라가 아닌 것은 어느 것입니까? (　　　)

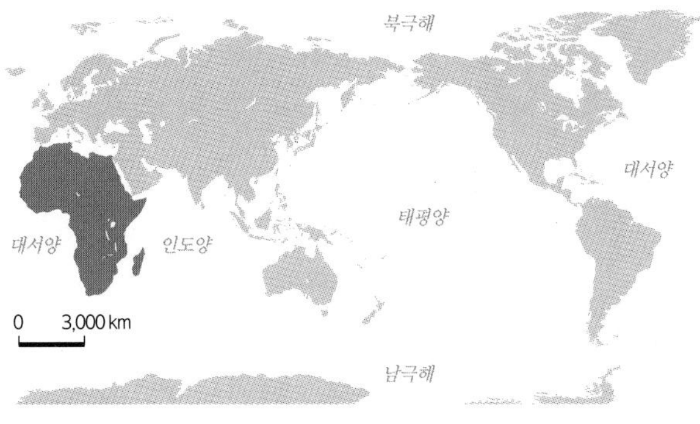

① 케냐　② 이집트
③ 탄자니아　④ 자메이카
⑤ 남아프리카 공화국

11종 공통

5 다음 질문에 대한 알맞은 대답은 어느 것입니까? (　　　)

> 세계에서 영토의 면적이 가장 넓은 나라는 어디입니까?

① 미국　② 인도　③ 중국
④ 캐나다　⑤ 러시아

천재교과서, 교학사, 금성출판사, 김영사, 동아출판, 미래엔, 비상교과서, 비상교육, 지학사

6 다음 지도를 보고 칠레의 영토 모양에 대해 알맞게 이야기한 어린이를 쓰시오.

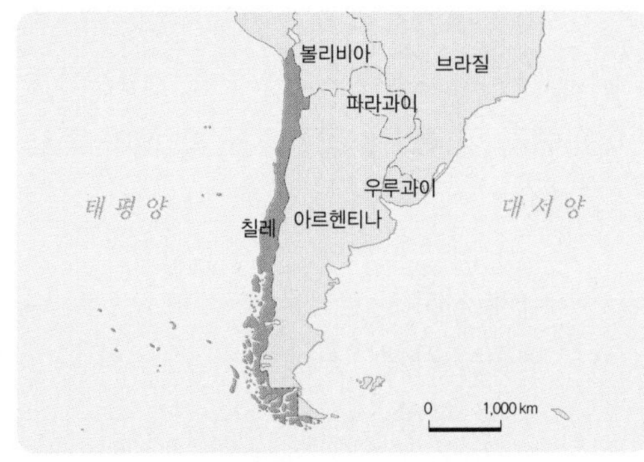

> 주은: 둥근 모양의 영토를 갖고 있어.
> 희원: 영토가 남북으로 길게 뻗어 있어.

(　　　　　　　　)

Step 1 단원평가

[1~5] 다음은 개념 확인 문제입니다. 물음에 답하시오.

1 세계 여러 나라의 위치와 영역을 한눈에 살펴볼 수 있는 공간 자료는 (지구본 / 세계지도)입니다.

2 디지털 영상 지도를 이용하면 내 (이름 / 위치)을/를 검색할 수 있습니다.

3 아메리카, 유럽, 아프리카 대륙 사이에 위치한, 두 번째로 큰 바다는 무엇입니까?

( )

4 우리나라가 속해 있는 대륙은 어디입니까?

( )

5 세계에서 영토 면적이 가장 작은 나라는 어디입니까?

( )

11종 공통

6 다음에서 설명하는 공간 자료를 찾아 줄로 바르게 이으시오.

(1) 실제 지구의 모습을 작게 줄인 모형 • • ㉠ 지구본

(2) 둥근 지구를 평면으로 나타낸 것 • • ㉡ 세계지도

11종 공통

7 다음 세계지도에서 세로선인 ㉠과 가로선인 ㉡의 이름을 알맞게 짝 지은 것은 어느 것입니까? ( )

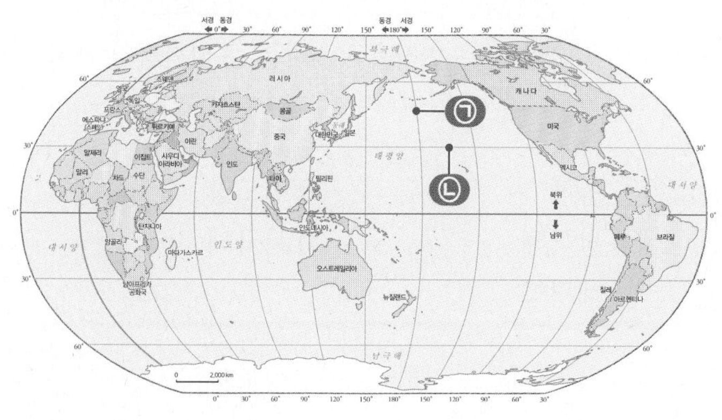

	㉠	㉡
①	경선	위선
②	경선	적도
③	위선	경선
④	위선	적도
⑤	적도	본초 자오선

11종 공통

8 다음 디지털 영상 지도에서 이동 경로를 검색하기 위해 눌러야 하는 단추의 기호를 쓰시오.

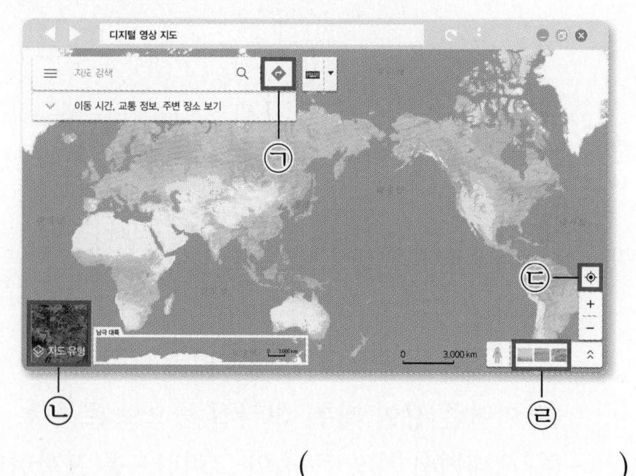

( )

천재교과서, 동아출판

9 공간 자료를 활용해 세계 여러 나라를 조사할 때 가장 먼저 해야 할 일은 무엇입니까? (　　　　)

① 조사 보고서를 작성한다.
② 공간 자료를 활용해 정보를 수집한다.
③ 모둠별로 만든 소개 자료를 발표한다.
④ 조사한 내용을 모아 소개 자료를 만든다.
⑤ 세계 여러 나라의 어떤 내용을 소개할지 정한다.

11종 공통

10 지구의 구성에 대해 바르게 말한 어린이를 쓰시오.

> 예린: 대양과 대륙으로 이루어져 있어.
> 연수: 바다의 면적이 약 30%를 차지해.
> 민희: 대륙은 넓은 면적을 차지하는 큰 바다를 말해.

(　　　　　　　　　　)

11종 공통

11 다음 □ 안에 들어갈 말로 알맞지 않은 것을 두 가지 고르시오. (　　　,　　　)

> 태평양은 가장 큰 바다로, 주변에는 □ 등의 대륙이 있습니다.

① 유럽　② 아시아
③ 아프리카　④ 북아메리카
⑤ 오세아니아

11종 공통

12 다음에서 설명하는 대륙을 쓰시오.

> • 아시아 다음으로 면적이 넓습니다.
> • 세계에서 가장 넓은 사막인 사하라 사막과 가장 긴 강인 나일강이 있습니다.

(　　　　　　　　　　)

11종 공통

13 다음 나라들의 공통점으로 알맞은 것은 어느 것입니까? (　　　)

> • 영국 • 독일 • 프랑스 • 에스파냐 • 노르웨이

① 국경선이 단조롭다.
② 태평양과 접해 있다.
③ 남반구에 속해 있다.
④ 유럽 대륙에 속해 있다.
⑤ 해안선이 복잡한 섬나라이다.

천재교과서, 교학사, 김영사, 동아출판, 미래엔, 비상교과서, 비상교육, 지학사

14 다음 민정이가 말하고 있는 나라는 어디입니까? (　　　)

지중해
0 300 km

민정

① 칠레　② 케냐
③ 뉴질랜드　④ 이탈리아
⑤ 인도네시아

Step 2 서술형 평가

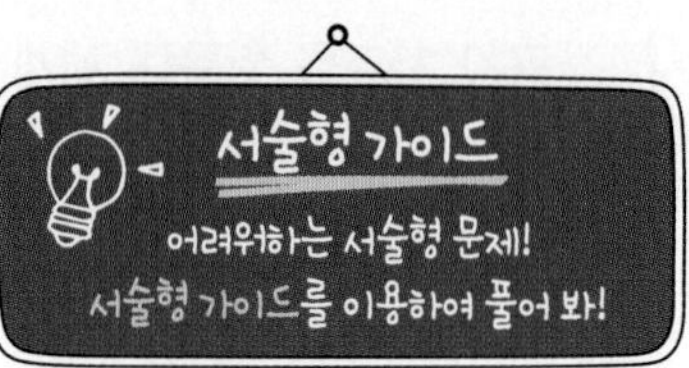

11종 공통

15 다음은 세계지도에 대해 정리한 것입니다. ㉠에 들어갈 알맞은 말을 쓰시오.

세계지도

의미	둥근 지구를 평면으로 나타낸 것
특징	㉠

답 세계 여러 나라의 영역과 ❶ [　　] 를 한눈에 살펴볼 수 있지만 땅과 바다의 모양이나 크기가 실제와 ❷ [　　] 나타난다.

15 둥근 지구를 평면에 나타낸 공간 자료인 (지구본 / 세계지도) 은/는 세계 여러 나라의 위치를 한눈에 볼 수 있습니다.

11종 공통

16 다음은 대양 중 한 곳을 검색한 결과입니다.

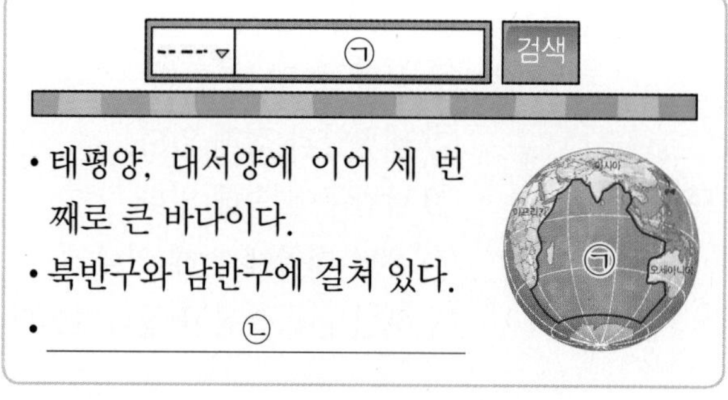

㉠
검색
• 태평양, 대서양에 이어 세 번째로 큰 바다이다.
• 북반구와 남반구에 걸쳐 있다.
• ㉡
아시아
아프리카
오세아니아

(1) 위 ㉠에 공통으로 들어갈 대양의 이름을 쓰시오.

(　　　　　　)

(2) 위 ㉡에 들어갈 내용을 대양의 위치와 관련하여 쓰시오.

16 (1) 넓은 면적을 차지하는 큰 바다인 [　][　]에는 태평양, 대서양, 인도양, 북극해, 남극해 등이 있습니다.

(2) 인도양은 가장 큰 대륙인 [　][　][　]와 아프리카, 오세아니아 대륙 사이에 있습니다.

천재교과서, 동아출판, 미래엔, 비상교과서

17 오른쪽 지도를 보고 알 수 있는 노르웨이 영토 모양의 특징에 대해 쓰시오.

노르웨이해
스웨덴
핀란드
노르웨이
에스토니아
러시아
북해
덴마크
라트비아
리투아니아
폴란드
0 1,000 km

17 노르웨이와 같이 해안선이 복잡한 나라들에는 (아이슬란드 / 사우디아라비아), 일본 등이 있습니다.

Step 3 수행평가

학습 주제 세계의 대양과 대륙

학습 목표 대양과 대륙의 이름과 위치, 특징을 알 수 있다.

[18~20] 다음은 세계의 대양과 대륙을 나타낸 지도입니다.

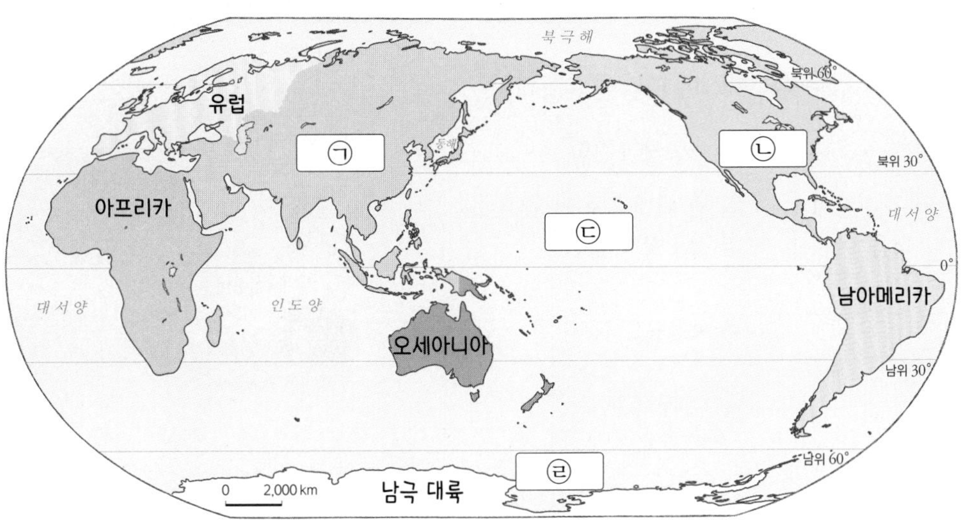

18 위 ㉠~㉣에 들어갈 알맞은 대양과 대륙의 이름을 쓰시오. 11종 공통

㉠		㉡	
㉢		㉣	

19 다음에서 설명하는 대륙을 위에서 찾아 쓰시오. 11종 공통

- 북아메리카 대륙의 남쪽에 위치한 대륙입니다.
- 브라질, 에콰도르, 칠레 등이 이 대륙에 속해 있습니다.

( )

20 위 ㉠ 대륙의 특징을 쓰시오. 11종 공통

수행평가 가이드
다양한 유형의 수행평가!
수행평가 가이드를 이용해 풀어 봐!

대양과 대륙

- 지구는 큰 바다인 대양과 바다로 둘러싸인 큰 땅덩어리인 대륙으로 이루어져 있습니다.
- 바다의 면적은 약 70%, 육지의 면적은 약 30%입니다.

㉠ 대륙에는 중국, 일본, 몽골, 인도네시아 등의 나라들이 속해 있어.

세계의 기후 / 열대 기후와 건조 기후

개념 1 세계의 기후

1. **기후:** 한 지역에서 여러 해에 걸쳐 일정하게 나타나는 평균적인 날씨

2. **세계의 기후 분포:** 세계의 주요 기후는 기온과 강수량의 특징에 따라 구분합니다.

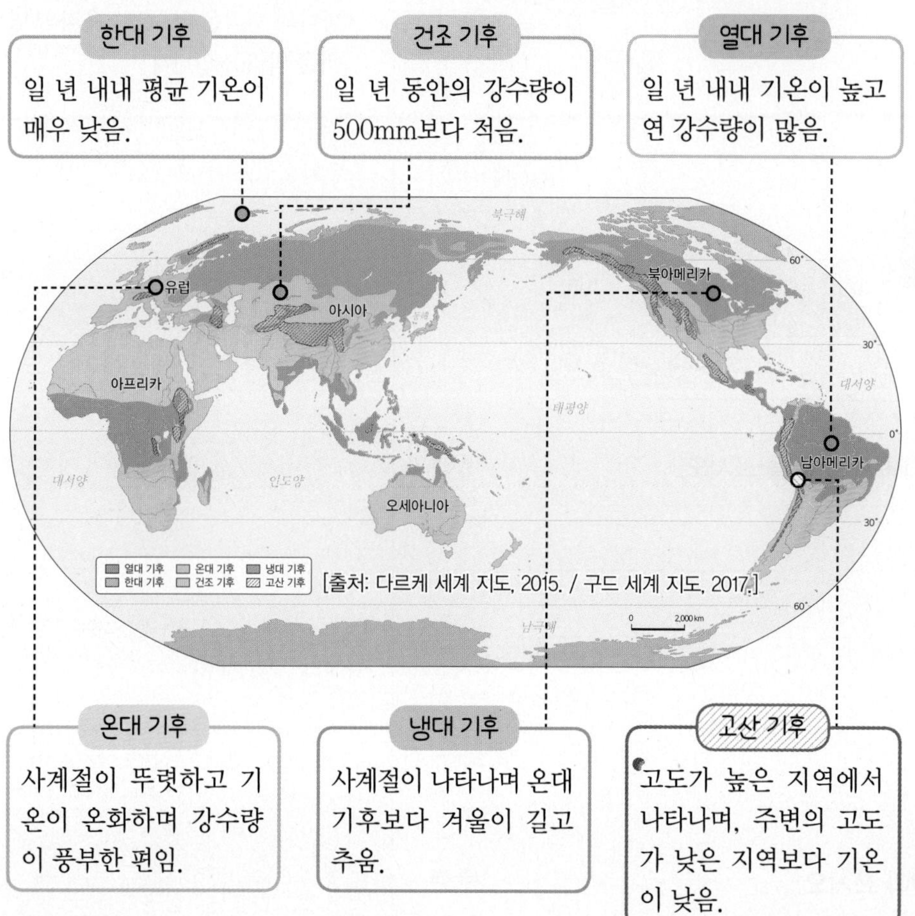

[출처: 다르케 세계 지도, 2015. / 구드 세계 지도, 2017.]

3. **세계의 기후가 다르게 나타나는 까닭**

① 지구는 둥근 형태로, 위도에 따라 땅에 닿는 햇빛의 양이 다르기 때문입니다.

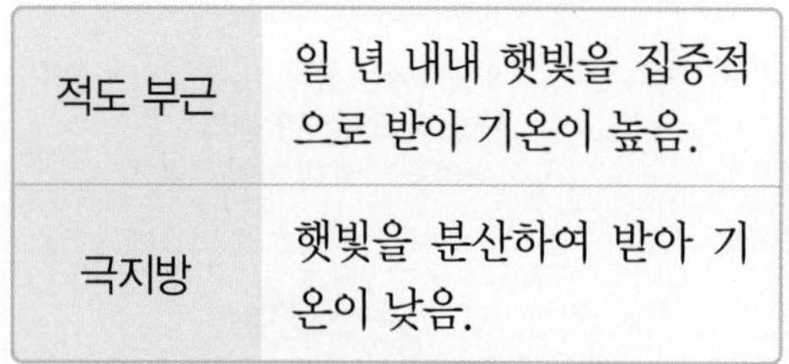

적도 부근	일 년 내내 햇빛을 집중적으로 받아 기온이 높음.
극지방	햇빛을 분산하여 받아 기온이 낮음.

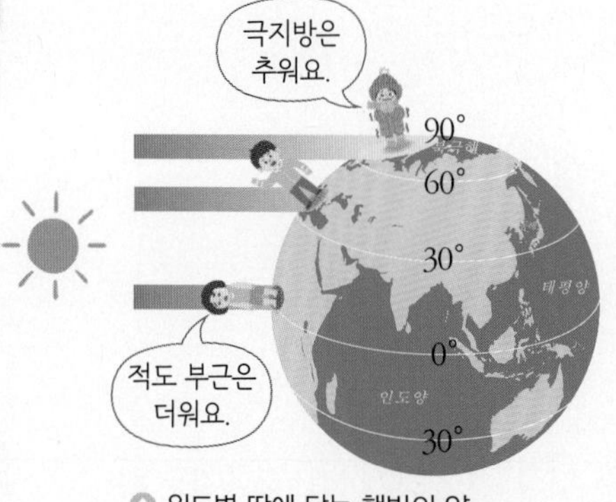

극지방은 추워요.

적도 부근은 더워요.

위도별 땅에 닿는 햇빛의 양

② 나라의 위치나 지형에 따라 기온과 강수량이 달라지기 때문입니다.

개념 체크

☑ 세계의 기후

세계의 기후는 ❶ ㄱ ㅇ 이나 강수량의 특징에 따라 열대, 건조, 온대, 냉대, 한대, 고산 기후로 나눌 수 있습니다.

이 지도는 세계의 기후 분포를 나타낸 지도예요.
세계의 기후분포
지역별로 나타나는 기후가 다양하네.
무지개 같다~

☑ 세계의 기후가 다른 까닭

지구가 둥글기 때문에 ❷ ㅇ ㄷ 에 따라 땅에 닿는 햇빛의 양이 다르기 때문입니다.

고위도 지역으로 갈수록 태양열이 넓은 지역으로 분산되고 있어.
그래서 고위도 지역의 기온이 낮은 거구나!
아하!

정답 ❶ 기온 ❷ 위도

고도(高 높을 고 度 도 도)
평균 해수면 따위를 0으로 하여 측정한 대상 물체의 높이

개념 체크

1 단원

개념 2 열대 기후

1. 열대 기후의 분포

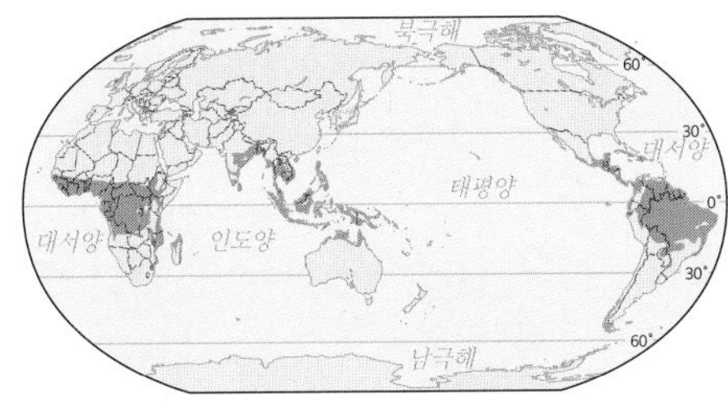

- 적도를 중심으로 한 저위도 지역에서 나타남.
- 아프리카, 아시아, 남아메리카 대륙의 적도 주위에서 나타남.

2. 열대 기후 지역의 특징

① 일 년 내내 덥고, 연 강수량이 많아 습합니다.
② 건기와 우기가 번갈아 나타나는 지역은 열대 초원이 발달했습니다.
③ 비가 일 년 내내 많이 내리는 지역에서는 울창한 열대 우림이 나타납니다.

3. 열대 기후 지역의 생활 모습 → 전통적으로 채집이나 사냥을 통해 식량을 마련했습니다.

[출처: 셔터스톡]
습기와 벌레를 피해 높은 나무나 기둥 위에 집을 지음.

[출처: 셔터스톡]
화전 농업으로 얌, 카바사, 옥수수 등을 재배함.

[출처: 셔터스톡]
농장을 만들어 바나나, 카카오, 커피, 고무 등을 대규모로 재배함.

[출처: 게티이미지]
초원의 야생 동물을 관찰하는 사파리 관광 등의 관광 산업도 발달했음.

내 교과서 살펴보기 / **교학사, 금성출판사, 김영사, 동아출판, 미래엔, 비상교과서, 비상교육**

생태 관광
- 열대 기후 지역의 생태계를 보전하면서 여행하는 관광입니다.
- 밀림과 초원을 활용한 사파리 관광, 전통 부족 생활 체험 등이 있습니다.

☑ 열대 기후

적도를 중심으로 한 저위도 지역에서 나타나는 열대 기후는 일 년 내내 ❸(덥고 / 춥고) 습합니다.

열대 기후 지역인데 초원이 형성되어 있다니!
건기와 우기가 번갈아 나타나는 지역이라서 그래.

☑ 열대 기후 지역의 생활 모습

숲을 태워 ❹ ㅎ ㅈ 농업을 하거나, 농장에서 열대작물을 대규모로 재배하기도 합니다.

농장이 엄청 커요!
열대 기후 지역에서는 이렇게 농장을 만들어서 바나나, 커피 같은 작물들을 대규모로 재배해.

정답 ❸ 덥고 ❹ 화전

용어 사전

- **건기**(乾 마를 건 期 기약할 기)
  일 년 중 비가 적게 내리는 시기
- **우기**(雨 비 우 期 기약할 기)
  일 년 중 비가 많이 내리는 시기
- **화전 농업**
  숲을 태우고 그 재를 영양분으로 삼아 농작물을 기르는 방법

개념 알기

개념 체크

개념 3 건조 기후

1. 건조 기후의 분포

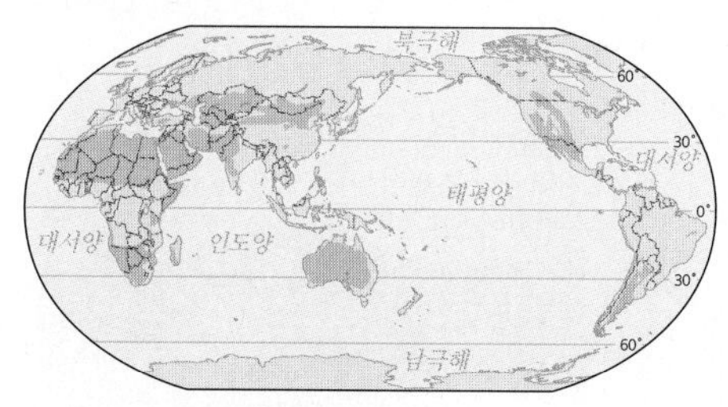

- 위도 20° 부근과 바다에서 멀리 떨어진 곳에 나타남.
- 북부 아프리카, 서남아시아, 중앙아시아, 오스트레일리아 내륙, 북아메리카 서부 등에서 나타남.

2. 건조 기후 지역의 특징

① 강수량이 적고, 기온의 일교차가 매우 큽니다. → 연 강수량이 500mm를 넘지 못할 정도로 적어 나무가 자라기 어렵습니다.

② 강수량이 매우 적어 사막이 발달한 지역도 있고, 약간의 비가 내려서 초원이 형성된 지역도 있습니다.

3. 건조 기후 지역의 생활 모습

사막 지역에 사는 사람들	• 강이나 오아시스 주변에 모여 살며 밀, 대추야자 등을 기름. • 흙벽돌로 만든 집에서 생활하며, 낙타를 타고 이동하기도 함.  사막의 오아시스 [출처: 셔터스톡]
초원 지역에 사는 사람들	• 가축에게 먹일 물과 풀을 찾아 이동하며 살아가는 유목 생활을 함. • 이동 생활에 유리하도록 간단히 설치하고 해체할 수 있는 집을 만듦.  유목 생활 [출처: 셔터스톡]  이동식 집 [출처: 셔터스톡]

내 교과서 살펴보기 / **천재교육, 천재교과서, 김영사**

관개 농업

- 건조 기후 지역에서는 다른 지역의 물을 끌어오는 공사를 하여 더 넓은 지역에서 농사지을 수 있도록 하기도 합니다.
- 깊은 땅속의 지하수를 끌어올려 스프링클러를 회전하며 밭에 물을 뿌리기 때문에 밭이 둥근 모양입니다. (스프링클러: 물을 흩어서 뿌리는 기구)

☑ 건조 기후

강수량이 적고, 기온의 일교차가 큰 건조 기후 지역에는 주로 사막이나 ❺(숲 / 초원)이 발달했습니다.

☑ 건조 기후 지역의 생활 모습

사막에서는 강이나 오아시스 주변에서 농사를 짓고, 초원에서는 ❻ ㅇ ㅁ 생활을 합니다.

정답 ❺ 초원 ❻ 유목

용어 사전

오아시스
사막 가운데에 샘이 솟고 나무가 자라는 곳

관개(灌 물 댈 관 漑 물 댈 개)
농사를 짓는 데에 필요한 물을 논밭에 대는 것

정답 12쪽

개념 다지기

1. ❷ 세계의 다양한 삶의 모습(1)

[1~3] 다음은 세계의 기후 분포를 나타낸 지도입니다.

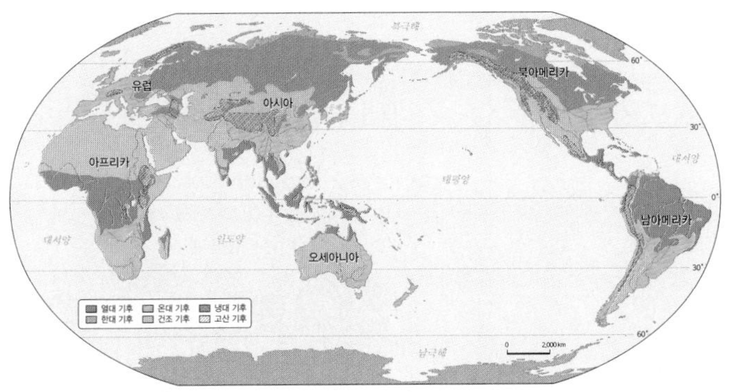

11종 공통

1 적도 부근에서 주로 나타나는 기후를 찾아 쓰시오.

( ) 기후

11종 공통

2 다음에서 설명하는 기후로 알맞은 것은 어느 것입니까? ( )

> 극지방 부근에서 주로 나타나며 일 년 내내 평균 기온이 매우 낮습니다.

① 건조 기후
② 냉대 기후
③ 고산 기후
④ 한대 기후
⑤ 온대 기후

11종 공통

3 위와 같이 지역마다 서로 다른 기후가 나타나는 까닭은 무엇입니까? ( )

① 지역마다 기온이 같기 때문에
② 모든 지역의 강수량이 같기 때문에
③ 나라마다 생활 모습이 다르기 때문에
④ 나라마다 사용하는 언어가 다르기 때문에
⑤ 위도에 따라 땅에 닿는 햇빛의 양이 다르기 때문에

11종 공통

4 열대 기후 지역에 대한 설명으로 알맞지 않은 것은 어느 것입니까? ( )

① 카사바, 얌 등을 재배하기도 한다.
② 강수량이 매우 적고 일교차가 크다.
③ 울창한 열대 우림이 나타나기도 한다.
④ 습기와 벌레를 피해 높은 곳에 집을 짓는다.
⑤ 생태 관광 산업이 활발하게 이루어지기도 한다.

11종 공통

5 건조 기후 지역에 사는 사람들의 생활 모습과 관련 있는 것을 찾아 기호를 쓰시오.

화전 농업을 함.

유목 생활을 함.

( )

11종 공통

6 건조 기후 지역에 대해 알맞게 말한 어린이는 누구입니까? ( )

① 도윤: 사막 지역에서는 주로 통나무집을 지어.
② 은영: 건조한 날씨 때문에 농사를 지을 수 없어.
③ 정아: 초원 지역에서는 낙타를 타고 이동하기도 해.
④ 민상: 오아시스 주변에서 바나나와 커피를 재배해.
⑤ 제훈: 다른 지역의 물을 끌어와서 농사를 짓기도 해.

개념 알기

1. ❷ 세계의 다양한 삶의 모습 (2)

개념 ① 온대 기후

1. 온대 기후의 분포

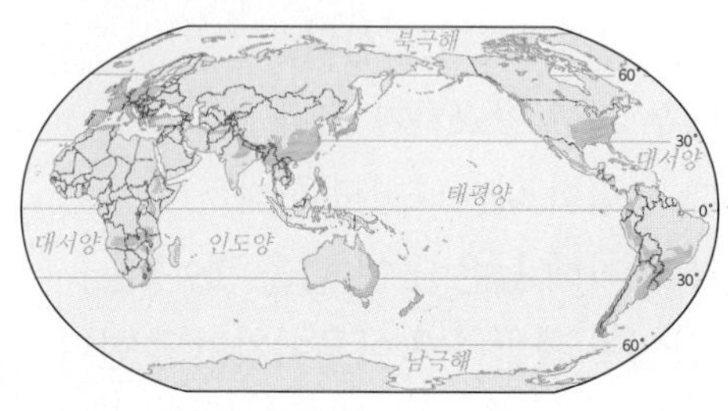

- 위도 30°~60° 사이 중위도 지역에 주로 나타남.
- 동부 아시아를 포함하여 모든 대륙에서 나타남.

2. 온대 기후 지역의 특징 → 지역에 따라 강수량과 기온이 다르게 나타납니다.

① 사계절의 변화가 비교적 뚜렷하고 온화합니다.
② 여름보다 겨울 강수량이 많은 지역이 있습니다. 예 지중해 주변
③ 일 년 내내 비가 고르게 내리는 곳이 있습니다. 예 서유럽, 칠레 남부
④ 여름과 겨울의 기온 차가 크고 겨울보다 여름 강수량이 많은 지역이 있습니다. 예 우리나라

3. 온대 기후 지역의 생활 모습

→ 서유럽의 일부 지역에서는 화훼 농업이 이루어지기도 합니다.

① 기온이 온화하고 강수량이 풍부해 일찍부터 다양한 농업이 발달했습니다.

아시아	유럽이나 아메리카	지중해 주변 지역
벼농사 [출처: 게티이미지]	밀 재배 [출처: 셔터스톡]	올리브 수확 [출처: 셔터스톡]
• 강수량이 많은 여름 기후를 이용해 벼농사를 지음. • 쌀을 이용한 음식이 발달함.	• 넓은 들에서 밀을 재배함. • 밀가루로 만드는 빵이나 면 종류가 발달함.	건조한 여름에도 잘 자라는 올리브, 오렌지, 레몬 등의 작물을 재배함.

② 온화한 기후를 이용한 목축업이나 관광 산업이 발달했습니다.

예 지중해 해안의 여름은 흐린 날이 드물어 햇살이 좋고, 파란 하늘이 멋져서 여름철 휴양지로 인기가 높음.

개념 체크

☑ 온대 기후

중위도 지역에 주로 나타나는 온대 기후는 ❶ ㅅ ㄱ ㅈ 의 변화가 뚜렷하고 온화합니다.

우리나라에서는 사계절 옷을 다 입을 수 있어서 행복해!
후~우
못 말려.

☑ 온대 기후 지역의 농업

아시아에서는 벼농사를 널리 짓고, 지중해 주변 지역에서는 ❷(올리브 / 카사바)를 재배합니다.

지중해 주변에는 올리브가 많네요!
여름 강수량이 적은 이곳에서도 잘 견디는 작물이거든.

정답 ❶ 사계절 ❷ 올리브

- **지중해**(地 땅 지 中 가운데 중 海 바다 해) 유럽, 아시아, 아프리카 세 대륙에 둘러싸인 바다
- **화훼 농업** 꽃이 피는 풀과 나무 등을 기르는 농업

개념 체크

1 단원

개념 2 냉대 기후

1. 냉대 기후의 분포

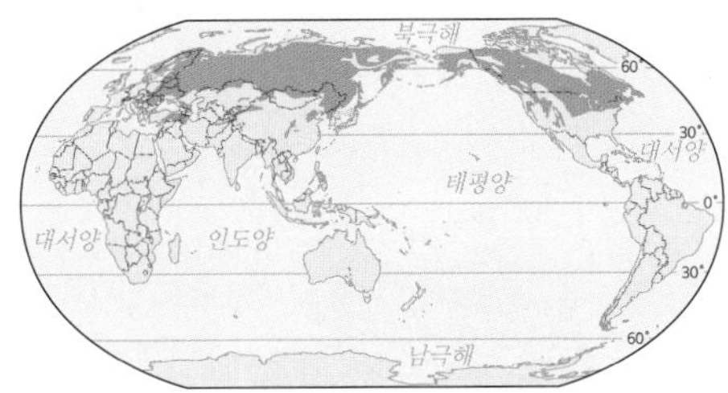

- 북반구의 중위도과 고위도 지역에 널리 나타남.
- 러시아, 우리나라 북부, 캐나다, 미국의 북부 등에 나타남.

2. 냉대 기후 지역의 특징

① 사계절의 변화가 뚜렷합니다.
② 온대 기후보다 겨울이 길고 춥습니다.
③ 기후의 영향으로 뾰족한 잎을 가진 침엽수가 숲을 이룹니다.

3. 냉대 기후 지역의 생활 모습 → 기온이 비교적 온화한 곳을 중심으로 밀, 보리, 감자 등의 작물을 재배합니다.

목재를 생산하고, 펄프를 이용해 종이를 만드는 산업이 발달함.

풍부한 나무를 이용해 통나무집을 지어 생활함. (통나무집 → 이즈바)

개념 3 고산 기후

분포	높은 산지가 있는 지역에서 나타남. 예 남아메리카 대륙의 서쪽
특징	• 해발 고도가 높을수록 기온이 점점 낮아짐. • 적도 부근의 고산 지대에서는 일 년 내내 봄과 같은 선선한 기후를 유지함. → 인간이 거주하기 유리하여 일찍부터 도시가 발달했습니다.
고산 기후 지역의 생활 모습	• 선선한 기후를 바탕으로 관광 산업이 발달함. • 라마와 알파카 같은 가축을 길러 고기와 털을 얻음. • 서늘한 지역에서 잘 자라는 감자와 옥수수를 재배함.

☑ 냉대 기후

냉대 기후는 사계절의 변화가 뚜렷하지만 온대 기후에 비해 ❸ [ㄱ][ㅇ]이 길고 춥습니다.

뾰족한 나무가 엄청 많아!
그래서 종이를 만드는 산업이 발달했나봐~
앗 따가워!

☑ 고산 기후

고산 기후는 높은 산지가 있는 지역에서 나타나며 ❹ [ㅈ][ㄷ] 주변의 고산 지역은 일 년 내내 날씨가 온화합니다.

이곳은 높은 곳이라 그런지 적도 주변인데도 선선하네!
부드러워~

정답 ❸ 겨울 ❹ 적도

펄프
종이 등을 만들려고 나무 등의 섬유 식물에서 뽑아낸 재료

개념 체크

개념 ④ 한대 기후

1. 한대 기후의 분포

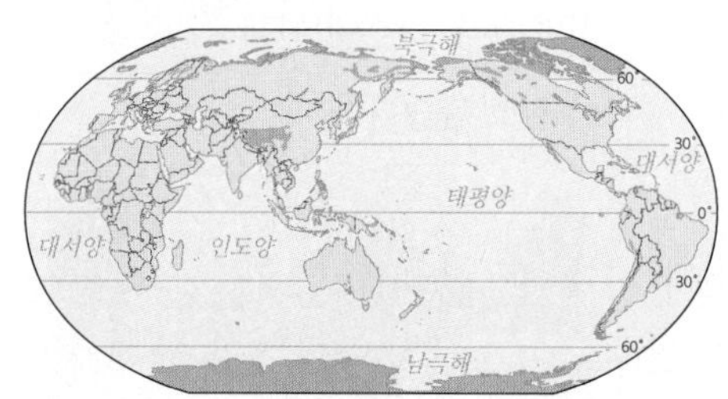

북극해
대서양
태평양
대서양
인도양
남극해

고위도 지역에서 주로 나타나며, 북극과 남극 주변에 분포함.

2. 한대 기후 지역의 특징

① 일 년 내내 기온이 매우 낮습니다. → 농사를 짓기 어렵습니다.
② 땅이 눈과 얼음으로 뒤덮여 있고, 땅속이 단단하게 얼어 있습니다.
③ 기온이 계속 영하인 곳도 있고, 짧은 여름 동안에만 기온이 올라가면서 이끼가 자라는 곳도 있습니다.

중요 3. 한대 기후 지역의 생활 모습

순록 유목	장보고 과학 기지	천연자원 개발
[출처: 셔터스톡]	[출처: 연합뉴스]	[출처: 셔터스톡]
어업을 하거나 순록을 키우며 유목 생활을 함. ┐ 다른 지역에서 물자를 들여와 생활하는 지역이 늘고 있습니다.	연구소나 과학 기지를 세워 극지방의 자연환경 등을 연구함.	석유와 천연가스 등이 풍부해 자원 개발이 활발히 이루어짐.

내 교과서 살펴보기 / **천재교과서, 미래엔, 비상교과서, 비상교육, 아이스크림 미디어**

한대 기후 지역의 주생활

- 한대 기후의 일부 지역에서는 여름철에 땅이 녹아 건물이 기울어지는 것을 막기 위해 바닥을 지면에서 띄워 지은 고상 가옥에서 생활합니다.
- 멀리 사냥을 나갔을 때는 눈과 얼음으로 집을 만들어 잠시 머물기도 합니다.

[출처: ©Vitalii_Manchuk/shutterstock]
눈과 얼음으로 지은 이글루

☑ 한대 기후

고위도 지역에서 주로 나타나는 한대 기후는 일 년 내내 기온이 매우 ❺(높 / 낮)습니다.

너무 춥다.
일 년 내내 이렇게 추운 곳도 있다니.

☑ 한대 기후 지역의 생활 모습

한대 기후 지역의 사람들은 주로 어업이나 ❻ ㅅ ㄹ 을 키우며 유목 생활을 합니다.

농사를 짓기 어려운 환경이라 그런가봐.
한대 기후 지역 사람들은 순록을 기르거나 바다에서 생선을 잡는대.
반갑니?

정답 ❺ 낮 ❻ 순록

용어 사전

기지(基 터 기 地 땅 지)
군대, 탐험대 따위의 활동의 기점이 되는 근거지

개념 다지기

1단원

11종 공통

1 온대 기후 지역에 대한 설명으로 알맞은 것을 보기에서 두 가지 찾아 기호를 쓰시오.

보기
㉠ 인구가 많습니다.
㉡ 사계절의 변화가 뚜렷합니다.
㉢ 주로 고위도에 속해 있습니다.
㉣ 강수량이 많아 울창한 열대 우림을 이룹니다.

(,)

11종 공통

2 다음 사진 속 생활 모습과 관련 있는 기후는 어느 것입니까? ( )

아시아의 벼농사

지중해 주변의 올리브 재배

① 건조 기후 ② 고산 기후
③ 한대 기후 ④ 온대 기후
⑤ 냉대 기후

11종 공통

3 다음은 어느 기후 지역의 분포를 나타낸 지도인지 쓰시오.

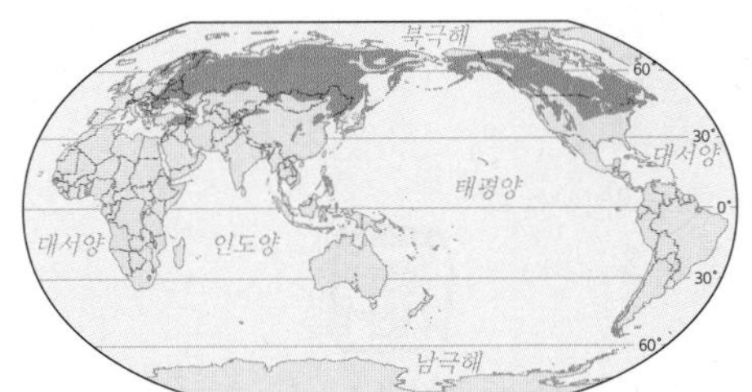

북반구의 중위도와 고위도 지역에 널리 나타남.

( ) 기후

11종 공통

4 냉대 기후 지역에서 펄프 산업이 발달한 까닭으로 알맞은 것은 어느 것입니까? ( )

① 평균 기온이 높기 때문에
② 침엽수림이 발달했기 때문에
③ 초원이 형성되어 있기 때문에
④ 여름에 비가 적게 내리기 때문에
⑤ 땅이 눈과 얼음으로 뒤덮여 있기 때문에

11종 공통

5 적도 부근의 고산 기후의 특징으로 알맞은 것은 어느 것입니까? ( )

① 건기와 우기가 있다.
② 겨울에 비가 많이 온다.
③ 일 년 내내 봄과 같이 선선하다.
④ 겨울에 눈이 녹지 않고 쌓여 있다.
⑤ 강수량이 매우 적어 나무가 자라기 어렵다.

미래엔, 비상교육, 아이스크림 미디어

6 다음과 같은 집을 볼 수 있는 지역의 생활 모습으로 알맞은 것은 어느 것입니까? ( )

이글루

① 레몬이나 오렌지를 재배한다.
② 낙타를 타고 이동하기도 한다.
③ 양과 염소를 기르며 유목 생활을 한다.
④ 석유나 천연가스 등의 자원을 개발한다.
⑤ 이동 생활에 유리한 집을 만들어 생활한다.

세계 여러 나라 사람들의 생활 모습

개념① 세계 여러 나라 사람들의 생활 모습

1. 세계 여러 나라 사람들의 의생활

사막 지역의 전통 의복	고산 기후 지역의 판초	인도의 사리
 [출처: ©Zhukov Oleg/shutterstock]		 [출처: 셔터스톡]
큰 천으로 머리와 온몸을 감싸 뜨거운 햇볕으로부터 몸을 보호함.	낮과 밤의 기온차가 크기 때문에 체온 유지를 위해 판초를 입음.	바느질을 하지 않은 긴 천으로 이루어진 옷을 입음.

└ 인도인이 주로 믿는 힌두교에서는 바느질하지 않은 옷을 깨끗하다고 여기기 때문입니다.

내 교과서 살펴보기 / **천재교육, 김영사, 비상교과서, 비상교육, 아이스크림 미디어**

지역마다 다른 모자의 모양
날씨가 추운 러시아에서는 동물의 털로 만든 우샨카를, 해가 뜨거운 멕시코에서는 챙이 넓은 솜브레로를, 덥고 습한 베트남에서는 햇빛과 비를 막기 위해 논라를 씁니다.

2. 세계 여러 나라 사람들의 식생활

타이의 팟타이	멕시코의 •타코	한대 기후 지역의 말린 생선
 [출처: 게티이미지]	 [출처: 셔터스톡]	 [출처: 셔터스톡]
벼농사를 짓기 때문에 쌀로 만든 음식이 발달함.	옥수수 생산량이 많아 옥수수로 만든 음식이 발달함.	추운 날씨를 이용해 생선을 말리기 쉬움.

└ 인도네시아의 나시고렝도 있습니다.

3. 세계 여러 나라 사람들의 주생활

└ 모래바람이 자주 불기 때문에 창문을 작게 만듭니다.

열대 기후 지역의 고상 가옥	사막 지역의 흙벽돌집	초원 지역의 게르
 [출처: 셔터스톡]		 [출처: 셔터스톡]
더위와 해충을 막기 위해 땅에서 띄워 집을 지음.	주변에서 구하기 쉬운 흙으로 집을 만듦.	이동 생활을 위해 조립과 해체가 간편한 집을 지음.

중요 **4. 세계 여러 나라 사람들의 생활 모습이 다양한 까닭:** 사람들의 생활 모습은 기후, 지형 등 자연환경과 풍습, 종교와 같은 인문환경의 영향을 받기 때문입니다.

개념 체크

☑ 세계 여러 나라 사람들의 식생활

옥수수가 많이 나는 멕시코에서는 타코가, ❶ [ㅂ] 농사를 짓는 타이에서는 쌀로 만든 음식이 발달했습니다.

☑ 사람들의 생활 모습이 다르게 나타나는 까닭

나라마다 자연환경과 인문환경이 ❷(같기 / 다르기) 때문입니다.

왜 나라마다 생활 모습이 다른 걸까요?
나라마다 기후, 지형, 풍습같은 게 다르기 때문이야.
타이
모로코
멕시코

정답 ❶ 벼 ❷ 다르기

•타코
얇게 구운 옥수수빵에 채소와 고기를 넣어 먹는 음식

개념 체크

1 단원

개념 ② 세계의 다양한 문화

1. 서로 다른 생활 모습

구분	내용
시에스타	낮이 길고 더운 남부 유럽(예 에스파냐, 그리스)에서는 점심 식사 후 낮잠을 자거나 휴식을 취함.
이슬람교를 믿는 사람들 (→ 돼지고기를 먹지 않습니다.)	하루에 다섯 번 기도하고, 라마단 기간 동안에는 낮에 물과 음식을 먹지 않음.
영국의 자동차 운전석	옛날 영국인들이 마차를 타고 다니던 때에 마차를 모는 마부들이 오른쪽에 앉았던 풍습이 이어져 옴.
인도의 식사 문화	소를 •신성하게 여기는 힌두교의 영향을 받아 소고기를 먹지 않고, 오른손으로 밥을 먹음.

중요 2. 서로 다른 생활 모습을 대할 때 지녀야 할 태도

세계 여러 나라의 다양한 생활 모습은 각각 고유한 가치를 지니고 있음.

서로 다른 생활 모습을 이해하고 존중하려는 마음가짐이 필요함.

내 교과서 살펴보기 / **천재교육, 김영사, 동아출판, 비상교과서, 비상교육, 아이스크림 미디어**

세계의 다양한 축제

축제	내용
프랑스 레몬 축제	여름이 덥고 건조한 망통에서 매년 2월에 수확한 레몬으로 조형물을 만들어 즐기는 축제
백야 축제	러시아 상트페테르부르크에서 낮이 긴 5월에서 7월까지 열리는 축제
타이 송끄란	가장 더운 시기에 서로에게 물을 뿌리며 농사를 위한 비가 많이 오기를 기원하는 축제

☑ 시에스타

시에스타는 낮이 길고 더운 남부 유럽에서 점심 식사 후 ❸(낮잠을 자는 / 공부를 하는) 풍습입니다.

☑ 다양한 생활 모습을 대하는 태도

세계 여러 나라의 생활 모습은 각각 고유한 가치를 지니고 있기 때문에 ❹  하고 존중해야 합니다.

정답 ❸ 낮잠을 자는 ❹ 이해

용어 사전

•신성(神 신 신 聖 성인 성)
함부로 가까이할 수 없을 만큼 고결하고 거룩함.

개념 3 세계 여러 나라 사람들의 생활 모습 조사하기 예 사우디아라비아 사람들의 옷차림

<table>
<tr><td>조사할 주제 정하기</td><td>세계 여러 나라나 지역의 생활 모습 중에서 관심 있는 내용을 주제로 정함.</td></tr>
<tr><td>조사 계획 세우기</td><td>조사할 내용, 자료 수집 방법, 모둠 내 역할 분담을 의논한 후 조사 계획서를 작성함.
→ 계획서를 작성하면 필요한 내용을 빠짐없이 조사할 수 있습니다.

주제: 사우디아라비아 사람들은 왜 긴 옷을 입을까?
조사할 내용: • 사우디아라비아의 지형, 기후 • 사우디아라비아 사람들이 주로 믿는 종교 • 사우디아라비아 사람들의 생활 모습
자료 수집 방법: • 책에서 찾아보기 • 인터넷 검색하기
역할 분담: • 지수, 재영: 사우디아라비아의 지형, 기후 찾아보기 • 서연, 준우: 사우디아라비아 사람들이 주로 믿는 종교와 생활 모습 조사하기</td></tr>
<tr><td>자료 수집하고 분석하기</td><td>조사 계획에 따라 자료를 수집하고, 사람들의 생활 모습에 영향을 준 원인을 찾아 봄.</td></tr>
<tr><td>조사 보고서 작성하기</td><td>조사한 내용을 바탕으로 다양한 형태의 보고서를 작성함.

사우디아라비아 사람들의 옷차림
지형과 기후: 국토의 90%가 사막으로 이루어진 사우디아라비아는 건조 기후에 속한다. 이 지역에 사는 사람들은 강한 햇빛과 모래바람으로부터 몸을 보호하기 위해 온몸을 감싸는 길고 헐렁한 옷을 입는다.
종교: 이슬람교를 주로 믿는다. 이슬람교에서는 무릎이나 어깨를 가리는 단정한 옷차림을 권한다.
그 밖의 생활 모습: • 오아시스 주변에서 주로 밀과 대추야자를 재배한다. • 주변에서 구하기 쉬운 흙으로 벽돌을 만들어 집을 짓는다.
결론: 길고 헐렁한 옷은 사우디아라비아의 지형, 기후, 종교에 적합한 옷차림이다. 사람들의 생활 모습이나 옷차림은 그 나라의 자연환경과 인문환경의 영향을 받는다.</td></tr>
</table>

개념 체크

☑ 다양한 생활 모습 조사 과정

조사할 주제를 정한 다음 ❺ [ㄱ][ㅎ]을 세우고, 자료 수집과 분석을 거친 후 조사 보고서를 작성합니다.

☑ 자료 수집하고 분석하기

조사 계획에 따라 수집한 자료를 바탕으로 사람들의 생활 모습에 영향을 준 ❻ [ㅇ][ㅇ]을 찾아봅니다.

나는 도서관에서 이슬람교에 대한 책을 찾아 봤어.
인터넷을 보니 이슬람교를 믿는 사람들은 주로 건조 기후 지역에 살고 있네!
짜잔!

정답 ❺ 계획 ❻ 원인

개념 다지기

1. ❷ 세계의 다양한 삶의 모습(3)

천재교육, 천재교과서, 동아출판

1 사막 지역에서 다음과 같은 옷을 입는 까닭으로 알맞은 것은 어느 것입니까? (　　　　)

① 해충을 피하기 위해서
② 눈이 많이 오기 때문에
③ 직업을 나타내기 위해서
④ 비가 많이 내리기 때문에
⑤ 뜨거운 햇볕을 막기 위해서

천재교육, 교학사, 동아출판, 비상교육, 지학사

2 다음 나라와 관련 있는 음식을 줄로 바르게 이으시오.

(1)  멕시코 •

•  ㉠ 

팟타이

(2)  타이 •

• ㉡ 

타코

11종 공통

3 세계 여러 나라 사람들의 생활 모습에 영향을 미치는 인문환경을 보기에서 두 가지 찾아 기호를 쓰시오.

보기			
㉠ 기후	㉡ 풍습	㉢ 종교	㉣ 지형

(　　　　,　　　　)

천재교육, 김영사, 미래엔

4 다음 밑줄 친 부분에 해당하는 종교는 어느 것입니까? (　　　　)

> 이 종교를 믿는 지역에서는 라마단 기간의 해가 떠 있는 동안에는 물과 음식을 먹지 않는 풍습이 있습니다.

① 불교　② 힌두교
③ 기독교　④ 유대교
⑤ 이슬람교

11종 공통

5 서로 다른 생활 모습을 대할 때 지녀야 할 바람직한 태도로 알맞은 것에 ○표를 하시오.

(1) 이상하게 보이는 생활 모습은 무시합니다. (　　　　)

(2) 서로 다른 생활 모습을 이해하고 존중합니다. (　　　　)

11종 공통

6 세계 여러 나라 사람들의 생활 모습을 조사할 때 가장 먼저 해야 할 일은 어느 것입니까? (　　　　)

① 조사 계획 세우기
② 조사할 주제 정하기
③ 조사 보고서 작성하기
④ 자료를 수집하고 분석하기
⑤ 모둠 내 역할 분담 의논하기

Step 1 단원평가

[1~5] 다음은 개념 확인 문제입니다. 물음에 답하시오.

1 한 지역에서 여러 해에 걸쳐 일정하게 나타나는 평균적인 날씨를 무엇이라고 합니까?

( )

2 열대 기후 지역에서 발달한, 생태계를 보전하면서 여행하는 관광을 무엇이라고 합니까?

( )

3 사계절이 뚜렷하고 기온이 온화하며 강수량이 풍부한 기후는 (온대 / 건조) 기후입니다.

4 사막 지역에서는 주변에서 구하기 쉬운 (돌 / 흙)(으)로 집을 만들어 생활합니다.

5 영국의 자동차 운전석은 (왼 / 오른)쪽에 있습니다.

11종 공통

6 다음 설명에 해당하는 기후는 어느 것입니까? ( )

> 적도 부근에서 주로 나타나며, 일 년 내내 기온이 높고 연 강수량이 많습니다.

① 열대 기후 ② 온대 기후
③ 건조 기후 ④ 고산 기후
⑤ 한대 기후

11종 공통

7 열대 기후 지역의 생활 모습과 관련 있는 것으로 알맞은 것은 어느 것입니까? ( )

①

이동식 집을 만들어 생활함.

②

넓은 들판에서 밀을 재배함.

③

석유와 천연가스 등의 자원을 개발함.

④

바닥을 땅에서 높이 띄워 집을 지음.

11종 공통

8 다음 건조 기후 지역에서 나타나는 자연환경과 생활 모습을 줄로 바르게 이으시오.

(1) 사막 • • ㉠ 밀, 대추야자 같은 작물을 기름.

(2) 초원 • • ㉡ 유목 생활을 함.

11종 공통

9 **다음은 어떤 기후와 관련 있는 설명인지 보기 에서 찾아 각각 기호를 쓰시오.**

보기
㉠ 냉대 기후　㉡ 한대 기후　㉢ 온대 기후

(1) 뾰족한 잎을 가진 침엽수가 숲을 이룹니다. (　　)

(2) 기후가 온화해 인구가 많고 다양한 산업이 발달했습니다. (　　)

(3) 사람들이 주로 어업을 하거나 순록을 키우며 유목 생활을 합니다. (　　)

11종 공통

10 **고산 기후 지역의 생활 모습으로 알맞은 것은 어느 것입니까? (　　)**

① 화전 농업을 주로 한다.
② 목재와 펄프를 생산한다.
③ 오아시스 주변에서 생활한다.
④ 알파카 등의 가축을 길러 고기와 털을 얻는다.
⑤ 풍부한 나무를 이용해 통나무집을 지어 생활한다.

천재교육

11 **타이에서 오른쪽과 같이 쌀로 만든 음식이 발달한 까닭으로 알맞은 것은 어느 것입니까? (　　)**

팟타이

① 벼농사를 널리 짓기 때문에
② 불교의 영향을 받았기 때문에
③ 화산 지형이 발달했기 때문에
④ 기온이 낮아 쌀을 구하기 쉽기 때문에
⑤ 외국에서 쌀을 많이 수입해 오기 때문에

천재교육, 김영사, 비상교과서, 비상교육, 아이스크림 미디어

12 **다음 □ 안에 들어갈 알맞은 말을 보기 에서 찾아 쓰시오.**

해가 뜨거운 멕시코에서는 햇빛을 막기 위해 챙이 넓은 □라는 모자를 씁니다.

[출처: 셔터스톡]

보기
• 논라　• 우샨카　• 솜브레로

(　　　　)

11종 공통

13 **세계 여러 나라의 문화를 대할 때 바람직한 태도로 대한 어린이를 쓰시오.**

예진: 점심 식사 후 낮잠을 자는 에스파냐 사람들은 게으른 것 같아.
석규: 오른손으로 밥을 먹는 인도 사람들을 보고 나라마다 고유한 가치가 있다고 생각했어.

(　　　　)

11종 공통

14 **다음은 세계 여러 나라 사람들의 생활 모습 조사 과정 중 어느 과정에 해당합니까? (　　)**

우리는 인터넷으로 사우디아라비아 사람들이 주로 믿는 종교와 생활 모습을 알아보고 있어.
사우디아라비아 종교, 생활 모습

① 소개 자료 만들기
② 조사 보고서 작성하기
③ 조사 보고서 발표하기
④ 자료를 수집하고 분석하기
⑤ 모둠 내 역할 분담 의논하기

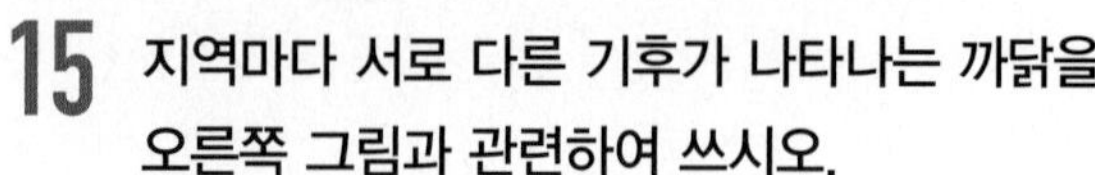

Step 2 서술형 평가

15 지역마다 서로 다른 기후가 나타나는 까닭을 오른쪽 그림과 관련하여 쓰시오. 11종 공통

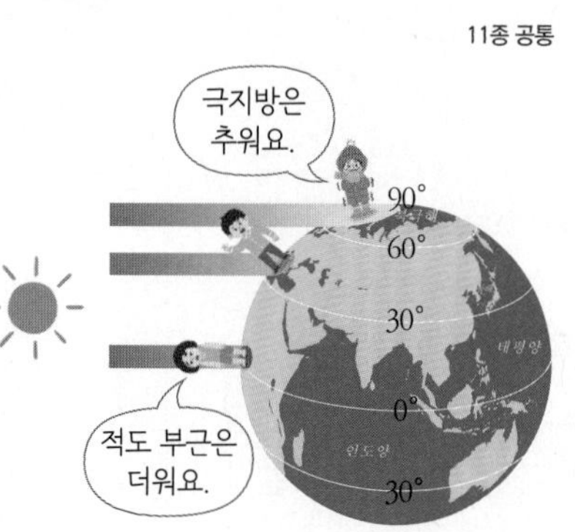

답 지구가 ❶ [　　] 모양이기 때문에 ❷ [　　]에 따라 땅에 닿는 햇빛의 양이 다르기 때문이다.

16 다음에서 설명하는 기후 지역 사람들의 생활 모습을 한 가지만 쓰시오. 11종 공통

- 중위도 지역에 주로 나타납니다.
- 인구가 많고 여러 산업이 발달했습니다.
- 사계절의 변화가 비교적 뚜렷하고 온화합니다.

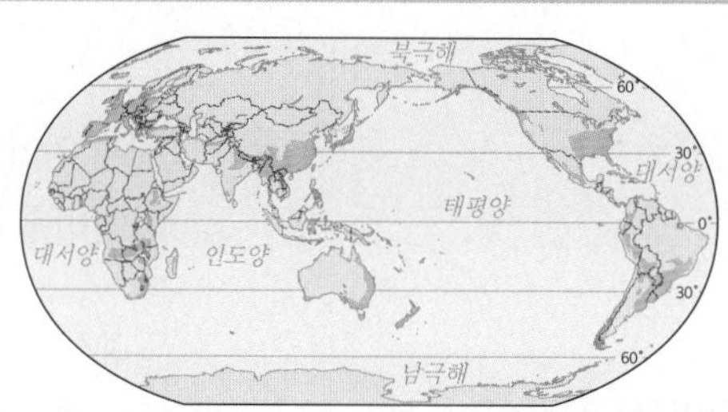

____

____

17 다음은 인도 사람들이 입는 옷입니다. 천재교육, 천재교과서, 교학사, 김영사, 동아출판, 비상교과서, 비상교육, 지학사

(1) 위와 같이 바느질을 하지 않은 긴 천으로 이루어진, 인도의 전통 의상의 이름을 쓰시오. (　　　　　)

(2) 인도 사람들이 위와 같은 옷을 입는 까닭을 쓰시오.

____

____

서술형 가이드
어려워하는 서술형 문제!
서술형 가이드를 이용하여 풀어 봐!

15 땅에 닿는 햇빛의 양이 많은 [　][　] 부근의 기온이 가장 높고, 고위도로 갈수록 기온이 점점 낮아집니다.

16 중위도 지역에 분포한 온대 기후 지역에서는 기후가 온화해 [　][　]가 많고 다양한 산업이 발달했습니다.

17 (1) 사리는 [　][　][　] 하지 않은 긴 천으로 이루어진 인도의 전통 의상입니다.
(2) 인도에서 사리를 입는 것은 인도 사람들이 주로 믿는 종교인 [　][　][　]와 관련이 있습니다.

Step 3 수행평가

학습 주제 세계 여러 나라 사람들의 생활 모습

학습 목표 나라마다 다양한 생활 모습이 나타나는 까닭을 알 수 있다.

수행평가 가이드
다양한 유형의 수행평가!
수행평가 가이드를 이용해 풀어 봐!

세계의 다양한 생활 모습

- 세계 여러 나라에 나타나는 다양한 생활 모습은 각각 고유한 가치를 지니고 있습니다.
- 서로 다른 생활 모습을 대할 때는 이해하고 존중하려는 태도가 필요합니다.

[18~20] 다음은 세계 여러 나라 사람들의 의식주 생활 모습입니다.

㉠ 
△ [　　]

㉡ 
△ 큰 천으로 머리와 온몸을 감싼 옷

㉢ 
△ 긴 천에 구멍을 뚫어 만든 판초

㉣ 
△ 고상 가옥

㉤ 
△ 게르

㉥ 
△ 말린 생선

천재교육, 교학사, 동아출판, 비상교육, 지학사

18 다음 설명을 보고, 위 ㉠의 [　] 안에 들어갈 말을 보기 에서 찾아 쓰시오.

> 멕시코에서 주로 먹는 음식으로 얇게 구운 옥수수빵에 채소와 고기를 넣어 만들었습니다.

보기
• 타코　　• 케밥　　• 나시고렝

(　　　　　　　　)

11종 공통

19 위 ㉠~㉥ 중 고산 기후 지역의 생활 모습과 관련 있는 것을 찾아 기호를 쓰시오.

(　　　　　　　　)

고산 기후 지역은 높은 산지에 있어서 낮과 밤의 기온 차가 커.

11종 공통

20 위와 같이 세계 여러 나라 사람들의 생활 모습이 다양하게 나타나는 까닭을 쓰시오.

1. ❸ 우리나라와 가까운 나라들(1)

개념 ① 우리나라와 이웃한 나라들

➡ 우리나라는 서쪽의 중국, 동쪽의 일본, 북쪽으로는 러시아와 국경을 마주하고 있습니다.

개념 체크

☑ 우리나라의 이웃 나라

우리나라는 서쪽의 중국, 동쪽의 일본, 북쪽의 ❶ ㄹ ㅅ ㅇ 와 국경을 마주하고 있습니다.

개념 ② 이웃 나라의 자연환경과 인문환경

1. 중국

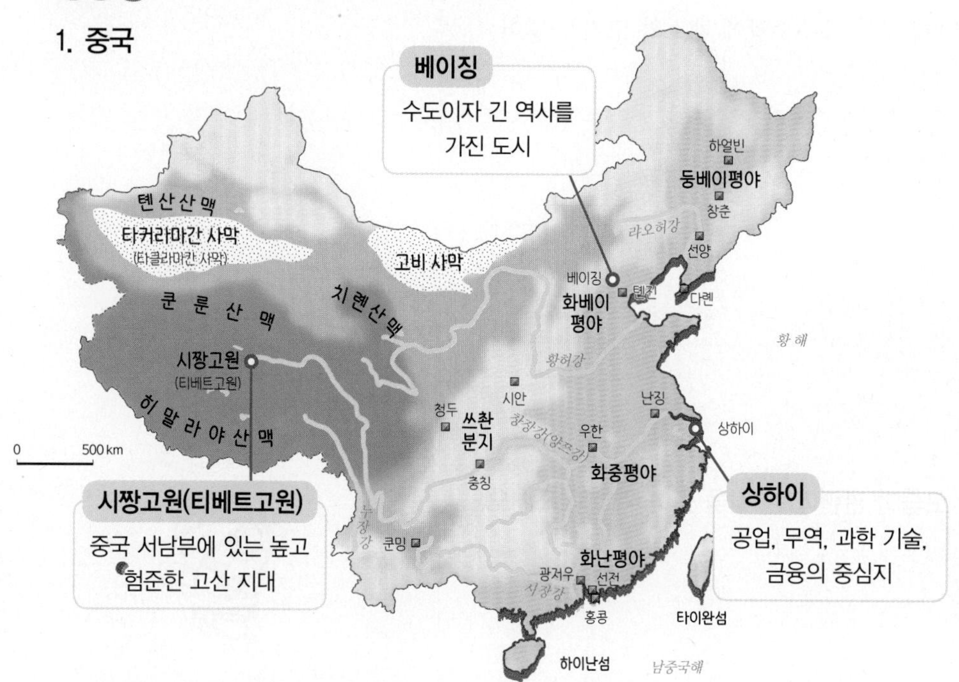

자연환경	• 동쪽은 넓은 평야와 대도시, 서쪽에는 고원과 산지가 분포함. • 남쪽에서 북쪽으로 갈수록 열대, 온대, 냉대 기후가 나타나며 서쪽에는 건조 기후도 나타남.
인문환경	• 세계적으로 인구가 많은 나라임. → 50개가 넘는 소수 민족이 거주합니다. • 자원이 풍부하고 여러 가지 산업이 발달했음.

☑ 중국

중국은 세계적으로 인구가 많은 나라로 동쪽에는 대도시, 서쪽에는 ❷(산지 / 평야)가 분포합니다.

여기가 바로 중국의 수도인 베이징이야.
세계적으로 인구가 많다더니 벌써부터 사람이 엄청 많네요.

정답 ❶ 러시아 ❷ 산지

용어 사전

• 험준(險 험할 험 峻 높을 준)
지세가 험하며 높고 가파름.

• 산업(産 낳을 산 業 업 업)
인간의 생활을 경제적으로 풍요롭게 하기 위한 활동

개념 체크

2. 일본

→ 혼슈, 규슈, 시코쿠, 홋카이도

자연 환경	• 네 개의 큰 섬과 3,000개가 넘는 작은 섬들로 이루어짐. • 국토에 산지가 많고 화산과 지진 활동이 잦음. • 바다의 영향을 받아 습하고, 비나 눈이 많이 내림.
인문 환경	• 동부 지역의 해안가를 중심으로 대도시가 분포함. • 화산, 온천 등이 많아 관광 산업이 발달했음.

오키나와섬
겨울에도 온화한 기후가 나타나는 섬

오키나와섬

3. 러시아

자연 환경	• 세계에서 가장 넓은 나라로 서부에는 평원, 동부에는 산지가 많음. • 영토가 동서로 길게 뻗어 있고, 대부분의 지역에서 냉대 기후가 나타남.
인문 환경	• 대부분의 인구는 유럽과 가까운 서부 지역에 모여 있음. • 자원의 생산과 수출이 활발하고, 석유, 천연가스 등 풍부한 자원을 바탕으로 한 산업이 발달했음.

☑ 일본

일본은 네 개의 큰 ❸ ㅅ (으)로 이루어져 있으며 화산, 온천 등이 많아 관광 산업이 발달했습니다.

일본은 독특한 자연환경을 바탕으로 관광 산업이 발달했단다.
이제 초밥 먹으러 나가면 안 될까요?

내 교과서 살펴보기 / **천재교과서, 교학사 비상교과서, 비상교육**

게이힌 공업 지역

- 원료 수입과 제품 수출에 유리하고, 노동력이 풍부한 태평양 연안을 따라 발달한 일본 최대의 공업 지역입니다.
- 도쿄, 요코하마, 가와사키를 중심으로 발달했으며 철강, 석유 화학, 자동차, 전자, 정밀 기계 산업과 첨단 산업이 발달했습니다. → 뛰어난 기술력을 바탕으로 다양한 산업이 발달했습니다.

☑ 러시아

러시아는 세계에서 가장 넓고, 영토가 ❹(동서 / 남북)(으)로 길게 뻗어 있어 아시아와 유럽에 걸쳐져 있습니다.

영토가 엄청 넓다.
러시아는 두 대륙에 걸쳐져 있어.
러시아
우와~

정답 ❸ 섬 ❹ 동서

개념 알기

개념 3 우리나라와 이웃 나라의 생활 모습

1. 우리나라와 중국, 일본 문화의 비슷한 점 → 세 나라는 인접한 위치에 있어서 오래전부터 서로 교류하며 영향을 주고받았습니다.

① 한자의 영향을 받아 한자어로 된 단어가 많습니다.

② 불교문화가 있어 절이나 불상의 모습이 비슷합니다.

③ 쌀밥을 주식으로 하며 식사를 할 때 젓가락을 사용합니다.

내 교과서 살펴보기 / **천재교육, 교학사, 금성출판사, 김영사, 동아출판, 미래엔, 비상교과서**

러시아의 문화

- 러시아 문자는 그리스 문자의 영향을 받았으며, 영어와 같이 대문자와 소문자가 있습니다.
- 러시아는 우리나라와 지리적으로 가깝지만 대부분의 인구가 유럽과 가까운 서부 지역에 분포하여 유럽의 생활 모습과 비슷한 점이 많습니다.

2. 우리나라와 이웃 나라의 생활 모습 → 각 나라의 자연환경과 문화가 서로 달라서 저마다 독특한 생활 모습이 나타납니다.

① 식사 도구

대한민국	국물이 스며들지 않는 금속 젓가락을 주로 사용함.
중국	길이가 길고 끝이 뭉툭한 젓가락을 사용함. → 뜨겁고 기름진 음식이 미끄러지지 않게 하기 위해서입니다.
일본	생선 가시를 바르기 편하도록 끝이 뾰족한 나무 젓가락을 사용함.
러시아	포크, 칼, 숟가락 등을 사용함.

② 새해 풍습

대한민국	어른들께 세배를 하고 떡국을 먹음.
중국	붉은색 마름모꼴 종이에 '복(福)'을 거꾸로 써 붙여 복을 기원함.
일본	일본식 떡국을 먹고, 신사나 절에 가서 한 해의 행운을 빎.
러시아	국가 연주와 불꽃놀이로 새해의 시작을 알림.

③ 전통 의상

대한민국

한복

중국

치파오

일본

기모노

러시아

사라판

개념 체크

우리나라와 이웃 나라의 비슷한 점

인접한 위치에 있는 우리나라, 중국, 일본은 ❺[ㅎ][ㅈ]의 영향을 받았다는 공통점이 있습니다.

나라별 젓가락의 특징

우리나라는 금속 젓가락, ❻(중국 / 러시아)은/는 길고 뭉툭한 젓가락, 일본은 뾰족한 젓가락을 사용합니다.

정답 ❺ 한자 ❻ 중국

용어 사전

신사(神 귀신 신 社 모일 사)
일본 왕실의 조상이나 국가에 큰 공로를 세운 사람을 신으로 모신 사당

개념 다지기

1. ❸ 우리나라와 가까운 나라들(1)

11종 공통

1 다음 ㉠~㉢에 들어갈 말을 알맞게 짝 지은 것은 어느 것입니까? (　　　)

> 우리나라는 [㉠]쪽의 중국, [㉡]쪽의 일본, [㉢]쪽으로는 러시아와 국경을 마주하고 있습니다.

	㉠	㉡	㉢
①	동	서	남
②	동	남	북
③	서	북	동
④	서	동	북
⑤	남	동	서

11종 공통

2 중국에 대한 설명으로 알맞은 것은 어느 것입니까? (　　　)

① 네 개의 큰 섬으로 이루어져 있다.
② 세계에서 영토가 가장 넓은 나라이다.
③ 서쪽으로 갈수록 해발 고도가 높아진다.
④ 대부분의 지역에서 냉대 기후가 나타난다.
⑤ 태평양 연안을 따라 게이힌 공업 지역이 발달했다.

11종 공통

3 다음에서 설명하는 중국의 주요 도시는 어디입니까? (　　　)

> 동부 해안의 항구 도시로, 공업, 무역, 과학 기술, 금융의 중심지입니다.
>
> 
>

① 충칭　　② 광저우
③ 상하이　　④ 베이징
⑤ 하얼빈

11종 공통

4 다음 중 일본과 관련 있는 사진으로 알맞은 것을 찾아 기호를 쓰시오.

㉠ 

시베리아 횡단 철도

㉡ 

온천 관광

(　　　　　　　　)

11종 공통

5 다음 러시아의 지도에서 유럽과 아시아 대륙의 경계가 되는 산맥을 찾아 쓰시오.

(　　　　　　　　)산맥

11종 공통

6 이웃 나라의 문화와 생활 모습으로 알맞지 않은 것은 어느 것입니까? (　　　)

① 중국의 젓가락은 길이가 길다.
② 일본의 전통 의상은 기모노이다.
③ 일본은 불교문화의 영향을 받았다.
④ 러시아는 식사를 할 때 포크와 칼을 사용한다.
⑤ 중국, 일본, 러시아의 문자는 한자의 영향을 받았다.

우리나라와 다른 나라의 교류 모습

개념 ① 우리나라와 이웃 나라의 교류 모습

1. 우리나라와 이웃 나라의 교류

① 각 나라의 발전과 이익을 위해 교류를 합니다.

② 오늘날 교통·통신의 발달로 이웃 나라 간의 교류가 증가하고 있습니다.

2. 우리나라와 이웃 나라의 교류 사례 → 다양한 분야에서 활발하게 이루어집니다.

경제적 교류

- 물건을 수입하고 수출하는 등 무역을 함.
- 전력망을 연결하여 에너지를 주고받기 위해 협력함.

우리나라와 이웃 나라의 전력망 연결

인적 교류

- 이웃 나라 사람과 결혼하여 함께 삶.
- 일자리를 구하러 이웃 나라로 이동함.

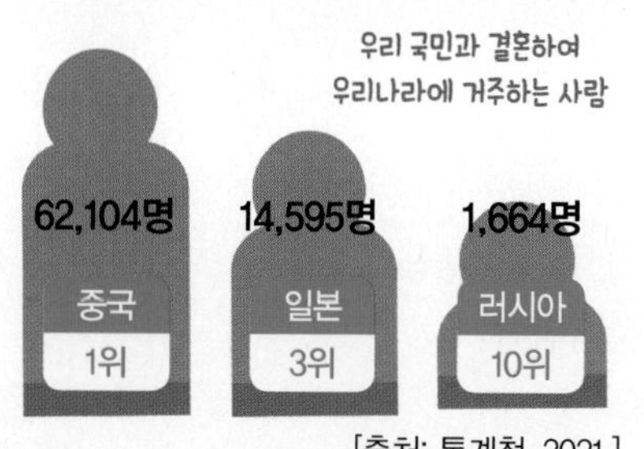

[출처: 통계청, 2021.]

국내 국적별 결혼 이민자 수(2020년)

문화적 교류

- 공부하기 위해 이웃 나라로 유학을 감.
- 서로의 문화를 친숙하게 하기 위해 문화 교류 행사를 개최함.

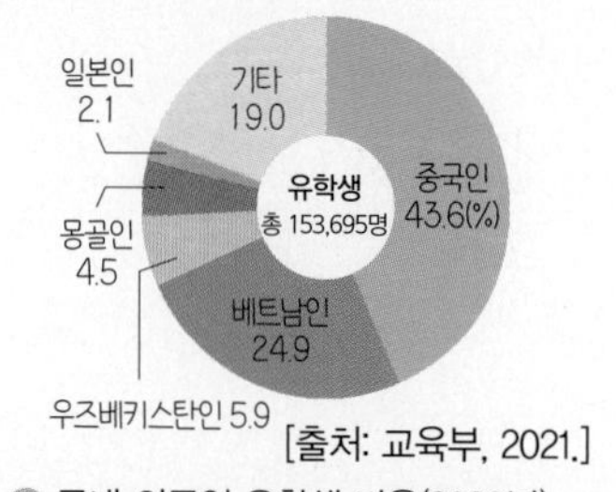

[출처: 교육부, 2021.]

국내 외국인 유학생 비율(2020년)

정치적 교류

우리나라와 이웃 나라 대표들이 모여 다양한 문제를 논의함. → 예) 정상 회담

[출처: 연합뉴스]

한·중·일 보건 장관 회의

내 교과서 살펴보기 / **천재교육, 금성출판사, 김영사, 미래엔, 비상교과서, 비상교육, 아이스크림 미디어**

공동의 문제를 함께 해결하기 위한 노력 → 이웃 나라와 서로 이해하고 협력하는 태도가 필요합니다.

환경문제	황사와 미세 먼지 문제 해결을 위해 우리나라에서는 중국의 사막 지역에 나무를 심고 있음.
역사 문제	역사 왜곡을 줄이고 공존하는 미래를 지향하기 위해 한·중·일 학자들이 공동으로 역사 교과서를 집필했음.

개념 체크

☑ 우리나라와 이웃 나라의 경제적 교류

원활한 에너지 공급을 위해 협력하고, 다양한 물건을 수입하고 수출하는 ❶ ㅁ ㅇ 을 합니다.

☑ 우리나라와 이웃 나라의 문화적 교류

공부하기 위해 ❷ ㅇ ㅎ 을 가거나 문화 교류 행사를 통해 서로의 문화를 친숙하게 합니다.

정답 ❶ 무역 ❷ 유학

용어 사전

교류(交 오고갈 교 流 흐를 류) 문화나 사상 따위가 서로 통함.

개념 체크

1 단원

개념② 우리나라와 관계 깊은 나라

1. 미국 → 50개의 주로 이루어져 있습니다.

구분	내용
자연환경	• 중서부에는 평야가 펼쳐져 있고, 서쪽에는 로키산맥이 있음. • 온대 기후, 냉대 기후, 건조 기후 등 다양한 기후가 나타남.
인문환경	• 각종 지하자원과 에너지 자원이 풍부함. • 농업, 상업, 공업, 첨단 산업 등이 골고루 발달함.
우리나라와의 관계	• 미국과 활발한 무역을 하고 있음. • 경제 분야뿐만 아니라 정치나 문화 분야에서도 긴밀한 나라임.

중요 2. 사우디아라비아

구분	내용
자연환경	국토 대부분이 사막으로 이루어져 있으며, 덥고 건조함.
인문환경	• 관개 시설을 이용해 농사를 지음. • 원유가 많이 생산되어 세계 여러 나라로 원유를 수출함.
우리나라와의 관계	• 우리나라가 원유를 수입하는 대표적인 나라임. • 우리나라 기업들이 사우디아라비아에 진출해 건물이나 발전소를 건설하고 있음. [출처: 셔터스톡] 원유를 생산하는 시설

3. 베트남

구분	내용
자연환경	• 산맥이 남북으로 길게 뻗어있고, 남부와 북부는 넓은 평야가 발달함. • 주로 열대 기후와 온대 기후가 나타남.
인문환경	• 벼농사에 유리한 자연환경을 이용해 쌀을 많이 수출함. • 노동력이 풍부해 섬유 산업 등의 경공업이 발달함.
우리나라와의 관계	• 우리나라와 인적, 문화적 교류가 활발함. • 우리나라 기업들이 베트남에 진출해 전자 제품 관련 공장을 세우는 등 다양한 투자를 함. └→ 우리나라의 3대 투자국 중 하나입니다. 반도체, 디스플레이, 휴대 전화 부품 등 / 469억 달러 / 2020년 무역액과 주요 무역 품목 / 베트남 / 206억 달러 / 한국 / 동해 / 전자 제품과 부품, 의류, 신발 등 베트남과 우리나라의 무역 [출처: 한국 무역 협회, 2021.]

내 교과서 살펴보기 / **동아출판, 비상교과서, 아이스크림 미디어, 지학사**

우리나라와 관계 깊은 나라들

구분	내용
독일	• 우리나라가 첨단 기술 제품, 의료 물품 등을 수출함. • 우리나라가 자동차를 많이 수입하는 나라 중 하나임.
인도	우리나라와의 교류가 증가하고 있으며, 우리나라가 철강, 반도체 등을 수출함.

☑ 우리나라와 사우디아라비아의 관계

사우디아라비아는 우리나라가 원유를 ❸(수입 / 수출)하는 대표적인 나라입니다.

지금 자동차에 넣고 있는 기름은 사우디아라비아에서 수입한 원유로 만든 거야.
생활 속에서 다른 나라와의 교류 모습이 많이 보이네요.

☑ 우리나라와 베트남의 관계

베트남은 우리나라 기업들이 많이 진출해 있고, 우리나라와 ❹ ㅇ ㅈ 자원을 많이 교류하는 나라입니다.

정답 ❸ 수입 ❹ 인적

용어 사전

경공업(輕 가벼울 경 工 만들 공 業 일 업) 부피에 비하여 무게가 가벼운 물건을 만드는 일

개념 ③ 우리나라와 세계 여러 나라의 교류 모습

중요 1. 우리나라와 세계 여러 나라의 관계

① 다양한 방면에서 서로 교류하고 협력하며 상호 의존 관계를 맺고 있습니다. (나라마다 환경이 달라 서로 필요한 도움을 주고받을 수 있기 때문입니다.)

② 우리나라는 필요한 자원이나 물건, 기술 등을 세계 여러 나라들과 주고받거나 협약을 체결하기도 합니다.

③ 나라 간에 활발하게 교류하며 서로에게 미치는 영향이 더욱 커지고 있습니다.

2. 우리나라가 세계 여러 나라와 교류하고 협력하는 모습

→ 지리적으로 가깝지 않아도 다양한 나라들과 밀접한 관계를 맺고 있습니다.

나라	내용
독일	독일의 통일과 경제성장 사례를 통해 우리나라가 앞으로 나아가야 할 방향을 배우고, 상호 발전을 위해 협력함.
칠레	• 우리나라가 자유무역협정(FTA)을 처음으로 맺은 나라임. • 우리나라는 칠레산 구리와 과일을 수입하고, 칠레에 자동차와 전자 제품을 수출함. [출처: 연합뉴스] 칠레산 포도
캐나다	• 캐나다로부터 밀, 옥수수 등의 곡물을 수입함. • 우리나라와 과학 기술 혁신 협력 협정을 맺고, 과학 기술 분야의 다양한 연구를 함께 진행하고 있음.
에티오피아	• 에티오피아에서는 태권도를 배우는 사람이 늘어나고 있음. • 과거 우리나라의 6·25 전쟁 당시 도움을 준 나라로서, 춘천에서는 매년 에티오피아 참전 용사 기념행사를 개최하고 있음.
오스트레일리아	• 오스트레일리아로부터 소고기, 석탄, 철광석 등 자원을 수입함. • 자동차, 석유 화학 제품, 전자 제품 등 공업 제품을 수출함. 우리나라의 소고기 수입 (2020년 1분기 기준) 미국 228,686 / 오스트레일리아 158,293 / 뉴질랜드 17,672 / 멕시코 7,374 / 캐나다 6,032 / 기타 1,412 / 합계 419,469 (단위: 톤) [출처: 한국 육류 유통 수출 협회, 2021.]

내 교과서 살펴보기 / 천재교육, 동아출판

한류(K-Culture)

- 대한민국과 관련된 것들이 해외에서 인기를 얻는 문화 현상입니다.
- 대중가요(K-Pop)를 비롯하여 게임, 캐릭터, 음식, 미용, 출판 등 다양한 분야에서 사랑을 받고 있습니다.
- 한국 문화에 대한 관심과 함께 한국어에 대한 관심도 높아지고 있습니다.

개념 체크

☑ 우리나라와 여러 나라와의 관계

우리나라는 여러 나라들과 서로 교류하며 상호 ❺ ㅇ ㅈ 관계를 맺고 있습니다.

우리나라는 지리적인 거리와 상관없이 세계 여러 나라와 교류하고 있어.
나라마다 환경이 달라서 서로 필요한 걸 주고받을 수 있겠다!

☑ 우리나라와 오스트레일리아

우리나라는 오스트레일리아로부터 소고기, ❻(자동차 / 철광석) 등을 수입합니다.

우리나라는 오스트레일리아에서 다양한 자원을 수입하고 있네.
대한민국에서 만든 자동차와 전자 제품이야.
오스트레일리아산 소고기와 철광석이야.

정답 ❺ 의존 ❻ 철광석

협약(協 화합할 협 約 맺을 약)
협상에 의하여 조약을 맺음.

개념 다지기

1. ❸ 우리나라와 가까운 나라들 (2)

천재교육

1 다음 자료를 통해 알 수 있는 것은 어느 것입니까? ( )

우리 국민과 결혼하여 우리나라에 거주하는 사람

62,104명 중국 1위
14,595명 일본 3위
1,664명 러시아 10위

[출처: 통계청, 2021.]

△ 국내 국적별 결혼 이민자 수(2020년)

① 이웃 나라 간의 교류가 점점 줄어들고 있다.
② 우리나라는 러시아에 수출을 가장 많이 한다.
③ 우리나라와 이웃 나라는 인적 교류를 하고 있다.
④ 이웃 나라 사람과 결혼을 하는 경우는 거의 없다.
⑤ 우리나라는 이웃 나라와 물적 교류를 하지 않는다.

천재교육, 금성출판사, 김영사, 미래엔, 비상교과서, 비상교육, 아이스크림 미디어

2 나라 간의 공동의 문제에 대해 알맞게 말한 어린이를 쓰시오.

선아: 역사 왜곡 문제는 한 나라의 힘으로 해결할 수 있어.
철우: 공동의 문제를 해결하기 위해 이웃 나라와 협력할 필요는 없어.
민서: 우리나라는 미세 먼지 문제 해결을 위해 중국의 사막 지역에 나무를 심고 있어.

( )

11종 공통

3 다음과 같은 특징을 가진, 우리나라와 관계 깊은 나라를 보기에서 찾아 ○표를 하시오.

북아메리카 대륙에 있는 50개 주로 이루어진 나라로, 각종 자원이 풍부하여 농업, 상업, 첨단 산업 등 다양한 산업이 발달한 나라입니다.

보기
• 미국 • 인도 • 베트남

천재교육, 천재교과서, 교학사, 금성출판사, 김영사, 동아출판, 미래엔, 비상교과서, 비상교육, 아이스크림 미디어

4 다음 어린이의 설명에서 □ 안에 들어갈 알맞은 말은 어느 것입니까? ( )

사우디아라비아는 우리나라와 관계 깊은 나라로, 우리나라가 □을/를 수입하는 대표적인 나라야.

① 밀 ② 원유 ③ 과일
④ 철광석 ⑤ 반도체

11종 공통

5 우리나라와 세계 여러 나라의 교류에 대한 설명으로 알맞지 않은 것은 어느 것입니까? ( )

① 상호 의존 관계를 맺고 있다.
② 지리적으로 가까운 나라들하고만 무역을 한다.
③ 우리나라는 다른 나라들과 협약을 체결하기도 한다.
④ 나라 간의 활발한 교류로 서로에게 미치는 영향이 더욱 커지고 있다.
⑤ 나라마다 환경이 달라 서로 필요한 도움을 주고 받기 위해 교류를 한다.

천재교육, 천재교과서, 금성출판사, 미래엔, 비상교과서, 비상교육, 지학사

6 다음에서 설명하는 나라는 어디입니까? ( )

• 우리나라가 처음으로 자유무역협정(FTA)을 맺은 나라입니다.
• 우리나라에 구리, 과일 등을 수출합니다.

① 영국 ② 독일 ③ 칠레
④ 러시아 ⑤ 캐나다

Step 1 단원평가

[1~5] 다음은 개념 확인 문제입니다. 물음에 답하시오.

1 일본은 (세 / 네) 개의 큰 섬과 3,000개가 넘는 작은 섬들로 이루어졌습니다.

2 세계에서 영토가 가장 넓은 나라로, 아시아와 유럽에 걸쳐 있는 나라는 어디입니까?

( )

3 우리나라와 중국, 일본은 식사를 할 때 (젓가락 / 포크) 을/를 주로 사용한다는 점이 비슷합니다.

4 우리나라와 이웃 나라 대표들이 모여 다양한 문제를 논의하는 것은 (인적 / 정치적) 교류에 해당합니다.

5 우리나라가 소고기, 석탄, 철광석 등 다양한 자원을 수입하고 있는, 오세아니아 대륙에 속한 나라는 어디입니까? ( )

11종 공통

6 중국에 대해 알맞게 말한 어린이를 두 명 고르시오. (,)

① 진영: 우리나라의 북쪽에 있는 섬나라야.
② 예은: 주요 도시로는 상하이, 도쿄 등이 있어.
③ 운용: 대부분의 지역에서 냉대 기후가 나타나.
④ 희수: 세계적으로 인구가 많은 나라야.
⑤ 나현: 자원이 풍부하고 여러 가지 산업이 발달했어.

11종 공통

7 러시아와 관련 있는 사진으로 알맞지 않은 것은 어느 것입니까? ( )

①

[출처: 셔터스톡]
모스크바

②

[출처: 게티이미지]
우랄산맥

③

[출처: 셔터스톡]
베이징

④

시베리아 횡단 철도

11종 공통

8 일본에 대한 설명으로 알맞지 않은 것을 보기에서 찾아 기호를 쓰시오.

보기
㉠ 우리나라의 서쪽에 있습니다.
㉡ 화산과 지진 활동이 잦습니다.
㉢ 바다의 영향을 받아 습한 기후가 나타납니다.
㉣ 화산, 온천 등이 많아 관광 산업이 발달했습니다.

( )

천재교육, 천재교과서, 교학사, 동아출판

9 우리나라와 중국, 일본 문화의 비슷한 점으로 알맞은 것은 어느 것입니까? ( )

① 알파벳의 영향을 받았다.
② 빵과 스프를 주식으로 한다.
③ 사라판이라는 전통 의상을 입는다.
④ 불교문화의 영향으로 만들어진 절이 있다.
⑤ 식사를 할 때 끝이 뾰족한 젓가락을 사용한다.

11종 공통

10 다음 □ 안에 들어갈 알맞은 말을 쓰시오.

> 우리나라는 물건을 수입하거나 수출하는 등의 □을 통해 이웃 나라와 활발한 경제적 교류를 하고 있습니다.

( )

11종 공통

11 우리나라와 이웃 나라의 정치적 교류 사례로 알맞은 것은 어느 것입니까? ( )

① 이웃 나라에서 만들어진 드라마를 본다.
② 공부를 하기 위해 이웃 나라로 유학을 간다.
③ 이웃 나라 사람과 결혼하여 거주지를 옮긴다.
④ 우리나라 가수가 이웃 나라에 가서 공연을 한다.
⑤ 우리나라와 이웃 나라 대표가 정상 회담을 한다.

11종 공통

12 미국에 대해 알맞게 말한 어린이를 쓰시오.

국토가 넓고 크지만 지하자원이나 에너지 자원이 부족해.

동준

농업, 상업, 공업, 첨단 산업 등이 골고루 발달한 나라야.

가영

( )

천재교육, 천재교과서, 교학사, 금성출판사, 김영사, 동아출판, 비상교과서, 비상교육, 아이스크림 미디어, 지학사

13 다음 나라에 대한 설명으로 알맞은 것은 어느 것입니까? ( )

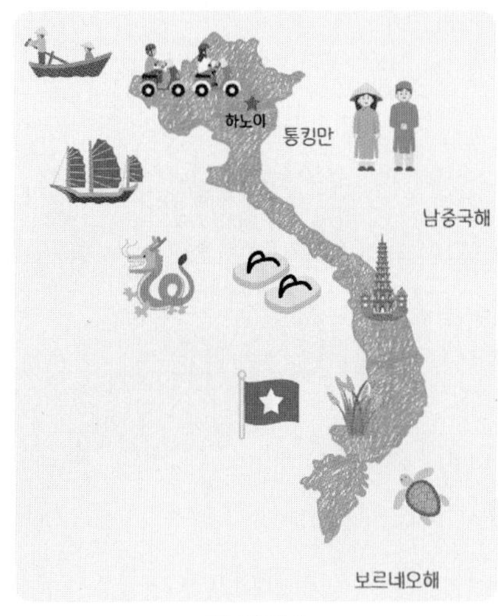

베트남

① 쌀을 많이 수출한다.
② 주로 한대 기후가 나타난다.
③ 노동력 부족 문제를 겪고 있다.
④ 한자의 영향을 받은 문자를 사용한다.
⑤ 우리나라와는 전혀 교류를 하지 않는다.

11종 공통

14 다음 밑줄 친 부분에 들어갈 말로 알맞은 것은 어느 것입니까? ( )

> 우리나라와 세계 여러 나라의 교류가 활발하게 이루어지는 까닭은 ______________ 서로 필요한 도움을 주고받을 수 있기 때문입니다.

① 나라마다 언어가 같아서
② 나라마다 기후가 같아서
③ 나라마다 환경이 달라서
④ 지역마다 인구 밀도가 달라서
⑤ 나라마다 생산하는 자원이 같아서

Step 2 서술형 평가

15 다음 지도를 보고 알 수 있는 중국의 자연환경의 특징을 쓰시오. 11종 공통

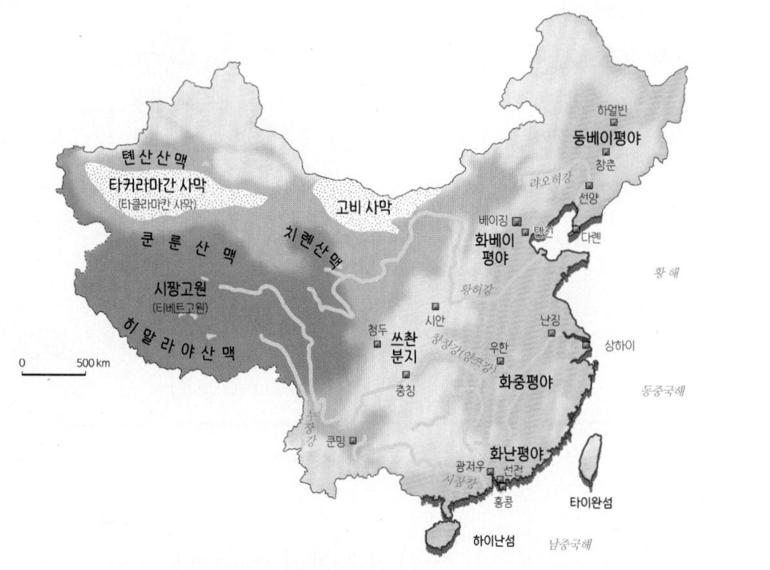

답 동쪽은 넓은 ❶ (　　　) 와 대도시, 서쪽에는 고원과 ❷ (　　　) 가 분포한다.

천재교육, 교학사, 금성출판사, 김영사, 동아출판, 미래엔, 비상교과서

16 러시아가 우리나라와 국경을 마주하고 있음에도 불구하고 유럽과 비슷한 생활 모습이 나타나는 까닭을 쓰시오.

11종 공통

17 다음 어린이들이 하는 말을 통해 알 수 있는 우리나라와 세계 여러 나라의 관계를 쓰시오.

지난 방학 때 부모님과 베트남 여행을 다녀왔어.

엄마와 마트에 가서 칠레산 포도를 사왔어.

우리 삼촌은 사우디아라비아에서 회사를 다니고 계셔.

서술형 가이드
어려워하는 서술형 문제! 서술형 가이드를 이용하여 풀어 봐!

15 중국은 동쪽에서 서쪽으로 갈수록 해발 고도가 (높아 / 낮아)집니다.

16 러시아는 ☐☐ 대륙의 나라들과 비슷한 생활 모습이 나타납니다.

17 우리나라는 세계 여러 나라와 (한 / 여러) 가지 분야에서 서로 교류하고 있습니다.

Step 3 수행평가

학습 주제 우리나라와 이웃 나라의 교류 모습

학습 목표 우리나라와 이웃 나라가 어떤 분야에서 교류하는지 알 수 있다.

[18~20] 다음은 우리나라와 이웃 나라의 교류 사례를 보여 주는 신문 기사입니다.

㉠ 한-러 상호 문화 교류의 해 맞아 문화 공연 열려

㉡ 중국과의 무역 규모 역대 최대치 기록

㉢ 일본 내 한국 근로자 수 전년보다 증가

㉣ 한·중·일 보건 장관 회의 서울에서 개최

18 위 ㉠~㉣ 중 인적 교류에 해당하는 것의 기호를 쓰시오. 천재교육, 아이스크림 미디어

( )

천재교육, 비상교과서, 비상교육

19 위 ㉠, ㉡ 중 다음 사례와 같은 분야의 교류 모습을 찾아 기호를 쓰시오.

> 고비 사막과 러시아 동부의 청정 에너지를 에너지 수요가 많은 한국, 중국, 일본으로 공급할 수 있도록 함께 연구하고 있습니다.

( )

20 위와 같이 오늘날 이웃 나라 간의 교류가 증가하고 있는 까닭을 쓰시오. 11종 공통

____

____

수행평가 가이드
다양한 유형의 수행평가!
수행평가 가이드를 이용해 풀어 봐!

우리나라와 이웃 나라의 교류

- 우리나라와 이웃 나라 사람들은 지리적 거리가 가까운 만큼 자주 오가며 긴밀한 관계를 맺고 있습니다.
- 이웃 나라 간에는 정치적·경제적·문화적·인적 교류 등 다양한 분야의 교류가 일어납니다.

각 나라의 발전과 이익을 위해 이웃 나라 간의 교류를 하고 있어.

1. 세계의 여러 나라들

점수

배점 표시가 없는 문제는 문제당 4점입니다.

1 지구, 대륙 그리고 국가들

11종 공통

1 다음 공간 자료에 대한 설명으로 알맞지 않은 것은 어느 것입니까? (   )

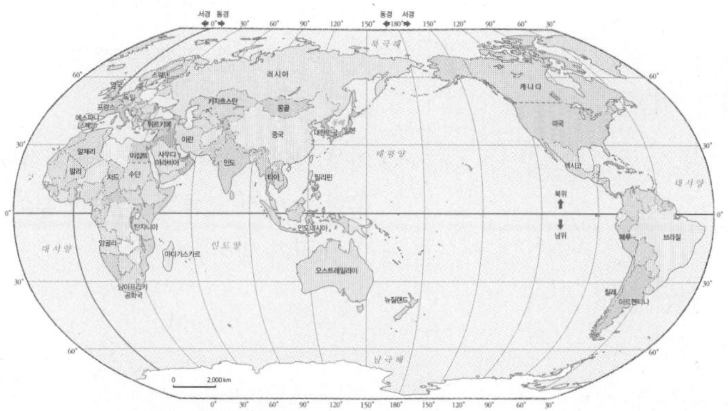

① 세계지도이다.
② 위선과 경선이 그려져 있다.
③ 둥근 지구를 평면으로 나타낸 것이다.
④ 세계 여러 나라의 위치를 한눈에 볼 수 있다.
⑤ 땅과 바다의 크기가 실제와 비슷하게 나타나 있다.

천재교육

2 디지털 영상 지도에서 마우스 오른쪽 단추를 눌러 이용할 수 있는 기능으로 알맞은 것은 어느 것입니까? (   )

① 출발지를 입력할 수 있다.
② 지도의 종류를 선택할 수 있다.
③ 지도를 확대하거나 축소할 수 있다.
④ 현재 지점의 위도와 경도를 알 수 있다.
⑤ 장소의 모습을 입체 영상으로 볼 수 있다.

11종 공통

3 다음에서 설명하는 대양을 쓰시오.

> 북극 주변에 있는 바다로 아시아, 유럽, 북아메리카 대륙에 둘러싸여 있습니다.

(   )

11종 공통

4 다음과 같은 경관을 볼 수 있는 대륙의 특징으로 알맞은 것은 어느 것입니까? [6점] (   )

브라질의 아마존강

페루의 마추픽추

① 대부분 남반구에 속해 있다.
② 가장 큰 섬인 그린란드를 포함한다.
③ 세계 인구의 절반 이상이 살고 있다.
④ 지구에서 가장 춥고 바람이 많이 분다.
⑤ 세계에서 가장 넓은 사막인 사하라 사막이 있다.

11종 공통

5 다음 대륙에 속한 나라를 모두 찾아 줄로 바르게 이으시오.

(1) 유럽 •
(2) 오세아니아 •
(3) 아시아 •

• ㉠ 영국
• ㉡ 일본
• ㉢ 중국
• ㉣ 프랑스
• ㉤ 키리바시

천재교과서, 교학사, 금성출판사, 김영사, 동아출판, 미래엔, 비상교과서, 비상교육, 지학사

6 다음 지도를 보고 ㉠, ㉡에 들어갈 말을 알맞게 짝 지은 것은 어느 것입니까? [6점] (　　　　)

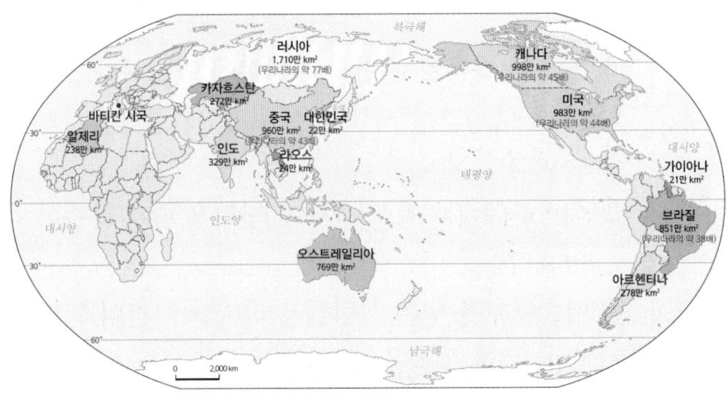

세계에서 영토 면적이 가장 넓은 나라는 [㉠]이며, 가장 좁은 나라는 [㉡]입니다.

	㉠	㉡
①	러시아	브라질
②	러시아	바티칸 시국
③	캐나다	알제리
④	캐나다	가이아나
⑤	오스트레일리아	인도

서술형·논술형 문제

천재교과서, 비상교과서

7 다음 나라들의 영토 모양의 공통적인 특징을 쓰시오. [8점]

• 체코　• 레소토　• 짐바브웨　• 탄자니아

____

____

2 세계의 다양한 삶의 모습

11종 공통

8 세계의 기후와 관련하여 다음 (　　) 안의 알맞은 말에 ○표를 하시오.

저위도 지역에서 고위도 지역으로 갈수록 태양열이 분산되어서 기온이 (높아 / 낮아)집니다.

11종 공통

9 다음 질문의 답이 될 수 없는 것은 어느 것입니까? (　　　　)

열대 기후 지역에서 주로 재배하는 작물은 무엇입니까?

① 얌　　② 카사바
③ 고무　　④ 바나나
⑤ 대추야자

11종 공통

10 건조 기후 지역에 대한 설명으로 알맞은 것은 어느 것입니까? (　　　　)

① 높은 나무나 기둥 위에 집을 짓는다.
② 강수량이 많고, 기온의 일교차가 작다.
③ 관개 시설을 설치해 농사를 짓기도 한다.
④ 초원 지역에서는 순록을 기르며 유목 생활을 한다.
⑤ 사막이 발달한 지역에서는 농사를 전혀 짓지 않는다.

11종 공통

11 다음과 같은 모습을 볼 수 있는 기후 지역은 어디입니까? (　　　　)

종이를 만드는 공장

울창한 침엽수림

① 열대 기후 지역
② 온대 기후 지역
③ 건조 기후 지역
④ 냉대 기후 지역
⑤ 한대 기후 지역

서술형·논술형 문제

11종 공통

12 다음은 어떤 기후에 대한 설명입니다. [총 10점]

- 높은 산지가 있는 지역에서 나타납니다.
- 해발 고도가 높을수록 기온이 점점 낮아집니다.

(1) 위에서 설명하는 기후를 쓰시오. [3점]

( ) 기후

(2) 위 (1)번 답의 기후 지역의 생활 모습을 한 가지만 쓰시오. [7점]

천재교과서, 금성출판사, 김영사, 동아출판, 비상교과서, 비상교육, 아이스크림 미디어, 지학사

13 열대 기후 지역에서 다음과 같은 집을 짓고 생활하는 까닭은 무엇입니까? ( )

① 더위와 해충을 막기 위해
② 모래바람이 자주 불기 때문에
③ 이동 생활을 많이 하기 때문에
④ 유럽 문화가 많이 유입되었기 때문에
⑤ 얼었던 땅이 녹을 때 건물이 무너지지 않게 하기 위해

11종 공통

14 세계 여러 나라의 다양한 생활 모습으로 알맞지 않은 것을 보기에서 두 가지 찾아 기호를 쓰시오. [6점]

보기
㉠ 영국의 자동차 운전석은 왼쪽에 있습니다.
㉡ 힌두교를 믿는 사람들은 돼지고기를 먹지 않습니다.
㉢ 에스파냐에는 점심 식사 후 낮잠을 자는 풍습이 있습니다.
㉣ 이슬람교를 믿는 사람들은 라마단 기간이 되면 낮에 물과 음식을 먹지 않습니다.

(,)

3 우리나라와 가까운 나라들

[15~16] 다음은 우리나라와 이웃한 나라입니다.

11종 공통

15 위 나라의 이름을 쓰시오.

( )

11종 공통

16 위 나라에 대한 설명으로 알맞은 것은 어느 것입니까? ( )

① 우리나라의 남쪽에 있다.
② 영토가 남북으로 길게 뻗어 있다.
③ 대부분의 인구가 동부 지역에 모여 있다.
④ 대부분의 지역에서 열대 기후가 나타난다.
⑤ 풍부한 자원을 바탕으로 한 산업이 발달했다.

천재교과서, 금성출판사, 김영사, 동아출판, 미래엔, 지학사

17 중국의 전통 의상으로 알맞은 것은 어느 것입니까?

(   )

① 
기모노

② 
한복

③ 
사라판

④ 

치파오

11종 공통

18 다음은 우리나라와 이웃 나라가 어느 분야에서 교류하는 모습인지 보기 에서 찾아 쓰시오.

한·중·일 보건 장관 회의

보기
• 문화 • 정치 • 경제

(   )

서술형·논술형 문제 천재교육, 천재교과서, 교학사, 금성출판사, 김영사, 동아출판, 미래엔, 비상교과서, 비상교육, 아이스크림 미디어

19 다음 지도에서 색칠된 나라와 우리나라와의 관계를 쓰시오. [8점]

____

____

천재교육, 천재교과서, 교학사, 김영사, 동아출판, 미래엔, 비상교육

20 다음 □ 안에 공통으로 들어갈 나라는 어디입니까?

(   )

우리나라의 소고기 수입 (2020년 1분기 기준)

나라	수입량
미국	228,686
□	158,293
뉴질랜드	17,672
멕시코	7,374
캐나다	6,032
기타	1,412

합계 419,469
단위: 톤

[출처: 한국 육류 유통 수출 협회, 2021.]

우리나라는 □로부터 소고기, 석탄, 철광석, 알루미늄과 같은 자원을 수입하고, 자동차, 석유 화학 제품, 전자 제품 등의 공업 제품을 수출하고 있습니다.

① 칠레
② 베트남
③ 이탈리아
④ 에티오피아
⑤ 오스트레일리아

한눈에 보는 자료 속 용어 쏙

기후에 따른 사람들의 생활 모습

기후

| 기운 기 氣 | 기후 후 候 |

한 지역에서 여러 해에 걸쳐 일정하게 나타나는 평균적인 날씨

냉대 기후

펄프 공업이 발달함.

온대 기후

지중해 주변 지역에서는 올리브를 많이 재배함.

열대 기후

바나나 등의 열대 작물을 대규모로 재배함.

한대 기후

순록을 기르는 유목 생활을 함.

건조 기후

오아시스 주변에서 농사를 지음.

1
단원

이웃 나라의 자연환경과 인문환경

러시아

유럽과 아시아 대륙의 경계가 되는 우랄산맥

세계 여러 나라에 수출되는 천연가스

우리나라는 중국, 일본, 러시아와 국경을 마주하고 있습니다.

국경 | 나라 국 國 | 지경 경 境 |
나라와 나라의 영역을 가르는 경계

중국

동부 지역 바닷가의 주요 항구 도시인 상하이

일본

화산 활동의 영향으로 발달한 온천

중국의 대표 건축물인 만리장성 [출처: 셔터스톡]

연관 학습 안내

초등 5학년 1학기	초등 6학년	중학교
우리 국토의 영역 우리나라의 영역을 알아보고 우리 국토를 소중하게 생각해요.	**통일 한국의 미래** 독도를 지키려는 노력을 알아보고 통일 한국의 모습을 그려 보아요.	**우리나라의 영역** 독도가 지닌 중요성을 파악하고, 독도를 지키려는 노력을 실천해요.

2 통일 한국의 미래와 지구촌의 평화

단원 안내

❶ 한반도의 미래와 통일
❷ 지구촌의 평화와 발전
❸ 지속가능한 지구촌

이어서 개념 웹툰

독도의 중요성 / 독도를 지키려는 노력

개념 체크

개념① 독도의 위치와 중요성

1. 독도의 위치

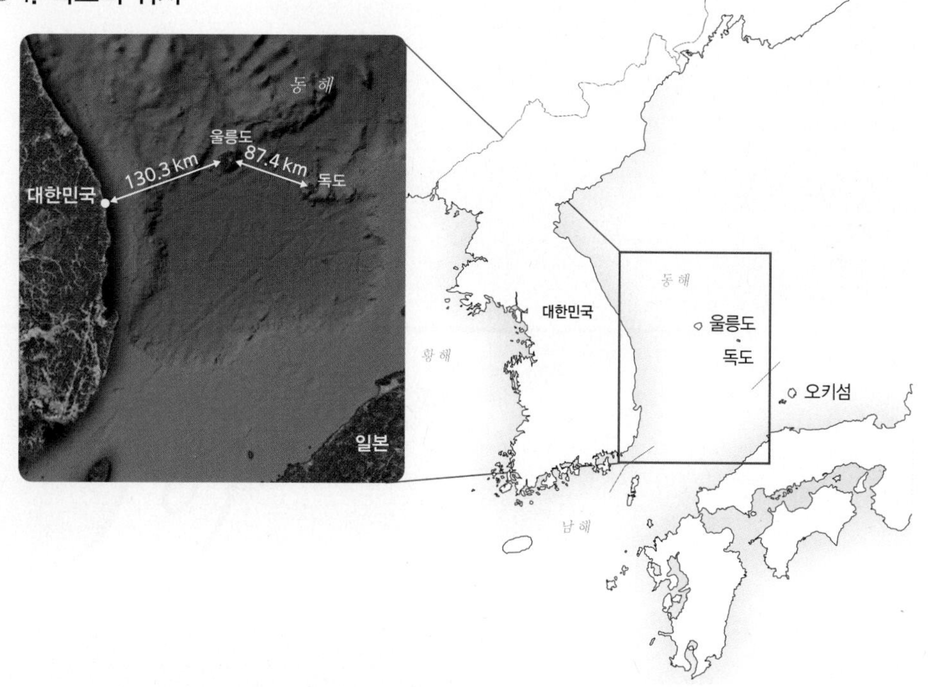

① 우리나라 영토의 동쪽 끝에 있는 섬으로, 동도와 서도 두 개의 큰 섬과 89개의 작은 바위섬으로 이루어져 있습니다.

② 대략 북위 37°, 동경 132°에 있으며 행정구역상 경상북도 울릉군 울릉읍에 속합니다.

③ 동해상에서 태평양으로 이어지는 선박의 항로뿐만 아니라 항공 교통과 방어 기지로서도 중요한 위치에 있습니다.

2. 울릉도와 일본 오키섬에서 독도까지의 거리 비교: 울릉도에서 독도까지의 거리는 87.4km이고, 일본의 오키섬에서 독도까지의 거리는 157.5km입니다.

➡ 독도는 일본의 오키섬보다 울릉도와 더 가깝습니다.

└→ 울릉도에서 배를 타면 독도까지 1시간 30분 정도 걸리며, 날씨가 맑은 날에는 울릉도에서 독도를 맨눈으로 볼 수 있습니다.

내 교과서 살펴보기 / **아이스크림 미디어, 지학사**

독도의 옛 이름

- 강치(가지어)가 많이 산다고 해서 붙여진 '가지도'
- 울릉도에 사는 사람들이 불렀던 '돌섬'의 사투리인 '독섬'
- 옛날 울릉도에 있었던 우산국이라는 나라에서 비롯된 '우산도'

☑ 독도의 위치

독도는 우리나라 영토의 ❶ [ㄷ] 쪽 끝에 있는 섬입니다.

☑ 독도와 주변 섬과의 거리 비교

독도는 일본의 오키섬보다 울릉도와 더 ❷(멉니다 / 가깝습니다).

정답 ❶ 동 ❷ 가깝습니다

항로(航 배 항 路 길 로) 선박이 지나다니는 바닷길

개념 체크

3. 독도의 자연환경과 중요성

① 독도는 화산 활동으로 생긴 화산섬입니다.

② 독도는 독특한 지형과 모습을 지녔으며, 여러 종류의 동식물이 서식하는 생태계의 보고입니다. ➡ 우리나라는 독도를 천연기념물 제336호로 지정해 보호하고 있습니다.

→ 예 섬기린초, 독도 사철나무, 괭이갈매기

[출처: 뉴스뱅크]
탕건봉

[출처: 뉴스뱅크]
코끼리 바위

[출처: 뉴스뱅크]
천장굴

③ 독도 주변 바다는 차가운 바닷물과 따뜻한 바닷물이 만나는 곳으로, 먹이가 풍부해 여러 해양 생물이 살기 좋은 환경입니다.

→ 조경 수역

④ 독도 주변 바다에는 메탄 하이드레이트, 해양 심층수 등의 자원이 많아 경제적 가치가 높습니다.

→ 깊은 바닷속에 있는 물로, 미네랄과 같은 영양소가 풍부하고 깨끗함.

내 교과서 살펴보기 / **동아출판, 미래엔, 아이스크림 미디어, 지학사**

독도의 기후 → 독도의 연평균 기온은 약 12℃, 연평균 강수량은 약 1,383mm입니다.

- 독도는 동해의 영향으로 기온이 온화합니다.
- 독도는 안개가 자주 끼고 흐린 날이 많으며, 겨울에 눈이 많이 내립니다.

개념 2 독도에 대한 옛 기록과 지도

1. 우리나라의 옛 기록과 지도

→ 우리나라 옛 지도 중 독도가 그려진 가장 오래된 지도입니다.

『세종실록』 「지리지」 (1454년)	『신증동국여지승람』 「팔도총도」 (1531년)	「대한 제국 칙령 제41호」 (1900년)
[출처: 서울대학교 규장각 한국학 연구원]	[출처: 서울대학교 규장각 한국학 연구원]	[출처: 서울대학교 규장각 한국학 연구원]
울릉도(무릉)와 독도(우산)가 강원도에 속한 섬이라고 기록했음.	동해에 울릉도와 독도(우산도) 두 섬을 함께 그렸음.	독도(석도)를 울릉도(울도군) 관할로 두었음.

☑ 독도의 자연환경

독도는 여러 종류의 동식물이 서식하는 ❸ ㅅ ㅌ ㄱ 의 보고입니다.

이 나무가 천연기념물로 지정된 독도 사철나무래.
쉬이익
저기 괭이갈매기도 날아온다!

☑ 독도의 자원

독도 주변 바다의 밑바닥에는 메탄 ❹ ㅎ ㅇ ㄷ ㄹ ㅇ ㅌ 가 묻혀 있습니다.

메탄 하이드레이트는 바다 밑바닥에 묻혀 있어. 그건 그냥 햇살에 부서지는 파도라고.

정답 ❸ 생태계 ❹ 하이드레이트

용어 사전

메탄 하이드레이트
천연가스와 물이 결합한 고체 에너지 물질로, 불을 붙이면 타는 성질이 있음.

관할(管 주관할 관 轄 다스릴 할)
권한을 가지고 통제하거나 지배하는 범위

개념 체크

2. 다른 나라의 옛 기록과 지도

「삼국접양지도」(1785년)	일본의 지리학자가 그린 지도로, 울릉도와 독도를 우리나라와 같은 노란색으로 칠하고 '조선의 것'이라고 썼음.
「태정관 지령」(1877년)	일본 정부가 울릉도(죽도)와 독도(일도)가 일본 영토가 아니라고 지시를 내렸음.
「대일본전도」(1877년)	일본이 공식적으로 만든 지도로, 주변 섬들을 포함해 일본 영토를 자세히 그렸지만 독도는 나타나 있지 않음.
「연합국 최고 사령관 각서 제677호」(1946년)	독도를 일본의 관할 지역에서 제외한다는 내용을 발표하고, 부속 지도에서 독도를 우리나라의 영토로 표시했음.

독도에 대한 옛 기록

일본이 1877년 공식적으로 만든 지도인 「대일본전도」에는 독도가 나타나 ❺(있습니다 / 있지 않습니다).

아무리 찾아봐도 독도가 없잖아. 왜 자꾸 자기네 땅이었다고 우기는 거야?
대일본전도 (1877년)
으윽!!

개념 3 독도를 지키기 위한 노력

1. 독도를 지키기 위한 옛날 사람들의 노력

① 신라 시대에 이사부가 우산국을 정복했다는 기록이 있습니다.

② 조선 시대에 안용복이 독도 주변에서 어업을 하는 일본 어부들을 쫓아내고 독도가 우리나라 땅임을 확인받았다는 기록이 있습니다.

내 교과서 살펴보기 / **천재교과서, 동아출판, 비상교과서, 지학사**

독도를 지키기 위해 노력한 사람들

- 독도 의용 수비대: 6·25 전쟁 당시 울릉도의 청년들이 의용 수비대를 조직해 혼란을 틈타 독도를 불법 침범하는 일본을 여러 차례 막아 냈습니다.
- 최종덕: 독도 최초의 주민으로, 1981년 독도로 주민 등록을 옮긴 후 가족과 함께 독도에 살며 독도가 우리나라 사람이 사는 우리나라 영토임을 알리는 데 큰 역할을 했습니다.

2. 독도를 지키기 위한 오늘날의 노력

→ 우리는 독도를 알리기 위해 홍보 포스터를 만들거나 독도와 관련된 캐릭터를 만들 수 있습니다.

정부	• 독도와 관련한 각종 법령을 시행함. • 독도에 경찰이 머무르게 하여 독도를 지키도록 함. • 독도에 거주하는 사람들을 위한 주민 숙소, 등대 등의 시설을 설치함. • 외교부에서는 독도 누리집을 만들어 독도에 관한 자료를 제공하고 있음.  [출처: 연합뉴스] ▲ 독도에 설치된 등대
민간단체	독도를 세계에 알리고, 독도를 잘못 소개한 정보나 자료를 찾아 수정을 요구함. 예 사이버 외교 사절단 반크 → 전 세계에 대한민국의 해양 영토를 올바르게 알리고자 영문으로 '한국 해양 지도'를 제작해 배포했습니다.

독도를 지키기 위한 노력

신라 시대에 ❻ ㅇ ㅅ ㅂ 가 우산국을 정복했다는 기록이 있습니다.

나는 신라 시대의 이사부! 우산국을 정복했지!
하하

정답 ❺ 있지 않습니다 ❻ 이사부

용어 사전

- 정복(征 칠 정 服 입을 복) 다른 나라나 민족을 무력으로 복종시키는 것
- 침범(侵 침노할 침 犯 범할 범) 남의 영토나 권리, 재산 등을 빼앗는 것

개념 다지기

11종 공통

1 다음에서 설명하는 우리나라 영토의 이름을 쓰시오.

- 우리나라 영토의 동쪽 끝에 있는 섬입니다.
- 동도와 서도 두 개의 큰 섬과 89개의 작은 바위 섬으로 이루어져 있습니다.

(　　　　　　　　)

11종 공통

2 다음 위도와 경도를 이용한 독도의 위치에서 ㉠, ㉡에 들어갈 말이 알맞게 짝 지어진 것은 어느 것입니까? (　　　)

독도는 대략 [㉠] 37°, [㉡] 132°에 있습니다.

	㉠	㉡		㉠	㉡
①	북위	동경	②	남위	동경
③	북위	서경	④	적도	서경
⑤	남위	서경			

11종 공통

3 다음 동식물에 대한 설명으로 알맞은 것에 ○표를 하시오.

• 섬기린초　• 괭이갈매기　• 독도 사철나무

(1) 독도에서 볼 수 있는 동식물입니다. (　　　)

(2) 과거에 독도에서 살았지만 지금은 볼 수 없습니다. (　　　)

11종 공통

4 독도에서 볼 수 있는 각 지형을 찾아 바르게 줄로 이으시오.

(1) 천장굴 •　　　• ㉠ 

(2) 탕건봉 •　　　• ㉡ 

(3) 코끼리 바위 •　　　• ㉢ 

11종 공통

5 울릉도(무릉)와 독도(우산)가 강원도에 속한 섬이라고 적힌 우리나라의 옛 기록은 무엇입니까? (　　　)

① 「대일본전도」
② 「태정관 지령」
③ 『세종실록』「지리지」
④ 「대한 제국 칙령 제41호」
⑤ 『신증동국여지승람』「팔도총도」

11종 공통

6 독도를 지키기 위해 다음과 같은 일을 했던 사람은 누구입니까? (　　　)

조선 시대에 독도 주변에서 어업을 하는 일본 어부들을 쫓아내고 독도가 우리나라 땅임을 확인 받았습니다.

① 이사부　② 안용복
③ 최종덕　④ 독도 의용 수비대
⑤ 사이버 외교 사절단 반크

남북통일의 필요성 / 통일을 위한 노력

개념 ① 남북통일의 필요성

1. 우리나라의 상황

① 광복 이후 38도선을 경계로 대한민국 정부와 북한 정권이 각각 수립되었습니다.
② 6·25 전쟁을 겪으면서 분단이 더욱 굳어졌습니다.
③ 그로부터 70여 년의 시간이 흐르면서 남한과 북한은 여러 가지 어려움을 겪고 있습니다.

휴전선 부근을 경비하고 있는 우리나라 군인

2. 남북 분단의 문제점

이산가족 문제	분단이 지속되면서 이산가족이 오랫동안 만나지 못하고 있음.
문화의 차이 발생	언어와 생활 모습 등 남북한 문화의 차이가 더욱 벌어지고 있음.
경제적 손실	군사적으로 남북한 모두 막대한 국방비를 부담하고 있음.
전쟁에 대한 불안감	주변 국가에 전쟁에 대한 불안감을 조성해 세계 평화에 부정적 영향을 미침.

내 교과서 살펴보기 / **천재교과서, 동아출판, 비상교과서, 비상교육, 아이스크림 미디어**

같은 의미를 가진 남북한의 언어

남한	날씨	팝콘	빙수	도시락	단짝	이해하다
북한	날거리	강냉이튀기	단얼음	곽밥	딱친구	료해하다

3. 남북통일이 필요한 까닭 (중요)

이산가족 문제 해결	남북한이 통일을 하면 이산가족의 아픔을 치유할 수 있음.
민족의 동질성 회복	• 남북 간의 문화적 차이를 극복해 민족의 동질성을 회복함. • 남북한이 힘을 합쳐 역사 유적지를 관리하고 전통문화를 함께 발전시킬 수 있음.
경제 성장	• 분단에 의한 국방비와 경제적 비용을 줄일 수 있음. • 북한의 풍부한 자원, 남한의 앞선 기술과 자본을 결합해 경제가 성장할 수 있음.
세계 평화에 이바지	분단국가라는 불안감을 해소해 세계 평화에 이바지함.

국방비가 줄어들면 남은 비용을 국민의 삶의 질을 높이는 데 사용할 수 있습니다.

개념 체크

☑ 남북 분단의 문제점

남북한의 분단이 오랜 시간 지속되면서 ❶ [ㅇ][ㅅ][ㄱ][ㅈ]이 서로 만나지 못하고 있습니다.

갑자기 헤어져서 몇십 년 동안 만나지 못했다니 너무 슬퍼.
훌쩍
으앙~

☑ 남북통일이 필요한 까닭

통일이 되면 분단에 의해 발생하는 ❷ [ㄱ][ㅂ][ㅂ]와 경제적 비용을 줄일 수 있습니다.

통일이 되니까 국방비가 줄어서 돈이 남아. 이 돈을 국민들의 삶의 질 향상에 쓸 수 있겠어!

2040년

정답 ❶ 이산가족 ❷ 국방비

용어 사전

동질성(同 같을 동 質 바탕 질 性 성품 성) 사람이 똑같이 가지고 있는 성질이나 특성

개념 2 남북통일을 위한 노력

1. 통일을 위한 정치적 노력

7·4 남북 공동 성명 (1972년)	• 남북 정치 교류의 시작이 되었음. • 최초로 통일에 관하여 합의하고 발표했음.
남북 기본 합의서 채택 (1991년)	남북 화해, 교류, 협력 등의 내용이 담긴 남북 기본 합의서를 채택했음.
6·15 남북 공동 선언 (2000년)	남북한 정상이 만나 회담 후 남북 간 교류 활성화와 통일 방안에 관해 발표했음. → 남북 정상은 2000년, 2007년, 2018년에 만났습니다.

내 교과서 살펴보기 / **동아출판**

판문점 선언(2018년)의 주요 내용
- 군사적 긴장 상태를 완화하고 전쟁의 위험을 해소하기 위해 노력한다.
- 남북 관계의 전면적이며 획기적인 개선 및 발전으로 공동 번영과 자주 통일을 앞당긴다.

2. 통일을 위한 경제적 노력

금강산 관광(1998년)	2008년까지 10여 년 동안 금강산 관광이 운영되었음.
경의선 및 동해선 철도·도로 연결 착공식(2002년)	끊어진 철도와 도로를 연결하고 낡은 시설을 개선하려는 노력을 계속하고 있음.
개성 공업 지구 운영 (2005년)	남한의 자본과 기술력에 북한의 노동력이 결합한 경제 협력 사례로, 2016년까지 운영되었음.

3. 통일을 위한 사회·문화적 노력 → 평창 동계 올림픽 대회에서 남북한 선수가 함께 입장하기도 했습니다.

첫 남북 이산가족 상봉 (1985년)	서울과 평양에서 첫 남북 이산가족이 만난 이후 2018년까지 28차례 직접 혹은 화상으로 만났음.
남북 평화 협력 합동 공연 (2018년)	남북한 예술단이 함께 한반도의 평화를 기원하는 음악회와 공연을 했음.

6·15 남북 공동 선언

금강산 관광

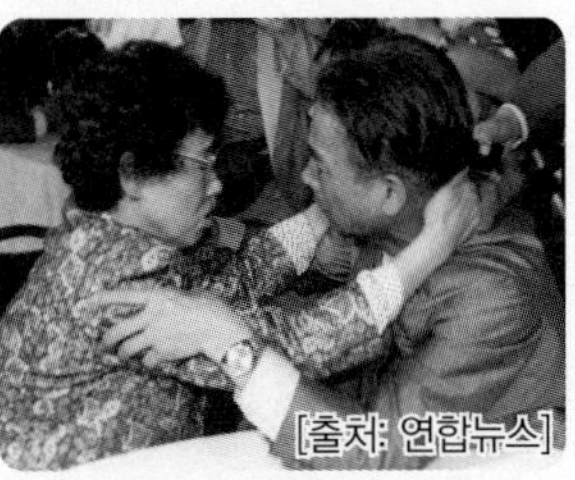

남북 이산가족 상봉

☑ 통일을 위한 정치적 노력

7·4 남북 ❸ ㄱ ㄷ ㅅ ㅁ 에서 최초로 통일에 관하여 합의하고 발표했습니다.

☑ 통일을 위한 경제적 노력

1998년부터 10여 년 동안 남북한 간에 ❹ ㄱ ㄱ ㅅ 관광이 운영되었습니다.

정답 ❸ 공동 성명 ❹ 금강산

착공(着 붙을 착 工 장인 공) 공사를 시작함.

상봉(相 서로 상 逢 만날 봉) 서로 만남.

2 단원

개념 ③ 통일 한국의 모습

1. 통일 한국의 미래상

① 세계의 평화와 발전을 이끕니다.
② 이산가족이 서로 만나고 고향에 갈 수 있습니다.
③ 고구려와 발해의 역사 유적지를 방문할 수 있습니다.
④ 국토의 자원을 효율적으로 활용해 경제가 성장합니다. → 남한의 기술과 북한의 지하자원을 활용할 수 있습니다.
⑤ 시베리아 횡단 열차를 타고 유럽으로 여행을 갈 수 있습니다.

2. 통일 한국의 모습 상상하기 예 통일 지도

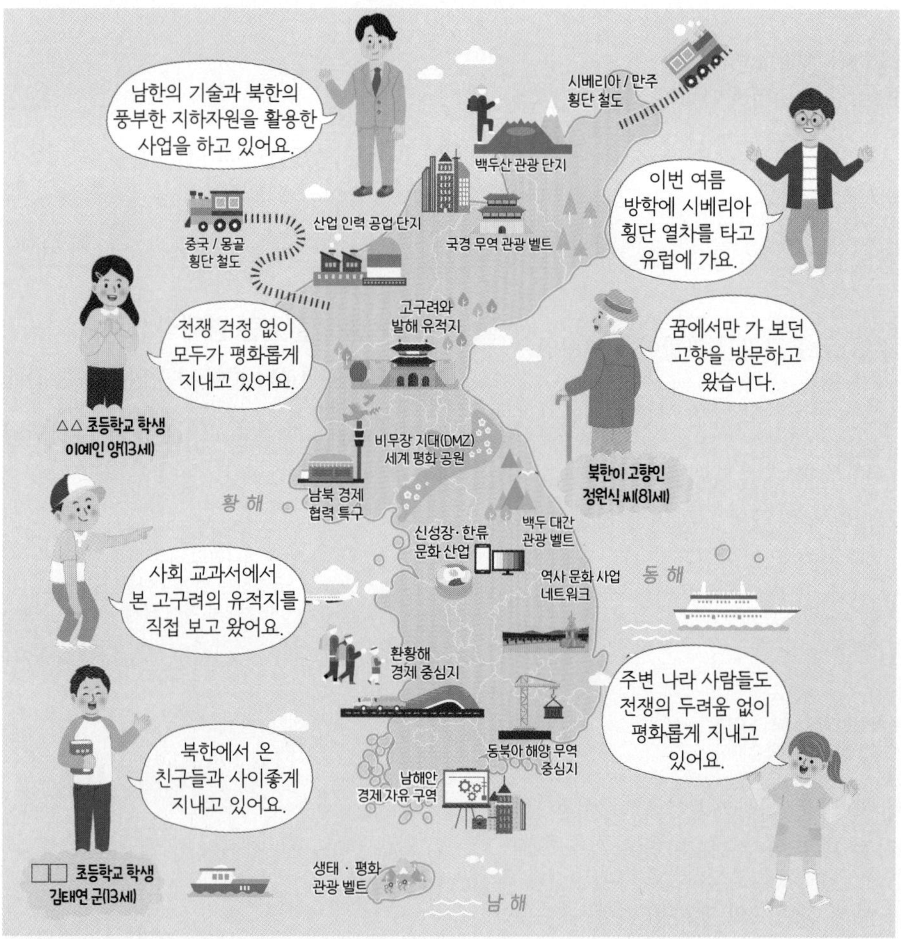

내 교과서 살펴보기 / **천재교육, 천재교과서, 교학사, 금성출판사, 김영사, 동아출판, 미래엔, 비상교육**

비무장 지대(DMZ)

- 남북한의 군사적 충돌을 막기 위해 군사 시설이나 인원을 배치하지 않은 지역입니다.
- 휴전선으로부터 남북으로 각각 2km씩 총 4km입니다.
- 오랫동안 사람의 발길이 닿지 않은 자연 그대로의 생태 환경을 지닌 지역이자 통일의 꿈을 품은 지역입니다.

[출처: 뉴스뱅크]

☑ 통일 한국의 모습

통일이 되면 한국은 국토의 자원을 효율적으로 활용해 ❺ ㄱ ㅈ 가 더욱 성장할 수 있게 됩니다.

남한은 기술이 좋지만 지하자원이 부족해.
북한은 지하자원이 많지만 기술이 부족하지.
통일이 되면 완벽해지겠네~

☑ 통일의 좋은 점

통일이 되면 육로 교통이 아시아를 넘어 ❻ ㅇ ㄹ 까지 연결됩니다.

통일이 됐으니 우리도 이 자전거로 유럽까지 가 보자!
그냥 버스나 기차로 가면 안 돼?

정답 ❺ 경제 ❻ 유럽

- 횡단(橫 가로 횡 斷 끊을 단): 대륙이나 대양 등을 동서의 방향으로 가로 건넘.
- 생태(生 날 생 態 모양 태): 생물이 살아가는 모양이나 상태

개념 다지기

2. ❶ 한반도의 미래와 통일 (2)

11종 공통

1 다음 □ 안에 들어갈 알맞은 말을 쓰시오.

> 우리나라는 광복 이후 □을 경계로 대한민국 정부와 북한 정권이 각각 수립되면서 남북이 분단되었습니다.

(   )

11종 공통

2 오늘날 남북 분단의 문제점을 잘못 말한 어린이를 쓰시오.

> 현지: 남북한 모두 경제적으로 손실이 커.
> 민재: 남북한 문화의 차이가 사라지고 있어.
> 선우: 전쟁에 대한 불안감이 조성되고 있어.
> 누리: 이산가족이 오랫동안 만나지 못하고 있어.

(   )

11종 공통

3 남북통일이 필요한 까닭으로 알맞은 것을 두 가지 고르시오. (,   )

① 더 많은 국방비를 쓸 수 있다.
② 민족의 동질성을 회복할 수 있다.
③ 이산가족 문제를 해결할 수 있다.
④ 전 세계에 강력한 군사력을 자랑할 수 있다.
⑤ 항공과 선박을 이용해 전 세계로 갈 수 있다.

11종 공통

4 다음 □ 안에 들어갈 말로 알맞은 것은 어느 것입니까? (   )

> 남북 정치 교류의 시작이었던 □에서는 최초로 통일에 관하여 합의하고 발표했습니다.

① 3·9 남북 공동 성명
② 7·4 남북 공동 성명
③ 6·15 남북 공동 선언
④ 9·20 남북 공동 선언
⑤ 12·13 남북 기본 합의서 채택

11종 공통

5 통일을 위한 사회·문화적 노력으로 알맞은 것을 보기 에서 찾아 기호를 쓰시오.

> **보기**
> ㉠ 남북 이산가족 상봉
> ㉡ 남북 기본 합의서 채택
> ㉢ 경의선 및 동해선 철도·도로 연결 착공

(   )

11종 공통

6 다음 □ 안에 들어갈 지역으로 알맞은 곳은 어디입니까? (   )

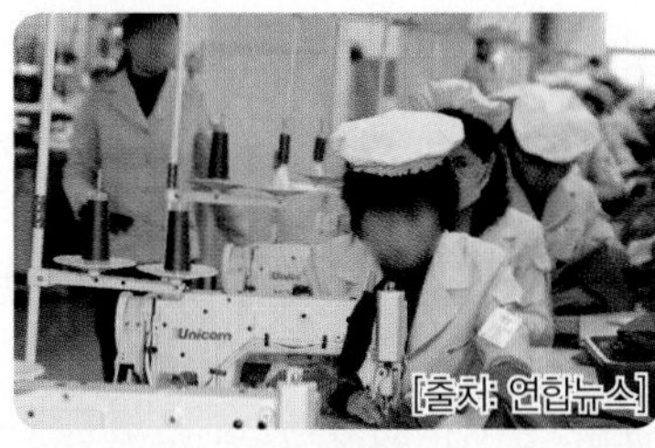

[출처: 연합뉴스]

> 통일을 위한 남북의 노력 중 □ 공업 지구는 남한의 자본과 기술력에 북한의 노동력이 결합했던 경제 협력 사례입니다.

① 원산　② 평양　③ 개성
④ 신의주　⑤ 금강산

Step 1 단원평가

[1~5] 다음은 개념 확인 문제입니다. 물음에 답하시오.

1 독도와의 거리가 더 가까운 곳은 (우리나라의 울릉도 / 일본의 오키섬)입니다.

2 독도는 (화산 / 지진) 활동으로 만들어진 섬입니다.

3 신라 시대에 (안용복 / 이사부)이/가 우산국을 정복했다는 기록이 있습니다.

4 남북 분단이 지속되면서 오랜 세월 동안 가족과 만나지 못하고 있는 사람들은 누구입니까?

( )

5 2018년에 있었던 남북 평화 협력 합동 공연은 통일을 위한 (경제 / 사회·문화)적 노력입니다.

11종 공통

6 독도에 대한 설명으로 알맞지 않은 것은 어느 것입니까? ( )

① 우리나라의 서쪽 끝에 있다.
② 대략 북위 37°, 동경 132°에 있다.
③ 선박의 항로로서 중요한 역할을 한다.
④ 두 개의 큰 섬과 작은 바위섬들로 이루어져 있다.
⑤ 맑은 날에는 울릉도에서 독도를 맨눈으로 볼 수 있다.

11종 공통

7 독도의 자연환경에 대한 설명으로 알맞지 않은 것은 어느 것입니까? ( )

① 독특한 지형과 모습을 지니고 있다.
② 해양 생물의 먹이가 풍부한 환경이다.
③ 주변 바다 밑바닥에는 석유가 묻혀 있다.
④ 독도 사철나무, 섬기린초 등을 볼 수 있다.
⑤ 독도 주변 바다는 조경 수역을 형성하고 있다.

동아출판, 미래엔, 아이스크림 미디어, 지학사

8 독도의 기후에 대해 바르게 말한 어린이를 쓰시오.

> 미진: 맑은 날이 많아.
> 은영: 겨울에는 눈이 많이 내려.
> 세현: 동해의 영향으로 늘 추운 편이야.

( )

11종 공통

9 1531년 동해에 울릉도와 독도를 함께 그려 제작된 오른쪽 지도의 이름은 무엇입니까? ( )

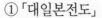

① 「대일본전도」
② 「태정관 지령」
③ 『세종실록』 「지리지」
④ 「대한 제국 칙령 제41호」
⑤ 『신증동국여지승람』 「팔도총도」

11종 공통

10 사이버 외교 사절단 반크가 독도를 지키기 위해 주로 하는 활동으로 알맞은 것은 어느 것입니까? (　　　　)

① 독도의 어종을 연구한다.
② 독도 영해와 영공을 수호한다.
③ 독도에 머무르며 독도를 지킨다.
④ 독도를 잘못 소개한 자료를 바로잡는다.
⑤ 독도를 천연기념물로 지정하기 위한 캠페인을 한다.

11종 공통

11 다음 이야기와 관련된 남북 분단의 문제점은 무엇입니까? (　　　　)

> 민서: 우리 반에는 북한에서 온 친구가 있어요. 이야기를 나누다 보면 다른 언어를 사용하는 것처럼 소통이 어려울 때가 있어 안타까워요.

① 이산가족 문제
② 경제적 손실 발생
③ 문화의 차이 발생
④ 전쟁에 대한 불안감
⑤ 세계 평화에 부정적인 영향

11종 공통

12 다음은 남북 통일을 위한 정치적 노력입니다. 일어난 순서대로 기호를 쓰시오.

> ㉠ 7·4 남북 공동 성명
> ㉡ 6·15 남북 공동 선언
> ㉢ 남북 기본 합의서 채택

(　　　　　) → (　　　　　) → (　　　　　)

11종 공통

13 다음 설명과 관련하여 남북이 통일을 위해 기울인 노력은 어느 것입니까? (　　　　)

> 남과 북은 끊어진 육로를 연결하고 낡은 시설을 개선하려는 노력을 계속하고 있습니다.

①

금강산 관광

경의선 및 동해선 철도·도로 연결 착공식

③

남북 이산가족 상봉

④
개성 공업 지구 운영

천재교육, 천재교과서, 교학사, 금성출판사, 김영사, 동아출판, 미래엔, 비상교육

14 다음 지역에 대한 설명으로 알맞지 않은 것은 어느 것입니까? (　　　　)

비무장 지대(DMZ)

① 군사 시설이 배치되지 않았다.
② 자연 그대로의 생태 환경을 지니고 있다.
③ 오랫동안 사람의 발길이 닿지 않은 지역이다.
④ 남북한의 군사적 충돌을 막기 위해 설치했다.
⑤ 휴전선으로부터 남북으로 각각 20km씩 총 40km이다.

Step 2 서술형 평가

15 다음은 독도의 자연환경에 대해 조사한 내용입니다. 11종 공통

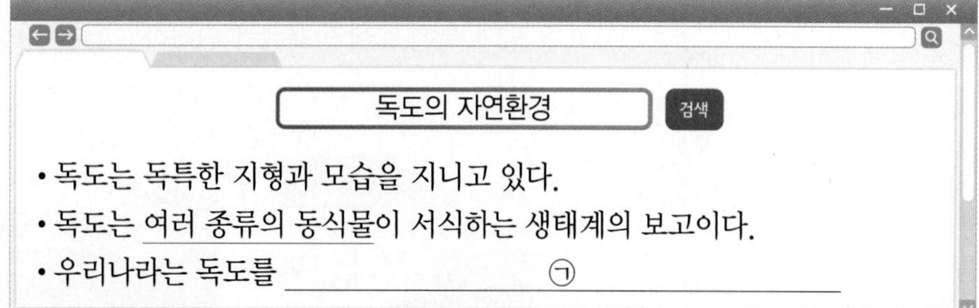

독도의 자연환경
검색
• 독도는 독특한 지형과 모습을 지니고 있다.
• 독도는 여러 종류의 동식물이 서식하는 생태계의 보고이다.
• 우리나라는 독도를 ㉠

(1) 위 밑줄 친 부분에 해당하는, 독도에서 볼 수 있는 동식물을 한 가지만 쓰시오. (　　　　　　)

(2) 위 ㉠에 들어갈 알맞은 내용을 쓰시오.

답 [　　　　] 제336호로 지정해 보호하고 있다.

천재교과서, 동아출판, 비상교과서, 비상교육, 아이스크림 미디어

16 다음 남북한의 언어를 비교한 자료와 관련하여 통일이 필요한 까닭을 쓰시오.

남한	북한	남한	북한
팝콘	강냉이튀기	도시락	곽밥
날씨	날거리	단짝	딱친구
빙수	단얼음	이해하다	료해하다

17 통일 이후 나타날 한국의 미래상을 한 가지만 쓰시오. 11종 공통

서술형 가이드

어려워하는 서술형 문제! 서술형 가이드를 이용하여 풀어 봐!

15 (1) 독도에서는 섬기린초, 독도 사철나무, (괭이갈매기 / 홍학) 등을 볼 수 있습니다.

(2) 독도는 화산 활동으로 생긴 [　][　][　](으)로 다양한 지형과 지질학적 가치를 지니고 있습니다.

16 오늘날에는 남북한의 문화 차이로 인해 서로 간의 소통이 (쉬워지고 / 어려워지고) 있습니다.

17 통일이 되면 남한의 기술과 북한의 (자본 / 지하자원)을 활용하여 경제 성장을 이룰 수 있게 됩니다.

단원 실력 쌓기 정답 19쪽

Step 3 수행평가

학습 주제 독도의 위치와 중요성

학습 목표 독도의 특징과 중요성을 알 수 있다.

[18~20] 다음은 우리나라의 영토 중 한 지역을 나타낸 자료입니다.

18 우리나라 동쪽 끝에 있는 위 섬의 이름을 쓰시오. 11종 공통

( )

19 위 섬의 위치를 알맞게 말한 어린이를 쓰시오. 천재교육, 동아출판, 미래엔, 비상교과서, 비상교육

민정: 남해의 한가운데에 자리잡고 있어.
지윤: 행정구역상 경상북도 울릉군 울릉읍에 속해.

( )

20 위 섬이 위치적으로 중요한 까닭을 쓰시오. 11종 공통

수행평가 가이드
다양한 유형의 수행평가!
수행평가 가이드를 이용해 풀어 봐!

독도의 지형적 특징

- 독도는 동도와 서도 두 개의 큰 섬과 89개의 작은 바위섬으로 이루어져 있습니다.
- 독도는 대략 북위 37°, 동경 132°에 있습니다.

2 단원

지구촌 갈등 / 지구촌 갈등 해결을 위한 노력

개념 체크

개념① 지구촌 갈등

중요 1. 지구촌의 다양한 갈등 → 지구촌 갈등은 한 가지 원인이 아니라 여러 가지 원인이 복합적으로 얽혀서 발생합니다.

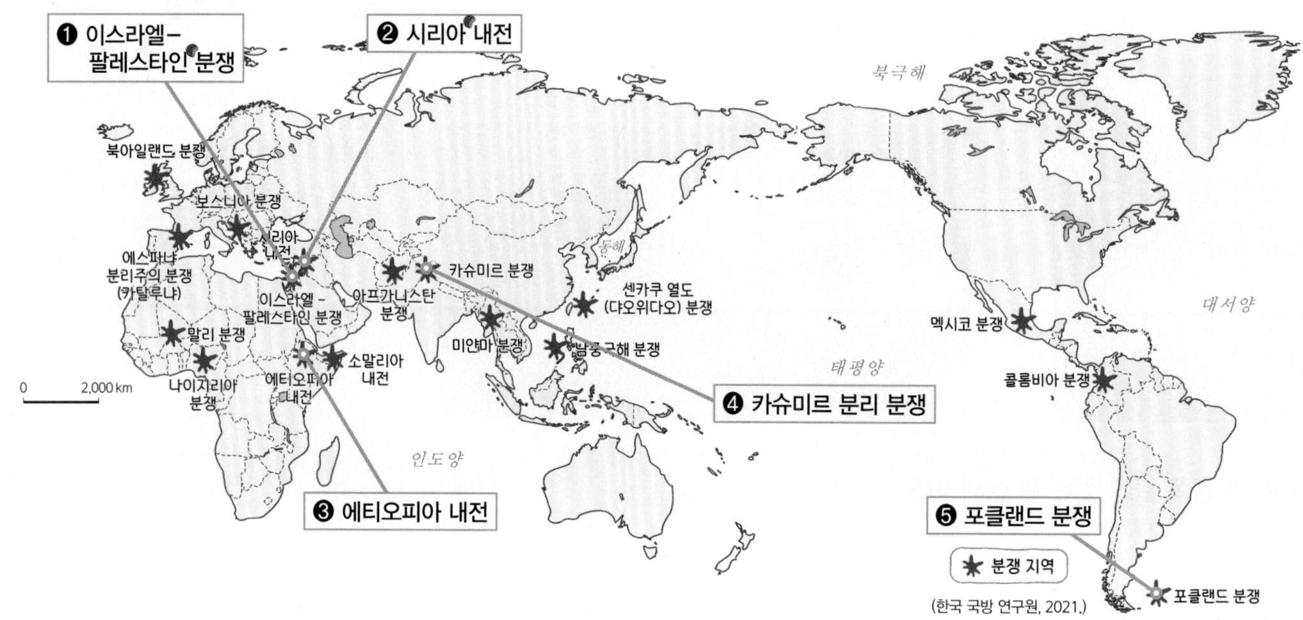

(한국 국방 연구원, 2021.)

❶ 이스라엘 – 팔레스타인 분쟁 → 이스라엘 사람들은 유대교를 믿고 팔레스타인 사람들은 이슬람교를 믿기 때문에 서로 종교가 달라 가치관이 다릅니다.

관련 나라	이스라엘, 팔레스타인
갈등 원인	1948년 유대인이 오래전 조상들이 살던 곳이라며 팔레스타인 지역에 이스라엘을 건국했음. ➡ 팔레스타인 사람들이 영토를 되찾기 위해 저항하며 분쟁이 발생했음. (지도: 지중해, 팔레스타인 자치구, 요르단강 서안지구, 예루살렘, 가자지구, 이스라엘, 요르단, 0 40 km)
상황	이스라엘과 팔레스타인뿐 아니라 여러 나라가 얽혀 위험한 상황이 계속되고 있음.

❷ 시리아 내전

관련 나라	시리아
갈등 원인	대통령의 독재 정치와 종교 문제 때문에 내전이 발생했음.
상황	10년 넘게 계속되는 내전으로 도시는 폐허가 되었고, 많은 사람이 다치거나 죽었으며 수많은 난민이 발생했음.

내 교과서 살펴보기 / **천재교과서, 비상교과서**

메콩강을 둘러싼 갈등

메콩강 상류에 있는 중국과 라오스가 차례로 댐을 설치하여 물의 양을 조절하자 하류에 있는 타이, 캄보디아, 베트남 등의 나라들이 피해를 보면서 갈등을 빚고 있습니다.

☑ 시리아 내전

시리아 내전은 ❶ [ㄷ][ㅈ] 정치와 종교 문제 때문에 발생했습니다.

이번 주말에는 샛별산에 갈 거니까 다들 준비해.
이런 독재 때문에 시리아 내전이 발생한 거야.
우리에게 자유를 달라!

정답 ❶ 독재

용어 사전

- **분쟁**(紛 어지러울 분 爭 다툴 쟁) 말썽을 일으켜 시끄럽고 복잡하게 다툼.
- **내전**(內 안 내 戰 싸울 전) 한 나라 안에서 일어나는 싸움

❸ 에티오피아 내전

관련 나라	에티오피아
갈등 원인	80여 개의 민족으로 이루어진 에티오피아에서 민족 간 종교와 언어 차이, 경제적 · 정치적 차별 등으로 인해 내전이 발생했음.
상황	에티오피아 내 서로 다른 민족 사이에 크고 작은 충돌이 나타나고 있음.

❹ 카슈미르 분리 분쟁

관련 나라	인도, 파키스탄
갈등 원인	1947년 주민 대부분이 이슬람교를 믿는 카슈미르 지역이 이슬람 국가인 파키스탄이 아닌, 힌두교를 믿는 사람이 많은 인도에 •편입되면서 분쟁이 발생했음.
상황	카슈미르 지역을 둘러싸고 파키스탄과 인도의 심각한 갈등이 계속되고 있음. (→ 서로 카슈미르 지역이 자신의 영토라고 주장하고 있습니다.)

❺ 포클랜드 분쟁

관련 나라	영국, 아르헨티나
갈등 원인	태평양과 대서양을 잇는 중요한 위치에 있으며, 주변에 석유가 매장되어 있다고 알려진 포클랜드 제도를 둘러싸고 분쟁이 발생했음.
상황	포클랜드 제도의 소유권을 둘러싼 영국과 아르헨티나의 잠재된 갈등이 나타나고 있음.

2. 지구촌 갈등이 사라지지 않는 까닭

① 역사적으로 오랫동안 갈등이 반복되었기 때문입니다.

② 각 나라가 자신의 이익을 가장 먼저 생각하기 때문입니다.

③ 갈등에 얽힌 강대국들이 과거의 잘못을 책임지지 않고, 오히려 어려운 나라를 이용해서 이익만 얻으려고 하기 때문입니다.

내 교과서 살펴보기 / **천재교과서, 동아출판**

르완다 내전

- 르완다의 두 부족 후투족과 투치족은 오랫동안 비슷한 문화와 언어를 공유했으나 르완다를 식민 지배한 벨기에가 후투족을 차별하는 정책을 실시하면서 두 부족이 갈등을 겪게 되었습니다.
- 갈등은 르완다 독립 이후 내전으로 이어졌으며, 수많은 사상자와 난민이 발생했습니다.

☑ 지구촌 갈등이 사라지지 않는 까닭

지구촌 갈등이 사라지지 않는 까닭은 각 나라가 자신의 ❷ [ㅇ][ㅇ]을 가장 먼저 생각하기 때문입니다.

자신의 이익을 가장 먼저 생각하니 갈등이 사라지지 않는 거구나.
투닥
투닥

정답 ❷ 이익

•**편입**(編 엮을 편 入 들 입)
얽거나 짜 넣음.

개념 2 지구촌 갈등을 평화롭게 해결하는 방법

1. 지구촌 갈등 해결을 위해 모두가 노력해야 하는 까닭

① 지구촌 갈등 문제는 어느 한 국가의 노력만으로는 해결할 수 없기 때문입니다.

② 한 나라 안에서 발생한 갈등 상황이 주변 지역으로 번져 지구촌 전체의 문제가 될 수도 있기 때문입니다. → 지구촌 갈등을 모른 체한다면 갈등이 심화되거나 더 많은 희생자가 생길 수 있습니다.

▲ 아프가니스탄 시민들의 탈출 행렬

2. 지구촌 갈등을 평화롭게 해결하기 위한 방법

① 세계 여러 나라가 지켜야 하는 강력한 국제법을 제정해야 합니다.

② 갈등을 겪고 있는 나라나 민족이 서로 화해하려는 의지를 지녀야 합니다.

③ 자기 나라의 이익을 추구할 때 지구촌이 공존할 수 있는 방법을 생각합니다. (공존: 서로 도와 함께 존재함.)

3. 지구촌 갈등 해결을 위해 우리가 할 수 있는 일

뉴스나 기사에 나오는 지구촌 갈등 문제에 대해 찾아보기	사람들이 지구촌 문제에 관심을 갖도록 누리 소통망 서비스(SNS)에 글 쓰기	국제 앰네스티 편지 쓰기 등 다양한 국제기구와 비정부 기구 활동에 참여하기

지구촌 갈등 문제를 알리는 활동에 참여하기

> 내 교과서 살펴보기 / **천재교과서, 동아출판, 미래엔, 비상교과서**
>
> **지구촌 평화와 발전을 위해 우리가 할 수 있는 일**
> - 어린이 비정부 기구를 만들어 활동하기
> - 지구촌 갈등 해결을 위한 홍보 동영상 만들기

개념 체크

☑ 지구촌 갈등 해결을 위해 모두가 노력해야 하는 까닭

지구촌 갈등 문제는 어느 한 국가의 노력만으로 해결하기 ❸(쉽습니다 / 어렵습니다).

☑ 지구촌을 위해 우리가 할 수 있는 일

많은 사람들이 지구촌 문제에 관심을 갖도록 ❹ ㄴ ㄹ ㅅ ㅌ ㅁ 서비스(SNS)에 글을 쓸 수 있습니다.

정답 ❸ 어렵습니다 ❹ 누리 소통망

용어 사전

국제 앰네스티 편지 쓰기
인권 침해로 감옥에 있는 사람들의 석방을 요구하는 편지를 쓰는 활동

개념 다지기

2. ❷ 지구촌의 평화와 발전(1)

11종 공통

1 다음 글의 □ 안에 공통으로 들어갈 알맞은 말을 쓰시오.

- 1948년 유대인은 오래전 조상들이 살던 곳이라며 □ 지역에 이스라엘을 건국했습니다.
- 이슬람교를 믿는 □ 사람들이 영토를 되찾기 위해 저항하며 분쟁이 발생했습니다.

(　　　　　　　)

천재교육, 금성출판사, 김영사, 동아출판, 미래엔, 비상교과서, 지학사

2 카슈미르 분리 분쟁에 대한 설명으로 알맞은 것은 어느 것입니까? (　　　　)

① 영국과 아르헨티나의 분쟁이다.
② 지역의 종교 차이로 인해 발생한 분쟁이다.
③ 지역의 언어 차이로 인해 발생한 분쟁이다.
④ 석유가 매장된 지역의 소유권을 둘러싼 분쟁이다.
⑤ 80여 개의 민족으로 이루어진 나라에서 발생한 내전이다.

천재교육, 금성출판사, 김영사, 동아출판, 미래엔, 비상교육

3 시리아 내전의 원인을 두 가지 고르시오. (　　　,　　　)

① 성 차별　　② 독재 정치
③ 민족 갈등　　④ 종교 문제
⑤ 인종 차별

11종 공통

4 지구촌 갈등에 대해 바르게 말한 어린이를 쓰시오.

미진: 지구촌 갈등이 사라지지 않는 까닭은 모든 갈등이 최근에 일어났기 때문이야.
세현: 각 나라가 자신의 이익을 가장 먼저 생각하기 때문에 지구촌 갈등이 사라지지 않아.
은영: 지구촌 갈등은 당사자들끼리의 문제이기 때문에 다른 나라가 간섭하지 않는 게 좋아.

(　　　　　　　)

11종 공통

5 지구촌 갈등을 평화롭게 해결하기 위한 방법으로 알맞지 않은 것을 보기에서 찾아 기호를 쓰시오.

보기
㉠ 세계 여러 나라가 지켜야 할 국제법을 제정합니다.
㉡ 지구촌의 공존보다는 자기 나라의 이익만을 생각합니다.
㉢ 갈등을 겪고 있는 나라나 민족이 서로 화해하려는 의지를 지녀야 합니다.

(　　　　　　　)

11종 공통

6 지구촌 갈등 해결을 위해 우리가 직접 할 수 있는 일로 알맞지 않은 것은 어느 것입니까? (　　　　)

① 지구촌 갈등 문제에 관심 가지기
② 다양한 국제기구의 활동에 참여하기
③ 누리 소통망 서비스에 관련 글 올리기
④ 지구촌 친구들을 위한 모금에 참여하기
⑤ 직접 분쟁 지역에 찾아가 봉사 활동하기

6 지구촌의 평화와 발전을 위한 노력

개념 ① 지구촌의 평화와 발전을 위한 국제기구의 노력

1. 국제기구

① 여러 나라가 모여 지구촌의 평화와 협력을 위해 활동하는 단체입니다.
② 대표적인 국제기구로는 국제 연합(UN)이 있습니다.

2. 국제 연합(UN)

국제 연합(UN)의 상징물은 평화를 상징하는 파란색을 사용합니다.

① 1945년에 지구촌의 평화 유지와 전쟁 방지 등을 위해 만들어졌습니다.
② 다양한 기구를 두어 지구촌 갈등 문제를 해결하려고 노력하고 있습니다.

3. 국제 연합(UN)의 기구들

기구	활동
국제 연합 난민 기구(UNHCR)	난민들에게 안전한 피난처와 식수, 필수 생활용품 등을 제공하고, 난민들이 안전하게 정착할 수 있도록 도움.
세계 식량 계획(WFP)	전 세계에서 전쟁, 내전, 자연재해 등 긴급한 상황으로 어려움에 처한 사람들에게 식량을 지원함.
국제 연합 아동 기금(UNICEF)	전 세계 어린이들이 안전하고 깨끗한 환경에서 교육받고 건강하게 성장하도록 여러 가지 지원을 함.
국제 연합 교육 과학 문화 기구(UNESCO)	교육, 과학, 문화 등의 교류와 문화 다양성을 지키려고 노력함.
국제 노동 기구(ILO)	전 세계의 노동 문제를 다룸.

개념 체크

☑ 국제기구

국제기구는 지구촌의 평화와 협력을 위해 여러 ❶ ㄴ ㄹ 가 모여 활동하는 단체입니다.

나는 지구촌의 어린이들을 위해 활동하는 국제기구를 만들 거야! 너도 같이 할래?
뜻은 좋은데 국제기구는 여러 나라가 모인 단체야.

☑ 국제 연합(UN)

국제 연합(UN)은 지구촌의 ❷(평화 / 갈등) 유지를 위해 만들어진 국제기구입니다.

그래도 나는 전 세계 어린이들의 건강을 위해 일하고 싶은데.
나중에 국제 연합 아동 기금과 같은 곳에서 일하면 되지!

정답 ❶ 나라 ❷ 평화

내 교과서 살펴보기 / **천재교과서, 금성출판사, 김영사, 비상교육, 지학사**

국제 연합(UN)의 다양한 기구들

기구	활동
국제 원자력 기구	평화적이고 안전한 원자력 이용을 위해 노력함.
세계 보건 기구	전 세계인의 건강을 위한 연구와 전염병 예방, 치료를 위해 노력함.

개념 ② 지구촌의 평화와 발전을 위한 비정부 기구의 노력

1. 비정부 기구

① 지구촌의 여러 문제를 해결하기 위해 뜻이 비슷한 개인들이 모여 활동하는 단체입니다.

② 비정부 기구는 평화 유지, 환경 보전, *빈곤 퇴치, 성 평등 등을 위해 여러 가지 활동을 하고 있습니다.

중요 2. 다양한 비정부 기구의 활동

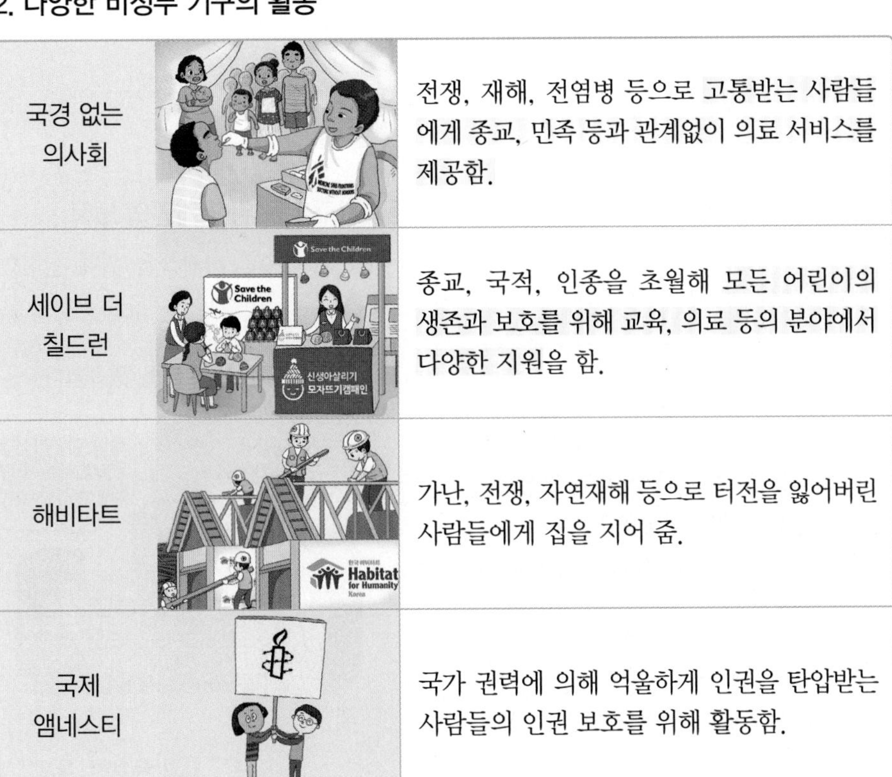

국경 없는 의사회	전쟁, 재해, 전염병 등으로 고통받는 사람들에게 종교, 민족 등과 관계없이 의료 서비스를 제공함.
세이브 더 칠드런	종교, 국적, 인종을 초월해 모든 어린이의 생존과 보호를 위해 교육, 의료 등의 분야에서 다양한 지원을 함.
해비타트	가난, 전쟁, 자연재해 등으로 터전을 잃어버린 사람들에게 집을 지어 줌.
국제 앰네스티	국가 권력에 의해 억울하게 인권을 탄압받는 사람들의 인권 보호를 위해 활동함.

내 교과서 살펴보기 / **천재교육, 천재교과서, 금성출판사, 김영사, 동아출판, 비상교육, 아이스크림 미디어**

다양한 비정부 기구의 활동

그린피스	지구의 환경과 평화를 지키고자 핵실험 반대, 자연 보호 운동을 함.
핵무기 폐기 국제 운동	많은 사람에게 핵무기의 위험성을 알리고 핵무기와 관련된 모든 것을 반대하는 운동을 펼침. → 국제 연합 핵무기 금지 조약을 이끌어 내는 데 중요한 역할을 했습니다.

☑ 비정부 기구

비정부 기구는 지구촌 문제를 해결하기 위해 뜻이 비슷한 ❸ [ㄱ][ㅇ]들이 모여 활동하는 단체입니다.

어린이들을 위한 비정부 기구에서 활동하면 어때? 비정부 기구는 뜻이 비슷한 개인들이 모여 활동하는 단체야.
똑똑하다 너.

☑ 세이브 더 칠드런

세이브 더 칠드런은 지구촌의 모든 ❹ [ㅇ][ㄹ][ㅇ]의 생존과 보호를 위해 노력합니다.

세이브 더 칠드런이 모든 어린이의 생존과 보호를 위해 일한대.
내가 찾던 곳이네!

정답 ❸ 개인 ❹ 어린이

*빈곤(貧 가난할 빈 困 괴로울 곤) 가난해서 생활이 어려운 상태

2 단원

개념 ③ 지구촌의 평화와 발전을 위한 국가와 개인의 노력

1. 지구촌 평화와 발전을 위한 우리나라의 노력 예

구분	내용
지구촌 평화를 위한 외교 활동	우리나라 정부는 민주화 시위를 무력으로 진압한 미얀마 군대 및 경찰과의 협력을 끊겠다고 발표했음.
전쟁을 막기 위한 평화 조약 가입	지구촌 평화와 안전을 위해 핵 확산 금지 조약(NPT), 생물 무기 금지 협약(BWC), 화학 무기 금지 협약(CWC) 등의 국제 조약에 가입했음.
국제 연합(UN) 평화 유지 활동 참여	국제 연합(UN)의 요청으로 오랜 전쟁으로 고통받는 레바논에 평화 유지군인 동명부대를 파견했음.
한국 국제 협력단(KOICA) 운영	우리나라 외교부 산하 기관인 한국 국제 협력단(KOICA)은 전쟁으로 피해를 입은 이라크 북부 지역의 여성들을 돕기 위해 지원 센터를 건립했음.

2. 지구촌 평화와 발전을 위한 개인의 노력 → 지구촌의 평화와 발전을 위해서는 각 개인이 지구촌 갈등 문제에 관심을 가지고 문제 해결에 참여해야 합니다.

이태석	 [출처: 연합뉴스]	2001년부터 남수단의 '톤즈'라는 마을에 병원을 짓고 직접 진료했으며, 마을 사람들과 힘을 합쳐 학교를 만드는 등 빈곤과 기아로 고통받는 남수단 사람들을 위해 헌신했음.
조디 윌리엄스	 [출처: 연합뉴스]	1991년 지뢰 금지 국제 운동(ICBL) 단체를 만들고 123개 나라로부터 더 이상 지뢰를 사용하지 않겠다는 약속을 받아 내 1997년 노벨 평화상을 수상했음. (지뢰 금지 국제 운동: 지뢰로 인한 피해를 알려 지뢰를 제거하는 일을 합니다.)

내 교과서 살펴보기 / **천재교육, 천재교과서, 금성출판사, 김영사, 동아출판, 미래엔, 비상교과서, 비상교육, 아이스크림 미디어**

말랄라 유사프자이
- 파키스탄의 운동가입니다.
- 누리 소통망 서비스(SNS)를 이용해 탈레반 점령 지역의 실상을 알렸습니다.
- 여성과 아이들의 인권을 위해 활동하여 2014년 최연소 노벨 평화상을 수상했습니다.

개념 체크

☑ 지구촌을 위한 우리나라의 노력

우리나라는 지구촌 평화와 발전을 위해 한국 국제 ❺ [ㅎ][ㄹ][ㄷ]을 운영합니다.

☑ 지구촌을 위한 개인의 노력

평생 남수단 사람들을 위해 헌신한 ❻ [ㅇ][ㅌ][ㅅ]은 병원을 짓고 학교를 만드는 등의 일을 했습니다.

정답 ❺ 협력단 ❻ 이태석

- **무력**(武 호반 무 力 힘 력) 군사상의 힘
- **지뢰**(地 땅 지 雷 우레 뢰) 땅속에 묻어 두고, 그 위를 사람이나 차량 따위가 지나가면 폭발하도록 만든 폭약

개념 다지기

2 단원

11종 공통

1 다음은 무엇에 대한 설명인지 쓰시오.

- 대표적인 국제기구입니다.
- 1945년 지구촌의 평화 유지와 전쟁 방지 등을 위해 만들어졌습니다.

(　　　　　　　　)

11종 공통

2 다음 기구에서 하는 일을 찾아 바르게 줄로 이으시오.

(1) 국제 노동 기구 •　　• ㉠ 난민들에게 안전한 피난처를 제공함.

(2) 국제 연합 난민 기구 •　　• ㉡ 전 세계의 노동 문제를 다룸.

11종 공통

3 다음 □ 안에 들어갈 알맞은 말을 쓰시오.

지구촌의 여러 문제를 해결하기 위해 뜻이 비슷한 개인들이 모여 활동하는 단체를 □라고 합니다.

(　　　　　　　　)

11종 공통

4 다음과 같은 활동을 하는 비정부 기구는 어디입니까? (　　　)

전쟁, 재해, 전염병 등으로 고통받는 사람들에게 종교, 민족 등과 관계없이 의료 서비스를 제공합니다.

① 

해비타트

② 
국경 없는 의사회

③ 

세이브 더 칠드런

④ 

핵무기 폐기 국제 운동

11종 공통

5 지구촌 평화와 발전을 위한 우리나라의 노력으로 알맞지 않은 것은 어느 것입니까? (　　　)

① 외교 활동　　② 평화 조약 가입
③ 평화 유지군 파견　　④ 비정부 기구 운영
⑤ 한국 국제 협력단 운영

11종 공통

6 이태석이 지구촌 평화와 발전을 위해 한 일을 보기에서 찾아 기호를 쓰시오.

보기
㉠ 남수단 사람들을 위해 헌신했습니다.
㉡ 탈레반 점령 지역의 실상을 알렸습니다.
㉢ 지뢰 금지 국제 운동 단체를 만들었습니다.
㉣ 인도인에 대한 인종 차별에 맞서 싸웠습니다.

(　　　　　　　　)

Step 1 단원평가

[1~5] 다음은 개념 확인 문제입니다. 물음에 답하시오.

1 80여 개의 민족으로 이루어진 (파키스탄 / 에티오피아) 에서는 민족 간 차이와 차별 등으로 끊이지 않는 갈등이 발생하고 있습니다.

2 국제기구는 여러 (개인 / 나라)이/가 모여 지구촌의 평화와 협력을 위해 활동하는 단체입니다.

3 난민들이 고향으로 돌아가거나 새로운 곳에 안전하게 정착할 수 있도록 돕는 국제기구는 어디입니까?
( )

4 국경 없는 의사회는 전쟁, 재해 등으로 고통받는 사람들에게 (주택 / 의료 서비스)을/를 제공합니다.

5 조디 윌리엄스가 만든 단체의 이름은 무엇입니까?
( ) 단체

천재교육

6 포클랜드 제도의 소유권을 둘러싸고 갈등을 겪고 있는 두 나라는 어디입니까? ( )

① 영국, 미국
② 미국, 프랑스
③ 칠레, 아르헨티나
④ 영국, 아르헨티나
⑤ 에스파냐, 아르헨티나

천재교육, 금성출판사, 김영사, 동아출판, 미래엔, 비상교육

7 다음과 같은 문제가 발생한 나라는 어디입니까?
( )

- 대통령의 독재 정치와 종교 문제 때문에 내전이 발생하여 10년 넘게 계속되고 있습니다.
- 계속되는 내전으로 많은 사람이 다치거나 죽었으며 수많은 난민이 발생했습니다.

① 인도 ② 시리아 ③ 르완다
④ 에스파냐 ⑤ 에티오피아

11종 공통

8 지구촌 갈등 해결을 위해 우리 모두가 노력해야 하는 까닭으로 알맞지 않은 것은 어느 것입니까? ( )

① 문제가 발생한 지역 사람들의 삶이 위험할 수 있기 때문이다.
② 한 나라의 문제가 지구촌 전체의 문제가 될 수 있기 때문이다.
③ 지구촌 갈등은 어느 한 국가의 노력만으로 해결하기 어렵기 때문이다.
④ 한 나라 안에서 발생한 갈등 상황이 주변까지 번질 수 있기 때문이다.
⑤ 지구촌 모두가 함께 갈등 상황을 해결하도록 하는 법이 있기 때문이다.

11종 공통

9 다음 □ 안에 들어갈 알맞은 말을 두 가지 고르시오.
(,)

국제 연합(UN)은 1945년 지구촌의 □ 등을 위해 만들어졌습니다.

① 환경 파괴 ② 평화 유지
③ 무역 활동 ④ 물가 상승
⑤ 전쟁 방지

천재교육, 금성출판사, 김영사, 지학사

10 다음과 같은 일을 하는 국제 연합(UN)의 기구는 무엇입니까? (　　　)

> 전 세계인의 건강을 위한 연구와 전염병 예방, 치료를 위해 노력합니다.

① 국제 노동 기구
② 세계 보건 기구
③ 세계 식량 계획
④ 국제 연합 아동 기금
⑤ 국제 연합 교육 과학 문화 기구

11종 공통

11 다음 (　　) 안에 들어갈 비정부 기구로 알맞은 것에 ○표를 하시오.

> (세이브 더 칠드런 / 해비타트)은/는 어린이의 생존과 보호를 위해 다양한 지원을 합니다.

천재교과서, 교학사, 금성출판사, 김영사, 동아출판, 미래엔, 비상교과서, 아이스크림 미디어, 지학사

12 국제 앰네스티의 활동으로 알맞은 것은 어느 것입니까? (　　　)

① 핵실험을 반대한다.
② 자연 보호 운동을 한다.
③ 터전을 잃어버린 사람들에게 집을 지어 준다.
④ 지뢰로 인한 피해를 알려 지뢰를 제거하는 일을 한다.
⑤ 부당하게 인권을 탄압받는 사람들의 인권을 보호한다.

11종 공통

13 다음과 관련된 내용으로 알맞지 않은 것은 어느 것입니까? (　　　)

> 지구촌 평화와 발전을 위한 우리나라의 노력

① 핵 확산 금지 조약 체결
② 화학 무기 금지 협약 체결
③ 오랜 전쟁으로 고통받는 시리아에 동명부대 파견
④ 이라크 북부 지역에 한국 국제 협력단 지원 센터 건립
⑤ 민주화 시위를 무력으로 진압한 미얀마 군대와의 협력 단절

2 단원

천재교육, 천재교과서, 금성출판사, 김영사, 동아출판, 미래엔, 비상교과서, 비상교육, 아이스크림 미디어

14 지구촌 평화와 발전을 위해 다음과 같은 활동을 한 사람은 누구입니까? (　　　)

[출처: 연합뉴스]

- 파키스탄의 운동가로, 누리 소통망 서비스(SNS)를 이용해 탈레반 점령 지역의 실상을 알렸습니다.
- 소녀와 여성에 대한 억압에 반대하고 모든 어린이의 교육받을 권리를 위해 활동하여 2014년 최연소 노벨 평화상을 수상했습니다.

① 넬슨 만델라
② 테레사 수녀
③ 조디 윌리엄스
④ 마하트마 간디
⑤ 말랄라 유사프자이

Step 2 서술형 평가

천재교육, 금성출판사, 김영사, 동아출판, 미래엔, 비상교과서, 지학사

15 **다음을 보고, 카슈미르 분리 분쟁이 발생한 까닭을 쓰시오.**

최근 카슈미르 지역을 둘러싸고 파키스탄과 인도의 심각한 갈등이 계속되고 있습니다.

답 주민 대부분이 이슬람교를 믿는 카슈미르 지역이 이슬람 국가인 ❶ [   ]이 아닌, 힌두교를 믿는 사람이 많은 ❷ [   ]에 편입되면서 분쟁이 발생했다.

16 **다음은 시리아의 갈등 문제를 해결하려는 지구촌 사람들의 노력입니다.** 11종 공통

저는 전쟁으로 살 곳을 잃은 시리아 사람들이 안전한 곳에 정착할 수 있도록 도와요.

저는 전쟁으로 다친 시리아 사람들을 치료하고 있어요.

(1) 위의 지구촌 사람들이 공통적으로 돕고 있는 대상을 밑줄 친 부분과 관련하여 쓰시오.

시리아 (   )

(2) 세계 곳곳에서 일어나는 갈등을 모른 체할 때 일어날 수 있는 일을 쓰시오.

____

____

17 **지구촌 갈등이 사라지지 않는 까닭을 쓰시오.** 11종 공통

____

____

서술형 가이드

어려워하는 서술형 문제! 서술형 가이드를 이용하여 풀어 봐!

15 카슈미르는 [ ][ ][ ]교를 믿는 사람이 많은데, 과거 이곳을 통치하던 힌두교 지도자가 인도에 통치권을 넘겨 갈등이 발생했습니다.

16 (1) 전쟁과 재난으로 어려움에 처한 사람을 [ ][ ](이)라고 합니다.

(2) 지구촌 사람들의 노력을 통해 지구촌의 평화가 지속될 수 (있습니다 / 없습니다).

17 지구촌에서 일어나는 갈등은 (한 / 여러) 가지 원인으로 일어납니다.

Step 3 수행평가

학습 주제 지구촌 갈등 해결을 위한 노력

학습 목표 지구촌 갈등 해결을 위해 우리가 할 수 있는 일을 알 수 있다.

수행평가 가이드
다양한 유형의 수행평가!
수행평가 가이드를 이용해 풀어 봐!

지구촌 갈등 해결을 위해 우리가 할 수 있는 일

• 뉴스나 신문 기사에 나오는 지구촌 갈등 문제에 관심을 가지고 정보를 찾아봅니다.
• 지구촌 갈등 문제 해결을 위한 다양한 국제기구와 비정부 기구 활동에 참여합니다.

[18~20] 다음은 지구촌 갈등 해결을 위해 노력하는 모습입니다.

㉠

지구촌 문제에
관심을 가져 주세요

㉡

난민 보호를 위한
서명 운동

㉢

♥지구촌 친구들을 도와주세요♥
지구촌 친구들
모금함

㉣

18 다음과 같은 일을 하는 모습을 찾아 기호를 쓰시오. 11종 공통

사람들이 지구촌 갈등 문제 해결에 관심을 갖도록 누리 소통망 서비스(SNS)에 글을 올립니다.

( )

19 위 ㉣은 인권 침해를 당해 감옥에 있는 사람들을 석방하라고 편지를 쓰는 모습입니다. 관련된 비정부 기구를 보기에서 찾아 ○표 하시오. 11종 공통

보기
• 해비타트 • 국제 앰네스티 • 국경 없는 의사회

이 단체는 부당하게
인권을 탄압받는 사람들의
인권을 보호하기 위한
활동을 하고 있어.

20 위와 같이 우리가 지구촌 갈등 문제에 관심을 가져야 하는 까닭을 쓰시오. 11종 공통

지구촌의 환경문제 / 환경문제 해결을 위한 노력

개념 ① 지구촌에서 나타나는 환경문제

1. 지구 온난화 → 이상 기후 현상의 원인이 되기도 합니다.

구분	내용
의미	지구의 평균 기온이 상승하는 현상
원인	공장이나 자동차 등에서 이산화 탄소와 같은 온실가스가 지나치게 배출됨.
피해	• 지구의 평균 기온이 지난 100년 동안 꾸준히 상승했음. • 빙하가 녹아 해수면이 높아졌고, 일부 해안 지역은 바닷물이 들이닥쳐 사람들이 살 땅을 잃고 있음.  무너져 내리는 빙하 [출처: ©David Greitzer/Shutterstock]

→ 예 투발루, 키리바시

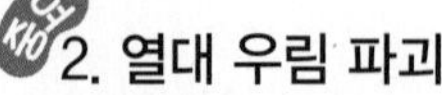

2. 열대 우림 파괴

구분	내용
의미	열대 기후 지역의 울창한 삼림이 파괴되는 현상
원인	지역 개발로 넓은 면적의 열대 우림이 없어지고 있음.
피해	• 여러 동식물의 보금자리이자 지구에 산소를 공급하는 중요한 곳이 사라지고 있음. • 2020년 열대 우림의 파괴 면적은 12년 만에 최대를 기록했음.  지역 개발로 파괴되고 있는 브라질의 아마존 열대 우림 [출처: 연합뉴스]

3. 과도한 쓰레기와 오염 물질 배출

구분	내용
원인	플라스틱 쓰레기가 급증하고 있음.
피해	• 사람들이 버린 플라스틱 쓰레기가 잘 썩지 않아 환경을 오염시키고 생태계를 파괴하고 있음. • 최근에는 배송·배달과 관련된 쓰레기 배출이 급증했음.  플라스틱 조각들로 이루어진 태평양의 쓰레기 섬 [출처: 연합뉴스]

4. 초미세 먼지 증가

구분	내용
원인	공장이나 자동차의 오염 물질로 공기 중 초미세 먼지의 농도가 증가했음.
피해	• 초미세 먼지가 사람 몸속에 들어가 호흡기 질환과 같은 여러 질병을 일으키고 있음. • 바깥 활동을 하기 어려워짐.  세계 여러 공장에서 내뿜는 오염 물질 [출처: 연합뉴스]

개념 체크

☑ 지구 온난화 문제

지구 온난화로 ❶ [ㅂ][ㅎ]가 녹아 해수면이 높아졌습니다.

내가 꼭 가고 싶은 섬나라가 지구 온난화 때문에 점점 물에 잠기고 있어.
뜨끔!

☑ 쓰레기 문제

버려진 ❷ [ㅍ][ㄹ][ㅅ][ㅌ] 쓰레기가 잘 썩지 않아 생태계를 파괴하고 있습니다.

오랜만에 바다에 오니까 너무 좋다! 근데 너희들 뭐 해?
겨우 십 분 동안 주웠는데 쓰레기가 이만큼이야. 너무 속상해.

정답 ❶ 빙하 ❷ 플라스틱

내 교과서 살펴보기 / **천재교과서, 금성출판사, 김영사, 미래엔, 비상교육, 아이스크림 미디어**

지구촌의 환경문제

• 아프리카의 사막화: 이상 기후로 가뭄이 지속되고, 삼림이 지나치게 훼손되면서 사막 주변의 초원 지대가 점점 사막으로 변하고 있습니다.

• 산호 백화 현상: 지구가 더워지면서 바닷물의 온도가 높아져 산호가 하얗게 변하며 점점 죽어 갑니다.

개념 체크

개념 ② 환경문제를 해결하기 위한 노력

→ 지구촌의 환경문제는 그 원인과 영향이 지역 간에 얽혀 있으므로, 어느 한 지역이 아닌 지구촌 전체의 문제입니다.

중요 1. 환경문제를 해결하기 위한 개인의 노력

일상생활에서 자원과 에너지 절약하기	 ◎ 개인 컵 사용하기	• 일회용품 사용을 줄임. • 냉난방기를 적정 온도로 설정함. (여름철 실내 적정 온도는 25℃~26℃입니다.) • 친환경 가방(에코백)을 들고 다님. • 사용하지 않는 전자 제품의 플러그를 뽑음.
환경을 생각하는 소비하기	 ◎ 친환경 제품 사기	• 정부의 환경 정책을 따르며 환경을 생각하는 소비를 함. • 친환경 제품이나 에너지 고효율 제품을 삼.
올바른 방법으로 분리배출하기	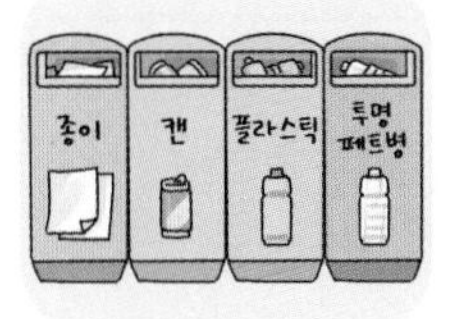 ◎ 분리배출하기	올바른 방법으로 분리배출을 함. ➡ 자원의 재활용율을 높여 자원 낭비를 막고, 쓰레기로 버려지는 재활용품을 줄일 수 있음.

2. 환경문제를 해결하기 위한 기업의 노력

① 친환경 소재나 기술을 개발합니다.

② 제품의 생산·이동·폐기 과정에서 불필요한 자원과 에너지가 낭비되지 않도록 노력합니다.

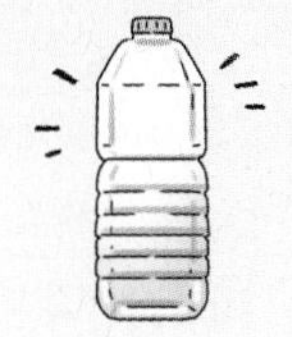
◎ 비닐 포장 없는 제품 만들기

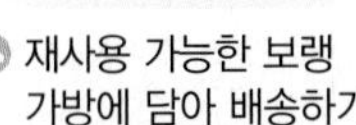
◎ 재사용 가능한 보랭 가방에 담아 배송하기

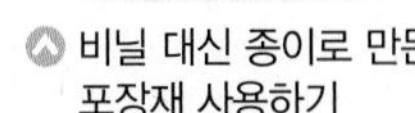
◎ 비닐 대신 종이로 만든 포장재 사용하기

◎ 에너지 고효율 가전제품과 친환경 제품 만들기

내 교과서 살펴보기 / **천재교과서, 비상교과서, 아이스크림 미디어, 지학사**

환경문제 해결을 위한 기업의 노력

- 과대 포장을 하지 않습니다.
- 공장에 에너지 절약을 위한 장치를 설치합니다.
- 화석 연료를 줄이고 온실 가스를 적게 배출하는 생산 시설을 설치합니다.

☑ 환경문제를 해결하기 위한 노력

지구촌 사람들은 환경문제 해결을 위해 쓰레기를 ❸(줄이는 / 늘리는) 등의 노력을 하고 있습니다.

☑ 환경문제 해결을 위한 개인의 노력

우리는 쓰레기를 올바른 방법으로 ❹ ㅂ ㄹ ㅂ ㅊ 해야 합니다.

정답 ❸ 줄이는 ❹ 분리배출

용어 사전

- 정책(政 정사 정 策 꾀 책): 정치적 목적을 실현하기 위한 방책
- 폐기(廢 폐할 폐 棄 버릴 기): 못 쓰게 된 것을 버림.

2 단원

3. 환경문제를 해결하기 위한 시민 단체의 노력

환경 운동	기업이나 정부의 활동 감시
 ⌃ 일회용품 사용을 줄이자는 캠페인	 ⌃ 환경에 나쁜 영향을 주는 기업 활동에 반대하는 시위
사람들의 환경 보호 의식을 높이는 환경 운동을 함.	기업이나 정부의 활동이 환경에 나쁜 영향을 끼치지 않는지 감시함.

[출처: 연합뉴스]

4. 환경문제를 해결하기 위한 정부의 노력 → 환경 관련 법과 제도를 만들어 개인과 기업이 이를 실천하도록 합니다.

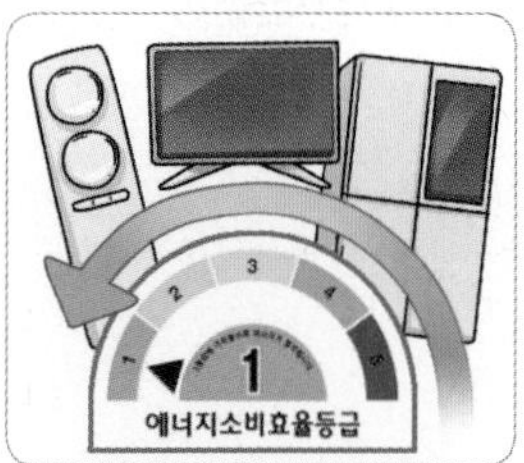

⌃ 가전제품의 에너지 소비 효율 등급 기준 높이기

⌃ 매장 내 일회용품 사용 금지하기

[출처: 연합뉴스]
⌃ 과대 포장 단속하기

5. 환경문제를 해결하기 위한 세계의 노력 → 세계 각 나라는 환경문제를 해결하고자 서로 협력하여 대응책을 세우고 실천합니다.

2014년 국제 연합 환경 총회(UNEA)	2015년 파리 협정
[출처: 연합뉴스]	[출처: 연합뉴스]
‘해양 플라스틱 쓰레기와 미세 플라스틱에 관한 결의안’이 채택되었음.	전 세계 195개 나라가 온실가스의 배출을 줄이는 협정에 동의했음.

내 교과서 살펴보기 / **천재교과서, 금성출판사, 김영사, 동아출판, 비상교과서, 비상교육**

환경문제를 해결하기 위한 비정부 기구의 노력

- 그린피스: 지구 온난화로 나타난 기후 변화와 해양 오염, 열대 우림 파괴 등의 환경문제를 조사해 심각성을 알리는 일을 합니다.
- 세계 자연 기금(WWF): 멸종 위기에 있는 동물을 보호하며, 일정 시간 불필요한 전등을 끄고 지구촌의 환경문제를 생각해 보는 운동을 진행하기도 합니다.

개념 체크

☑ 환경문제 해결을 위한 시민 단체의 노력

시민 단체는 ❺ [ㅎ][ㄱ] [ㅂ][ㅎ] 의식을 높이는 환경 운동을 합니다.

지구 환경을 위해 일회용품 사용을 줄입시다!
쓰레기 분리배출을 열심히 합시다!
일회용품 사용을 줄입시다.
환경 보호
재활용을
환경 보호
쓰레기 분리배출

☑ 환경문제 해결을 위한 정부의 노력

정부는 환경 관련 ❻ [ㅂ]과 제도를 만들어 개인과 기업이 이를 실천하도록 합니다.

정부에서 매장 내 일회용품 사용을 금지시켰어.
이제 내 예쁜 컵들이 활약할 때가 왔군.
일회용품 사용 금지

정답 ❺ 환경 보호 ❻ 법

용어 사전

- 의식(意 뜻 의 識 알 식) 사회적·역사적으로 형성되는 사물이나 일에 대한 개인적·집단적 감정이나 견해나 사상
- 대응책(對 대답할 대 應 응할 응 策 꾀 책) 어떤 일이나 사태에 맞추어 취하는 방책

개념 다지기

2. ❸ 지속가능한 지구촌(1)

11종 공통

1 지구촌에서 나타나는 환경문제로 알맞은 것을 두 가지 고르시오. (　　　,　　　)

① 성 차별
② 종교 갈등
③ 빈곤과 기아
④ 열대 우림 파괴
⑤ 초미세 먼지 증가

11종 공통

2 최근 플라스틱 쓰레기가 많아지면서 나타나는 모습으로 가장 알맞은 것은 어느 것입니까? (　　　)

① 
무너져 내리는 빙하

② 
파괴되는 열대 우림

③ 
태평양 위 쓰레기 섬

④ 
초미세 먼지의 증가

11종 공통

3 지구촌 사람들이 환경문제를 해결하기 위해 하는 일로 알맞지 않은 것은 어느 것입니까? (　　　)

① 자원을 절약한다.
② 에너지를 절약한다.
③ 쓰레기를 줄이려고 노력한다.
④ 환경을 생각하는 생산을 한다.
⑤ 경제를 더욱 성장시킬 수 있는 소비를 한다.

11종 공통

4 다음 중 환경문제 해결을 위한 개인의 노력을 찾아 기호를 쓰시오.

㉠ 

올바른 분리배출 하기

㉡ 

가전제품의 에너지 소비 효율 등급 기준 높이기

(　　　　　　　)

11종 공통

5 환경문제를 해결하기 위해 노력하는 주체와 그들의 활동을 바르게 줄로 이으시오.

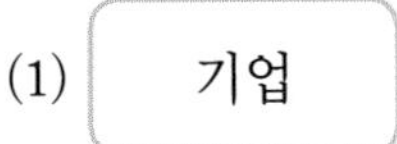

(1) 기업 •	• ㉠ 친환경 기술 개발
(2) 정부 •	• ㉡ 정부의 활동 감시
(3) 시민 단체 •	• ㉢ 환경 관련 법 제정

천재교육, 교학사, 금성출판사, 동아출판, 미래엔, 비상교과서, 비상교육, 아이스크림 미디어

6 다음 □ 안에 들어갈 말로 알맞은 것은 어느 것입니까? (　　　)

> 2015년 파리 협정에서는 전 세계 195개 나라가 지구 온난화의 원인인 □의 배출을 줄이는 협정에 동의했습니다.

① 쓰레기
② 온실가스
③ 천연가스
④ 미세 플라스틱
⑤ 태양광 에너지

2 단원

지속가능한 미래

개념 ① 지속가능한 미래

의미	지구촌 사람들이 현재뿐만 아니라 미래 세대의 환경과 발전을 위해 책임감 있게 행동했을 때 다가올 미래
지속가능한 미래를 위해 노력하는 까닭	해결하기 어려운 지구촌의 문제가 오늘날 사람들의 안정적인 생활을 어렵게 함. ➡ 미래 사람들이 발전할 수 있는 권리까지 빼앗고 있음. → 예 환경문제, 빈곤과 기아, 갈등과 분쟁

내 교과서 살펴보기 / **천재교육, 천재교과서, 금성출판사, 동아출판, 비상교과서, 비상교육, 아이스크림 미디어**

국제 연합(UN)이 선정한 지속가능 발전 목표 17가지

빈곤 퇴치, 기아 종식, 건강과 웰빙, 양질의 교육, 성 평등, 깨끗한 물과 위생, 모두를 위한 깨끗한 에너지, 양질의 일자리와 경제성장, 산업 · 혁신 · 사회 기반 시설, 불평등 감소, 지속가능한 도시와 공동체, 지속가능한 생산과 소비, 기후 변화와 대응, 해양 생태계 보존, 육상 생태계 보존, 정의 · 평화 · 효과적인 제도, 지구촌 협력

개념 ② 지속가능한 미래를 위한 과제

중요 **1. 친환경적 생산과 소비 방식의 확산**

① 친환경적 생산

의미	환경을 생각하며 물건을 생산하고 판매하는 활동
사례	• 상품을 생산할 때 자원과 에너지를 최소한으로 사용함. → 예 폐지나 코코넛 껍질을 이용한 재생 용지로 상품 만들기 • 농약이나 화학 비료를 사용하지 않은 친환경 농산물을 생산함. • 전기 자동차나 수소 자동차 등 환경을 오염시키지 않는 자동차를 만듦. • 쓰레기를 줄이기 위해 상표 띠가 없는 페트병에 담긴 제품을 만들어 판매함.  상표 띠가 없는 페트병

② 친환경적 소비

의미	환경에 미치는 영향을 고려하며 소비하는 활동
사례	• 대나무 빨대, 천연 수세미 등 친환경 재료로 만든 제품을 구입함. • 쓰레기가 나오지 않는 '제로 웨이스트 숍(Zero Waste Shop)'을 이용하거나 음식을 구입할 때 빈 그릇을 가져감.  일회용품 사용 줄이기

개념 체크

✔ 지속가능한 미래

지구촌 사람들은 ❶ ㅈ ㅅ 가능한 미래를 위해 책임감 있게 행동해야 합니다.

✔ 지속가능한 미래를 위한 과제

지구촌 사람들은 환경을 생각하여 ❷ ㅊ ㅎ ㄱ 적 생산과 소비 방식의 확산을 위해 노력하고 있습니다.

앞으로 물비누를 살 때 집에서 용기를 가져오기로 했어. 어때?
친환경적 소비 인정!
굿!

정답 ❶ 지속 ❷ 친환경

용어 사전

기아(飢 주릴 기 餓 주릴 아) 먹을 것이 없어 굶주리는 것

2. 빈곤과 기아 퇴치

문제 상황	• 지구촌에는 먹을 음식이 충분하지만, 지구촌 인구의 10%가 기아 상태임. → 상위 1%의 부자가 전체 부의 20%를 차지하고 있습니다. • 굶주림으로 민족이나 나라 간 분쟁이 발생하기도 하므로 빈곤과 기아 문제는 지구촌의 평화를 위협할 수 있음.
문제의 원인	• 음식과 부의 불평등이 심각함. • 자연재해와 전쟁 등으로 삶의 터전을 잃고 물과 식량이 부족해짐.
문제 해결 노력	• 모금 활동으로 돈과 물건, 식량 등을 지원함. • 빈곤과 기아 문제에 많은 사람이 관심을 기울일 수 있도록 다양한 홍보 활동을 벌임. • 빈곤과 기아에 시달리는 사람들의 교육 환경을 개선하고, 스스로 경제활동을 할 수 있도록 지원함. ↳ 우리나라의 농촌 진흥청은 식량난을 겪는 케냐에 농업 기술 전수 교육을 해 주었습니다.  [출처: 연합뉴스] 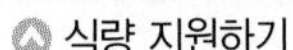 식량 지원하기  [출처: 연합뉴스] 교육 지원하기

빈곤과 기아 퇴치를 위한 노력

지구촌 사람들은 ❸ 과 기아로 고통받는 사람들에게 돈과 물건, 식량 등을 지원합니다.

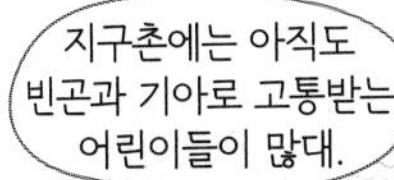

3. 문화적 편견과 차별 해소

문제 상황	낯선 종교나 다른 인종 등 서로 다른 문화에 대한 편견과 차별로 갈등이 생김.
문제 해결 노력	• 서로 다른 문화를 이해하고 존중하기 위한 다양한 행사와 교육 활동을 열어 모든 사람들이 평화롭게 공존하고자 노력함. • 편견과 차별로 고통받는 사람들에게 취업, 교육, 의료, 상담 등 다양한 도움을 줌.  세계를 배워요 [출처: 연합뉴스] 지구촌 다문화 체험 행사  [출처: 뉴스뱅크] 다문화 인구를 위한 지원

문화적 편견과 차별 해소 노력

문화적 편견과 차별 해소를 위해 다른 문화를 ❹ 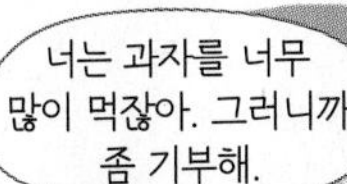하고 이해해야 합니다.

정답 ❸ 빈곤 ❹ 존중

용어 사전

해소(解 풀 해 消 사라질 소)
어려운 일이나 문제가 되는 상태를 해결하여 없애 버림.

개념 알기

개념 체크

개념 3 지속가능한 미래를 위해 우리가 할 수 있는 일

1. 세계시민

① 세계시민은 지구촌 문제가 우리의 문제임을 알고 이를 해결하고자 협력하는 자세를 지닌 사람입니다.

② 우리는 세계시민으로서 책임감을 갖고 지구촌 문제를 해결하고자 노력해야 합니다.

중요 2. 지속가능한 미래를 위해 우리가 실천할 수 있는 일들 예

① 집에서

에어컨을 적정 온도로 맞춰 전기 아끼기

물을 필요한 만큼만 사용하기

잘 안 입는 옷은 기부하기

② 슈퍼마켓에서

환경을 고려해 가까운 데서 생산된 과일 사기

→ 가까운 데서 생산된 과일은 이산화 탄소를 덜 배출합니다.

지구촌 이웃을 돕는 모금 활동에 참여하기

일회용 비닐봉지 대신 장바구니 이용하기

③ 학교에서

쓰레기를 분리배출하기

급식 남기지 않기

→ 다양한 문화적 배경을 가진 친구들을 배려하기 위해 급식 메뉴에 채식 식단 추가를 건의할 수도 있습니다.

학용품 아껴 쓰기

☑ 세계시민의 의미

세계시민은 ❺ ㅈ ㄱ ㅊ 문제가 우리의 문제임을 알고 이를 해결하고자 노력하는 사람입니다.

☑ 지속가능한 미래를 위해 우리가 할 수 있는 일

지속가능한 미래를 위해 잘 사용하지 않는 물건은 ❻ ㅈ ㅎ ㅇ 할 수 있는 곳에 기부합니다.

정답 ❺ 지구촌 ❻ 재활용

내 교과서 살펴보기 / 김영사, 동아출판, 미래엔, 비상교과서, 아이스크림 미디어

세계시민으로서 실천할 수 있는 일

- 가까운 거리는 걸어갑니다.
- 빈곤과 기아 퇴치를 위한 벼룩시장을 엽니다.
- 지구촌에서 일어나는 일에 관심을 기울이고 캠페인에 참여합니다.

개념 다지기

2. ❸ 지속가능한 지구촌 (2)

11종 공통

1 다음 □ 안에 들어갈 알맞은 말을 쓰시오.

> 지구촌 사람들은 지속가능한 미래를 위해 현재 세대뿐만 아니라 □ 세대의 환경과 발전을 고려하여 책임감 있게 행동해야 합니다.

(　　　　　　　　)

11종 공통

2 지속가능한 미래를 위한 과제로 알맞지 않은 것은 어느 것입니까? (　　　)

① 기아 퇴치
② 빈곤 퇴치
③ 문화적 편견 해소
④ 경제적 소비 방식의 확산
⑤ 친환경적 생산 방식의 확산

11종 공통

3 빈곤과 기아 문제에 대해 잘못 말한 어린이를 쓰시오.

> 유선: 지구촌 인구의 10%가 기아 상태야.
> 연지: 빈곤과 기아 문제는 지구촌에 먹을 음식이 부족하기 때문에 나타나.
> 예림: 사람들은 빈곤과 기아 퇴치를 위해 교육 환경을 개선하려는 노력을 하고 있어.

(　　　　　　　　)

11종 공통

4 문화적 편견과 차별을 해소하기 위한 노력으로 알맞은 것을 보기에서 찾아 기호를 쓰시오.

> 보기
> ㉠ 문화가 다른 친구들을 피합니다.
> ㉡ 우리나라 전통문화 체험 행사를 엽니다.
> ㉢ 지구 환경을 보호하자는 캠페인을 합니다.
> ㉣ 다문화 인구를 위해 취업, 교육 등을 지원합니다.

(　　　　　　　　)

11종 공통

5 다음에서 설명하는 것은 무엇인지 쓰시오.

> 지구촌 문제가 우리의 문제임을 알고 이를 해결하고자 협력하는 자세를 지닌 사람입니다.

(　　　　　　　　)

11종 공통

6 지구촌의 지속가능한 미래를 위해 우리가 실천할 수 있는 일로 알맞지 않은 것은 어느 것입니까? (　　　)

① 급식을 다 먹지 않고 남기기
② 물을 필요한 만큼만 사용하기
③ 가까운 데서 생산된 과일 사기
④ 지구촌 이웃을 돕는 모금 활동에 참여하기
⑤ 잘 안 입는 옷은 재활용할 수 있는 곳에 기부하기

Step 1 단원평가

[1~5] 다음은 개념 확인 문제입니다. 물음에 답하시오.

1 사람들이 버린 (종이 / 플라스틱) 쓰레기가 오랫동안 썩지 않아 생태계를 파괴하고 있습니다.

2 지구촌 사람들은 환경문제를 해결하기 위해 에너지를 (절약 / 낭비)하고 있습니다.

3 시민 단체는 환경문제를 해결하기 위해 사람들의 환경 보호 의식을 높이는 (환경 / 인권) 운동을 합니다.

4 지구촌 사람들이 현재뿐만 아니라 미래 세대의 환경과 발전을 고려하여 책임감 있게 행동할 때 다가올 미래를 무엇이라고 합니까?

( )

5 지속가능한 미래를 위해 쓰레기를 버릴 때에는 (섞어서 / 분리하여) 배출합니다.

11종 공통

6 다음과 직접적으로 관련된 지구촌 환경문제는 무엇입니까? ( )

> 오늘날에는 배달과 배송으로 물건이나 음식을 받는 일이 많아졌습니다.

① 지구 온난화
② 열대 우림 파괴
③ 초미세 먼지 증가
④ 아프리카의 사막화
⑤ 과도한 쓰레기와 오염 물질 배출

11종 공통

7 환경문제를 해결하기 위해 개인이 할 수 있는 노력으로 알맞지 않은 것은 어느 것입니까? ( )

① 친환경 제품을 산다.
② 일회용품 사용을 줄인다.
③ 에너지 저효율 제품을 산다.
④ 올바른 방법으로 분리배출을 한다.
⑤ 사용하지 않는 전자 제품의 플러그를 뽑는다.

11종 공통

8 환경문제를 해결하기 위해 다음과 같은 노력을 하는 곳은 정부와 기업 중 어디인지 쓰시오.

비닐 대신 종이로 만든
포장재를 사용하고,
재사용할 수 있는 보랭
가방에 담아 배송을 해요.
재사용
보랭 가방

( )

11종 공통

9 지구촌 환경문제의 해결을 위해 정부만 할 수 있는 일은 어느 것입니까? ( )

① 친환경 기술 개발
② 기업의 활동 감시
③ 환경을 생각하는 소비
④ 환경 관련 법과 제도 제정
⑤ 환경 보호 의식을 높이는 캠페인

금성출판사, 김영사, 동아출판, 비상교과서, 비상교육

10 다음과 같은 일을 하는 비정부 기구는 어디입니까? (　　)

- 멸종 위기에 있는 동물을 보호합니다.
- 일정 시간 불필요한 전등을 끄고 지구촌의 환경 문제를 생각해 보는 운동을 진행하기도 합니다.

① 해비타트
② 국제 앰네스티
③ 세계 자연 기금
④ 세이브 더 칠드런
⑤ 국경 없는 의사회

천재교육, 천재교과서, 금성출판사, 미래엔, 아이스크림 미디어

11 다음 그림의 인물이 '제로 웨이스트 숍'을 이용하는 까닭으로 알맞은 것을 두 가지 고르시오. (　　, 　　)

저는 오늘 제로 웨이스트 숍에 가서 버려지는 과일을 이용해 만든 세제와 물비누를 병에 담아 왔어요.

① 상품이 무료이기 때문이다.
② 이용이 가장 편리하기 때문이다.
③ 쓰레기를 발생시키지 않기 때문이다.
④ 수질 오염과 토양 오염을 막을 수 있기 때문이다.
⑤ 제로 웨이스트 숍 이용이 법으로 정해져 있기 때문이다.

11종 공통

12 우리나라 기업과 정부가 다음과 같은 일을 하는 까닭은 무엇입니까? (　　)

물건과 식량 지원

교육 지원

① 종교 갈등 문제를 해결하기 위해
② 지구촌 환경문제를 해결하기 위해
③ 빈곤과 기아 문제를 해결하기 위해
④ 문화적 편견 문제를 해결하기 위해
⑤ 우리나라의 인구 부족 문제를 해결하기 위해

11종 공통

13 지속가능한 미래를 위해 실천할 수 있는 일로 알맞지 않은 것을 보기에서 찾아 기호를 쓰시오.

보기
㉠ 급식을 남김없이 다 먹기
㉡ 가까운 데서 생산된 과일 구입하기
㉢ 급식 메뉴에 채식 식단 추가 건의하기
㉣ 여름철 실내 온도를 20℃~21℃로 맞추기

(　　　　)

11종 공통

14 세계시민으로서 우리가 실천할 수 있는 일로 알맞지 않은 것은 어느 것입니까? (　　)

① 가까운 거리는 걸어간다.
② 학용품을 아껴 사용한다.
③ 세계의 다양한 문화를 체험한다.
④ 지구촌에서 일어나는 일에 관심을 기울인다.
⑤ 환경에 주는 영향과는 관계없이 무조건 싼 제품을 구입한다.

Step 2 서술형 평가

15 다음은 지구촌 환경문제를 해결하기 위한 노력입니다. 11종 공통

△ [ ] △ 과대 포장 단속하기

(1) 위와 같은 노력을 하는 곳은 어디인지 쓰시오. (   )

(2) 위 □ 안에 들어갈 알맞은 내용을 쓰시오.

답 매장 내 [   ] 사용을 금지한다.

16 다음은 지속가능한 미래를 위해 노력하는 모습입니다. 11종 공통

- 기업 대표 ○○씨는 폐지나 돌가루, 코코넛 껍질과 같이 버려진 자원으로 만들어진 [   ] 용지만을 사용해 상품을 만듭니다.
- [   ] 용지를 이용하면 ____________

(1) 위 □ 안에 공통으로 들어갈 알맞은 말을 쓰시오.

(   )

(2) 위의 밑줄 친 곳에 들어갈 알맞은 내용을 쓰시오.

____

____

17 지구촌에 기아 문제가 발생하는 원인을 두 가지 쓰시오. 11종 공통

____

____

서술형 가이드
어려워하는 서술형 문제!
서술형 가이드를 이용하여 풀어 봐!

15 (1) 정부에서는 환경 관련 법과 [ ][ ]를 만들어 개인과 기업이 이를 실천하도록 합니다.
(2) 플라스틱 쓰레기를 줄이려면 (일회용품 / 재활용품)의 사용을 늘려야 합니다.

16 (1) 환경문제를 해결하기 위해 (재생 / 일반) 용지를 많이 사용해야 합니다.
(2) 친환경적 생산을 하기 위해 자원을 (최소한 / 최대한)으로 사용하려고 노력해야 합니다.

17 오늘날 지구촌은 상위 1%의 부자가 지구촌 전체 부의 20%를 차지할 정도로 부와 식량의 [ ][ ][ ]이 심각합니다.

Step 3 수행평가

학습 주제 지구촌의 환경문제

학습 목표 지구촌에서 나타나는 환경문제를 알 수 있다.

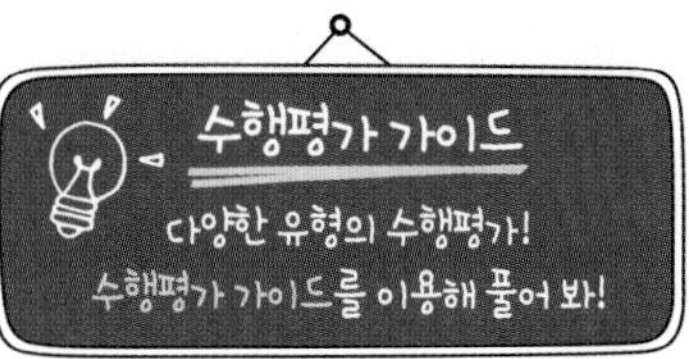

[18~20] 다음은 지구촌에서 나타나는 환경문제입니다.

㉠	㉡	㉢
무너져 내리는 빙하	플라스틱 조각들로 이루어진 태평양의 쓰레기 섬	세계 여러 공장에서 내뿜는 오염 물질

18 위 ㉠의 원인이 되는 환경문제를 다음을 참고하여 쓰시오. 11종 공통

지구의 평균 기온이 지난 100년 동안 꾸준히 상승했습니다.

( )

천재교육, 천재교과서, 금성출판사, 김영사, 동아출판, 미래엔, 비상교과서, 아이스크림 미디어, 지학사

19 다음은 ㉢의 환경문제가 지속되면서 일어나는 일입니다. □ 안에 들어갈 알맞은 말을 보기에서 찾아 쓰시오.

공기 중 □의 농도가 증가하여 호흡기 질환과 같은 여러 질병을 일으키고 있습니다.

보기
- 산소
- 이산화 탄소
- 초미세 먼지

( )

11종 공통

20 위와 같은 환경문제를 해결하기 위해 지구촌 전체가 노력해야 하는 까닭을 쓰시오.

___

___

지구촌 곳곳에서 나타나는 환경문제의 원인

지구 온난화	지나친 온실가스의 배출로 나타남.
열대 우림 파괴	무분별한 개발로 나타남.
과도한 쓰레기 배출	사람들이 함부로 플라스틱 쓰레기를 버리기 때문에 나타남.
초미세 먼지 증가	공장이나 자동차의 오염 물질로 발생함.

지구촌 환경문제는 사람들이 필요 이상으로 자원과 에너지를 많이 사용하기 때문에 나타나.

점수

배점 표시가 없는 문제는 문제당 4점입니다.

1 한반도의 미래와 통일

11종 공통

1 다음 섬에 대한 설명으로 알맞지 않은 것은 어느 것입니까? (　　)

독도

① 우리나라 영토의 동쪽 끝에 있다.
② 행정구역상 경상북도 울릉군 울릉읍에 속한다.
③ 선박의 항로, 방어 기지로서 중요한 위치에 있다.
④ 일본의 오키섬보다 울릉도와의 거리가 더 가깝다.
⑤ 북도와 남도 두 개의 큰 섬과 89개의 작은 섬으로 이루어져 있다.

11종 공통

2 독도에서 볼 수 있는 '탕건봉'의 모습은 어느 것입니까? (　　)

① ② ③ ④

11종 공통

3 다음에서 설명하는 독도에 대한 옛 기록은 무엇입니까? (　　)

> 독도(석도)를 울릉도(울도군) 관할로 두었다는 내용이 담겨 있습니다.

①「태정관 지령」
②『세종실록』「지리지」
③「대한 제국 칙령 제41호」
④『신증동국여지승람』「팔도총도」
⑤「연합국 최고 사령관 각서 제677호」

서술형·논술형 문제 11종 공통

4 다음 두 지도를 통해 알 수 있는 점을 쓰시오. [10점]

> • 일본의「대일본전도」
> • 조선의『신증동국여지승람』「팔도총도」

____

____

11종 공통

5 다음은 남북 분단의 문제점 중 하나입니다. □ 안에 들어갈 알맞은 말을 쓰시오.

> 남북 분단으로 인해 □에 대한 불안감이 조성되어 세계 평화에 부정적인 영향을 주고 있습니다.

(　　　　　　　　)

서술형·논술형 문제

11종 공통

6 다음 두 낱말을 이용하여 남북통일이 되면 얻을 수 있는 경제적 이득을 쓰시오. [8점]

• 국방비	• 북한의 풍부한 자원

11종 공통

7 다음 중 통일을 위한 사회·문화적 노력에 해당하는 것은 어느 것입니까? (　　　)

① 
남북 이산가족 상봉

②  
6·15 남북 공동 선언

③ 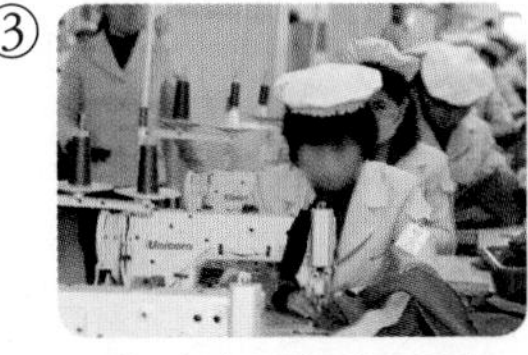 
개성 공업 지구 운영

④ 

경의선 및 동해선 철도·도로 연결 착공식

2 지구촌의 평화와 발전

11종 공통

8 지구촌 갈등과 그 원인이 바르게 연결된 것은 어느 것입니까? (　　　)

① 포클랜드 분쟁 – 종교 갈등
② 에티오피아 내전 – 독재 정치와 종교 문제
③ 시리아 내전 – 석유 매장 지역을 둘러싼 분쟁
④ 카슈미르 분리 분쟁 – 파키스탄과 인도의 영토 분쟁
⑤ 이스라엘과 팔레스타인 분쟁 – 북극해 지역을 둘러싼 갈등

11종 공통

9 다음은 지구촌 갈등이 사라지지 않는 까닭입니다. (　　) 안의 알맞은 말에 각각 ○표를 하시오. [6점]

> 지구촌 갈등이 사라지지 않는 까닭은 각 나라가 자신의 ❶(이익 / 손해)을/를 가장 먼저 생각하고, 역사적으로 오랫동안 갈등이 반복되어 갈등 문제를 해결하기 ❷(쉽기 / 어렵기) 때문입니다.

2 단원

11종 공통

10 다음에서 설명하는 국제기구에 대한 내용으로 알맞지 않은 것은 어느 것입니까? (　　　)

[출처: ©blurAZ / Shutterstock]

• 대표적인 국제기구입니다.
• 1945년 지구촌의 평화 유지와 전쟁 방지 등을 위해 만들어졌습니다.

① 이름은 국제 연합(UN)이다.
② 평화를 상징하는 파란색을 상징물에 사용한다.
③ 지구촌 갈등 문제를 해결하려고 노력하고 있다.
④ 뜻이 비슷한 개인들이 모여 지구촌 문제를 해결하기 위해 활동하고 있다.
⑤ 국제 연합 난민 기구, 세계 식량 계획, 국제 연합 아동 기금 등의 기구를 두고 있다.

서술형·논술형 문제

11종 공통

11 다음 두 단체의 공통점을 쓰시오. [10점]

국제 연합 아동 기금(UNICEF)

세이브 더 칠드런

11종 공통

12 다음 비정부 기구의 활동을 찾아 바르게 줄로 이으시오. [6점]

(1) 그린피스 •　　• ㉠ 터전을 잃은 사람들에게 집을 지어 줌.

(2) 해비타트 •　　• ㉡ 핵실험 반대, 자연 보호 운동 등을 함.

(3) 국제 앰네스티 •　　• ㉢ 부당하게 인권을 탄압받는 사람들의 인권을 보호함.

천재교육, 천재교과서, 금성출판사

13 지뢰 금지 국제 운동 단체를 만든 사람은 누구인지 보기 에서 찾아 ○표를 하시오.

보기
• 조디 윌리엄스　　• 말랄라 유사프자이

3 지속가능한 지구촌

11종 공통

14 오늘날 다음과 같은 환경문제가 발생하는 까닭은 무엇입니까? (　　　)

파괴되고 있는 브라질 아마존의 열대 우림

① 지구 온난화
② 과도한 지역 개발
③ 이산화 탄소의 증가
④ 플라스틱 쓰레기의 증가
⑤ 초미세 먼지의 농도 증가

천재교육, 천재교과서, 교학사, 김영사, 동아출판, 미래엔, 비상교과서, 아이스크림 미디어, 지학사

15 대기 오염으로 초미세 먼지가 증가할 때 일어나는 일은 어느 것입니까? (　　　)

① 아프리카의 사막화가 진행된다.
② 플라스틱 쓰레기가 많이 배출된다.
③ 넓은 면적의 열대 우림이 사라진다.
④ 호흡기 질환을 앓는 사람들이 많아진다.
⑤ 땅의 일부가 바닷물에 잠기는 나라가 생긴다.

11종 공통

16 지구촌 환경문제를 해결하기 위한 기업의 노력으로 알맞지 않은 것은 어느 것입니까? (　　　)

① 과대 포장을 단속한다.
② 종이로 만든 포장재를 사용한다.
③ 비닐 포장이 없는 제품을 만든다.
④ 에너지 고효율 가전제품을 개발한다.
⑤ 재사용할 수 있는 보랭 가방에 담아 배송한다.

천재교과서, 금성출판사, 김영사, 동아출판, 비상교과서, 비상교육

17 환경문제의 해결을 위해 다음과 같이 노력하는 기구를 보기에서 찾아 쓰시오.

지구 온난화로 나타난 기후 변화와 해양 오염, 열대 우림 파괴 등의 환경문제를 조사하여 심각성을 알리는 일을 합니다.

보기
• 그린피스　　• 세계 식량 계획

(　　　　　　　　)

11종 공통

18 빈곤과 기아 문제가 발생하는 까닭에 대해 바르게 말한 어린이를 쓰시오.

윤주: 세계의 음식은 충분하고 누구에게나 공평하게 분배되고 있어.
민정: 빈곤과 기아 문제가 발생하는 까닭은 게으른 사람들이 많기 때문이야.
소윤: 자연재해와 전쟁 등으로 터전을 잃고 물과 식량이 부족해진 사람들도 많아.

(　　　　　　　　)

11종 공통

19 다음은 공통적으로 어떤 문제를 해결하기 위한 노력인지 알맞게 말한 어린이를 쓰시오.

지구촌 다문화 체험 행사

다문화 인구를 위한 지원

운용: 빈곤과 기아를 퇴치하기 위한 노력이야.
소희: 다른 문화에 대한 편견과 차별을 없애기 위한 노력이야.

(　　　　　　　　)

천재교육

20 우리가 세계시민으로서 다음과 같이 행동하는 까닭으로 알맞은 것은 어느 것입니까? (　　　)

매점
우리 학교 급식 메뉴에 채식 식단을 추가해 달라고 건의하자.

① 살을 빼기 위해
② 초미세 먼지를 줄이기 위해
③ 선생님께 칭찬을 듣기 위해
④ 플라스틱 쓰레기를 줄이기 위해
⑤ 다양한 문화적 배경을 가진 친구들을 배려하기 위해

독도의 자연환경

독도의 동식물

독도 사철나무

천연기념물 제538호로 지정된 독도 사철나무

괭이갈매기

독도를 대표하는 괭이갈매기

섬기린초

독도와 울릉도에서만 자라는 섬기린초

독도 | 홀로 독 獨 | 섬 도 島 |

우리나라 영토의 동쪽 끝에 있는 섬으로, 동도와 서도 두 개의 큰 섬과 89개의 작은 섬으로 이루어져 있음.

독도의 지형

탕건봉

천장굴

코끼리 바위

BOOK 2

다양한 유형의 문제를 모은

평가북

#차원이_다른_클래스
#강의전문교재
#초등교재

수학교재

●수학리더 시리즈

– 수학리더 [연산]	예비초~6학년/A·B단계
– 수학리더 [개념]	1~6학년/학기별
– 수학리더 [기본]	1~6학년/학기별
– 수학리더 [유형]	1~6학년/학기별
– 수학리더 [기본+응용]	1~6학년/학기별
– 수학리더 [응용·심화]	1~6학년/학기별
신간 수학리더 [최상위]	3~6학년/학기별

●독해가 힘이다 시리즈 *문제해결력

– 수학도 독해가 힘이다	1~6학년/학기별
신간 초등 문해력 독해가 힘이다 문장제 수학편	1~6학년/단계별

●수학의 힘 시리즈

신간 수학의 힘	1~2학년/학기별
– 수학의 힘 알파[실력]	3~6학년/학기별
– 수학의 힘 베타[유형]	3~6학년/학기별

●Go! 매쓰 시리즈

– Go! 매쓰(Start) *교과서 개념	1~6학년/학기별
– Go! 매쓰(Run A/B/C) *교과서+사고력	1~6학년/학기별
– Go! 매쓰(Jump) *유형 사고력	1~6학년/학기별

●계산박사	1~12단계
●수학 더 믹힘	1~6학년/학기별

월간교재

●NEW 해법수학	1~6학년
●해법수학 단원평가 마스터	1~6학년/학기별
●월간 무등생평가	1~6학년

전과목교재

●리더 시리즈

– 국어	1~6학년/학기별
– 사회	3~6학년/학기별
– 과학	3~6학년/학기별

BOOK 2

다양한 유형의 문제를 모은

평가북

✦ 쪽지시험 ✦ 대표 문제 ✦ 단원평가 ✦ 서술형 평가

사회
리더

천재교육

BOOK 2

다양한 유형의 문제를 모은

평가북

평가북

사회 리더 6-2

단원 쪽지시험

1. ❶ 지구, 대륙 그리고 국가들

정답 25쪽

1 실제 지구의 모습을 작게 줄인 모형을 (지구본 / 세계지도)(이)라고 합니다.

2 둥근 모양의 지구를 평면으로 나타내 땅과 바다의 모양이나 크기가 실제와 다르게 표현되는 공간 자료는 [ ] 입니다.

3 디지털 지구본과 디지털 영상 지도는 무엇을 이용해 만든 디지털 공간 자료입니까?

4 바다로 둘러싸인 큰 땅덩어리를 무엇이라고 합니까?

5 큰 바다를 말하는 [ ] 에는 태평양, 대서양, 인도양, 북극해, 남극해가 있습니다.

6 우리나라는 [ ] 대륙에 속해 있습니다.

7 다른 대륙과 비교해 면적은 좁은 편이지만 스웨덴, 영국, 에스파냐 등 많은 나라가 속해 있는 대륙은 (유럽 / 오세아니아)입니다.

8 미국, 캐나다, 멕시코 등이 속해 있는 대륙은 어디입니까?

9 남아메리카 대륙에는 (나일강 / 아마존강)이 페루, 브라질 등으로 흐릅니다.

10 아시아 대륙 다음으로 면적이 넓은 대륙은 어디입니까?

대표 문제 1. ❶ 지구, 대륙 그리고 국가들

● 지구본, 세계지도, 디지털 영상 지도의 특징

지구본, 세계지도, 디지털 영상 지도 등 다양한 공간 자료의 특징을 구분하여 알 수 있습니다.

1 다음 공간 자료의 특징으로 알맞은 것은 어느 것입니까? (　　　)

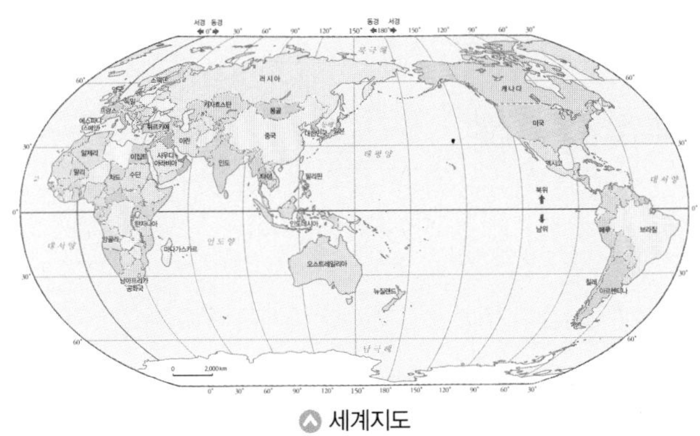

세계지도

① 부피가 커서 가지고 다니기 불편하다. → 지구본

② 항공 사진 등을 이용해 만든 자료이다. → 예 디지털 영상 지도

③ 실제 지구의 모습을 작게 줄인 모형이다. → 지구본

④ 컴퓨터나 스마트폰이 있어야 이용할 수 있다. → 예 디지털 영상 지도

⑤ 세계 여러 나라의 위치와 영역을 한눈에 살펴볼 수 있다.

2 다음에서 설명하는 자료는 어느 것입니까? (　　　)

> • 항공 사진과 위성 영상 정보를 이용해 만든 지도입니다.
> • 확대와 축소가 자유롭고 최신 정보가 빠르게 반영되어 정확도가 높습니다.

① 지구본　② 세계지도
③ 관광 안내도　④ 디지털 지구본
⑤ 디지털 영상 지도

● 세계의 주요 대륙

세계 주요 대륙의 위치와 특징, 대륙별 주요 나라의 특징을 알 수 있습니다.

3 다음 지도를 보고, 아시아 대륙에 대한 설명으로 알맞은 것을 두 가지 고르시오. (　　,　　)

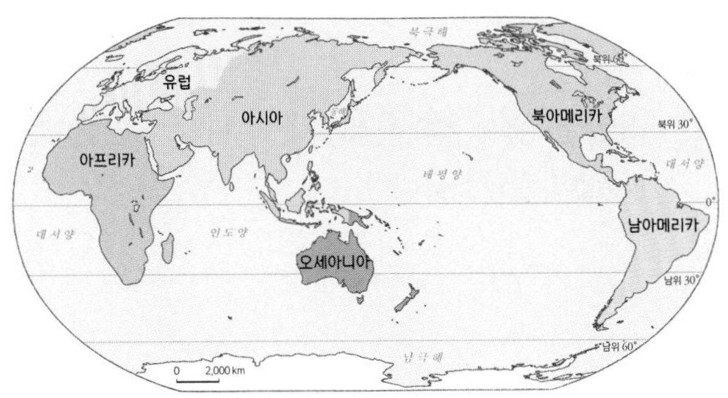

① 우리나라가 속한 대륙이다.

② 대륙 중에서 면적이 두 번째로 넓다. → 아프리카

③ 대륙의 대부분이 남반구에 위치한다. → 예 오세아니아

④ 세계에서 인구가 가장 많은 나라가 속해 있다.

⑤ 세계에서 가장 넓은 사막과 가장 긴 강이 있다. → 아프리카

4 다음에서 설명하는 대륙은 어디입니까? (　　　)

> • 많은 부분이 남반구에 속하며 동쪽은 대서양, 서쪽은 태평양, 남쪽은 남극해와 접합니다.
> • 브라질, 에콰도르, 칠레, 페루 등의 나라가 속해 있습니다.

① 유럽　② 아시아
③ 아프리카　④ 남아메리카
⑤ 오세아니아

단원 쪽지시험

1. ② 세계의 다양한 삶의 모습 (1)

정답 25쪽

1 세계의 기후는 기온이나 [ ]의 특징에 따라 열대 기후, 건조 기후, 온대 기후, 냉대 기후, 한대 기후, 고산 기후로 나눌 수 있습니다.

2 일 년 내내 덥고, 연 강수량이 많아 습한 기후는 [ ] 기후입니다.

3 오늘날 열대 기후 지역에서는 (사막 / 초원) 지역의 동물을 관찰하는 생태 관광 산업이 발달했습니다.

4 강수량이 매우 적은 지역에서 나타나는 기후는 무엇입니까?

5 건조 기후의 초원 지역에 사는 사람들은 가축에게 먹일 물과 풀을 찾아 이동하며 살아가는 [ ] 생활을 하기도 합니다.

6 사계절의 변화가 비교적 뚜렷하고 중위도 지역에서 주로 나타나는 기후는 무엇입니까?

7 온대 기후에 발달한 산업을 한 가지만 쓰시오.

8 사계절의 변화가 뚜렷하지만 온대 기후보다 겨울이 길고 추운 기후는 [ ] 기후입니다.

9 한대 기후는 (고위도 / 저위도) 지역에서 주로 나타납니다.

10 (아프리카 / 남아메리카) 대륙의 서쪽에는 높은 산지가 있어 고산 기후가 널리 나타납니다.

대표 문제 1. ② 세계의 다양한 삶의 모습 (1)

● 세계 주요 기후의 특징

세계 곳곳에서 나타나는 주요 기후의 특징을 알 수 있습니다.

1 다음 지도에 표시된 지역에 대한 설명으로 알맞은 것은 어느 것입니까? (   )

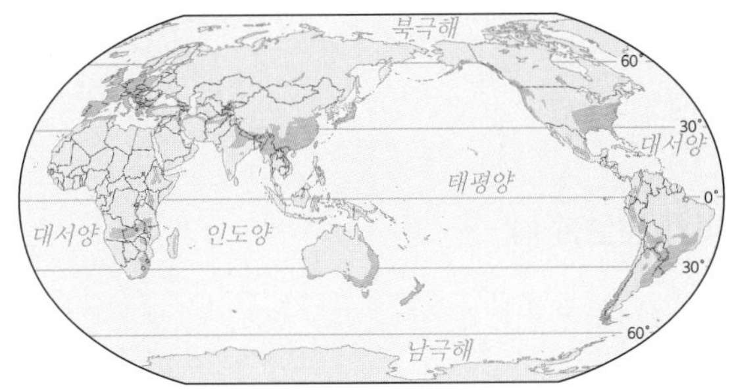

① 해발 고도가 높다. → 예) 고산 기후 지역

② 나무가 자라기 어렵다. → 예) 건조 기후 지역

③ 땅속이 대부분 단단하게 얼어 있다. → 한대 기후 지역

④ 사계절의 변화가 뚜렷하게 나타난다.

⑤ 짧은 여름 동안에 기온이 올라가면 이끼가 자라는 곳도 있다. → 한대 기후 지역

2 냉대 기후 지역에 대한 설명으로 알맞은 것은 어느 것입니까? (   )

① 일 년 내내 기온이 매우 낮다.
② 울창한 열대 우림이 나타난다.
③ 연 강수량이 500mm를 넘지 못한다.
④ 기온이 온화하고 강수량이 풍부하다.
⑤ 기후의 영향으로 뾰족한 잎을 가진 침엽수가 숲을 이룬다.

● 기후에 따른 사람들의 생활 모습

다양한 기후에 따른 사람들의 생활 모습을 알 수 있습니다.

3 다음 어린이가 살고 있는 지역 사람들의 생활 모습으로 알맞은 것은 어느 것입니까? (   )

> 어린이: 내가 사는 곳은 비가 별로 오지 않아. 우리 지역에는 약간의 비가 내려서 초원이 형성되어 있지만, 옆 지역에는 비가 거의 오지 않아서 사막이 발달해 있어.

① 주로 올리브와 오렌지를 재배한다. → 온대 기후 지역

② 농장을 만들어 열대작물을 대규모로 재배한다. → 열대 기후 지역

③ 가축에게 먹일 물과 풀을 찾아 이동하며 살아간다.

④ 목재를 생산하고, 침엽수로 종이를 만드는 일을 많이 한다. → 냉대 기후 지역

⑤ 감자와 옥수수를 재배하고, 라마와 알파카 같은 가축을 길러 고기와 털을 얻는다. → 고산 기후 지역

4 온대 기후 지역 사람들의 생활 모습으로 알맞은 것은 어느 것입니까? (   )

① 주로 낙타를 타고 이동한다.
② 오아시스 주변에서 농사를 짓는다.
③ 눈과 얼음으로 집을 만들기도 한다.
④ 유목 생활을 위해 이동이 간편한 집을 짓는다.
⑤ 아시아에서는 벼를, 유럽이나 아메리카에서는 밀을 재배한다.

단원 쪽지시험

1. ❷ 세계의 다양한 삶의 모습 (2)

정답 26쪽

1 (타이 / 멕시코)에서는 긴 천에 구멍을 뚫어 만든 판초를 걸치고 햇볕을 가려 주는 챙이 넓은 모자를 씁니다.

2 한대 기후 지역에서는 농사를 짓기 어려워 추운 날씨를 이용해 말린 (생선 / 옥수수)을/를 주로 먹습니다.

3 새우, 두부, 땅콩 따위에 생선 소스를 넣고 볶은 쌀국수인 팟타이가 발달한 나라는 (모로코 / 타이)입니다.

4 일 년 내내 덥고 비가 많이 내리는 인도네시아에서는 벼농사를 널리 짓기 때문에 (쌀 / 밀)로 만든 음식이 발달했습니다.

5 흙벽돌을 이용해 집을 짓는 지역은 (사막 / 북극 근처)입니다.

6 이슬람교를 믿는 사람들은 ☐ 기간의 해가 떠 있는 동안에는 물과 음식을 먹지 않습니다.

7 인도에는 (왼손 / 오른손)을 이용해 식사를 하는 문화가 있습니다.

8 세계 여러 나라 사람들의 생활 모습을 조사할 때는 가장 먼저 조사할 ☐를 정합니다.

9 국토의 90%가 사막으로 이루어진 사우디아라비아는 ☐ 기후에 속합니다.

10 사람들의 생활 모습은 그 나라의 자연환경과 ☐의 영향을 받습니다.

대표 문제 1. ② 세계의 다양한 삶의 모습 (2)

1 단원

● 세계 여러 나라 사람들의 생활 모습

환경에 따라 달라지는 세계 여러 나라 사람들의 생활 모습을 알 수 있습니다.

1 다음과 같은 주생활을 볼 수 있는 지역의 특징으로 알맞은 것은 어느 것입니까? (　　　)

△ 흙벽돌로 만든 집

① 날씨가 덥고 습하다. → 열대 기후 지역

② 모래바람이 자주 분다.

③ 일 년 내내 기온이 낮다. → 한대 기후 지역

④ 열대 우림이 형성되어 있다. → 열대 기후 지역

⑤ 날씨가 추워 농사를 짓기 어렵다. → 한대 기후 지역

2 인도 사람들의 생활 모습으로 알맞지 않은 것은 어느 것입니까? (　　　)

① 주로 힌두교를 믿는다.

② 소고기를 먹지 않는다.

③ 오른손으로 밥을 먹는다.

④ 바느질하지 않은 긴 천으로 된 옷을 입는다.

⑤ 매년 정해진 한 달 동안에는 낮에 물과 음식을 먹지 않는다.

● 세계 여러 나라 사람들의 생활 모습 조사

환경에 따라 달라지는 세계 여러 나라 사람들의 생활 모습을 조사할 수 있습니다.

3 세계 여러 나라 사람들의 생활 모습을 조사할 때 다음 ㉠에 들어갈 조사의 주제로 알맞은 것은 어느 것입니까? (　　　)

① 그리스 음식에는 왜 올리브가 많이 사용될까? → 지중해 지역에서는 올리브를 많이 재배하기 때문

② 몽골 초원에서는 왜 텐트처럼 생긴 집에 살까? → 유목 생활에 편리하기 때문

③ 이슬람교를 믿는 사람들은 왜 돼지고기를 먹지 않을까?

④ 인도의 전통 의상 '사리'는 왜 하나의 천으로 만들었을까? → 종교(힌두교)의 영향

⑤ 파푸아 뉴기니에서는 왜 땅에서 높이 띄워서 집을 지을까? → 열대 기후 지역에서 땅의 더운 온도와 습도를 막기 위해

4 세계 여러 나라 사람들의 생활 모습을 조사할 때 가장 마지막에 할 일은 어느 것입니까? (　　　)

① 주제 정하기

② 역할 분담하기

③ 보고서 작성하기

④ 조사 계획 세우기

⑤ 자료 수집하고 분석하기

단원 쪽지시험

1. ❸ 우리나라와 가까운 나라들

정답 26쪽

1 우리나라의 동쪽에 동해를 사이에 두고 있는 섬나라는 어디입니까?

2 한국, 중국, 일본의 문자는 [ ]의 영향을 받았습니다.

3 우리나라의 서쪽에 있는 (중국 / 러시아)은/는 세계적으로 인구가 많은 나라입니다.

4 일본은 국토에 (평야 / 산지)가 많고, 화산과 지진 활동이 활발합니다.

5 우리나라의 북쪽에 있는 [ ]는 세계에서 가장 넓은 나라입니다.

6 유럽과 아시아 대륙의 경계가 되는 산맥의 이름은 무엇입니까?

7 오늘날 교통·통신이 발달하면서 이웃 나라 간의 교류는 점점 (증가하고 / 감소하고) 있습니다.

8 각 나라의 대표들이 모여 정상 회담을 하는 것은 (문화적 / 정치적) 교류에 해당합니다.

9 아시아 동남쪽에 있는 (베트남 / 사우디아라비아)은/는 세계적인 쌀 수출국입니다.

10 우리나라가 자유무역협정(FTA)을 처음으로 맺은 나라는 어디입니까?

대표 문제 1. ③ 우리나라와 가까운 나라들

● 우리나라와 가까운 나라들

우리나라와 가까운 나라들의 자연환경과 인문환경을 알 수 있습니다.

1 다음 나라의 자연환경과 인문환경에 대한 설명으로 알맞은 것은 어느 것입니까? (　　　)

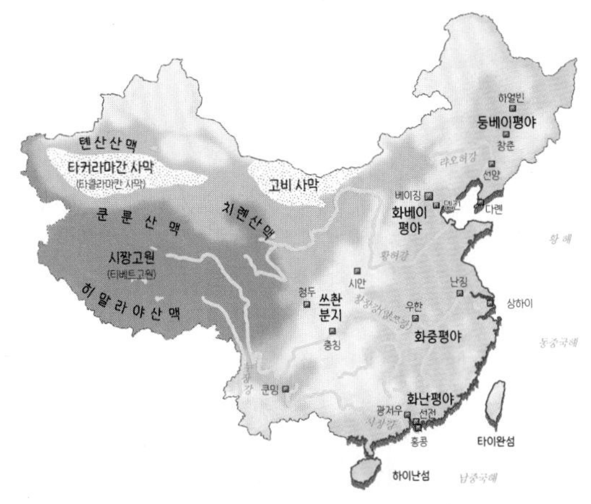

① 세계에서 영토가 가장 넓은 나라이다. → 러시아

② 대부분의 지역에서 냉대 기후가 나타난다. → 러시아

③ 유럽과 가까운 서부 지역에 대부분의 인구가 모여 있다. → 러시아

④ 네 개의 큰 섬과 3,000개가 넘는 작은 섬들로 이루어져 있다. → 일본

⑤ 세계적으로 인구가 많은 나라이며, 다양한 문화를 가진 사람들이 살고 있다.

2 러시아의 자연환경과 인문환경에 대한 설명으로 알맞은 것은 어느 것입니까? (　　　)

① 태풍과 지진 활동이 잦다.
② 영토가 남북으로 길게 뻗어 있다.
③ 영토가 아시아와 유럽에 걸쳐 있다.
④ 50개가 넘는 소수 민족이 살고 있다.
⑤ 세계에서 인구가 가장 많은 나라로 꼽힌다.

● 우리나라와 세계 여러 나라의 교류

우리나라와 세계 여러 나라가 교류하며 협력하는 사례를 설명할 수 있습니다.

3 다음 나라에 대한 설명으로 알맞은 것은 어느 것입니까? (　　　)

① 북아메리카 대륙에 있다. → 아시아

② 뜨겁고 건조한 기후가 나타난다. → 덥고 습한

③ 국토가 한반도의 약 44배로 넓다. → 두 배 정도이다.

④ 국토가 남북으로 길고, 쌀을 많이 수출한다.

⑤ 우리나라가 원유를 수입하는 대표적인 나라이다. → 사우디아라비아

4 우리나라와 세계 여러 나라의 교류 사례로 알맞지 <u>않은</u> 것을 찾아 기호를 쓰시오.

> **보기**
> ㉠ 우리나라는 캐나다에 밀을 수출합니다.
> ㉡ 우리나라는 오스트레일리아로부터 소고기를 수입합니다.
> ㉢ 우리나라는 칠레와 처음으로 자유무역협정을 맺었습니다.

(　　　　　　　　)

대단원 평가 1회

1. 세계의 여러 나라들

1 다음 용어에 대한 설명을 찾아 바르게 줄로 이으시오.

(1) 위도 • • ㉠ 본초 자오선을 기준으로 동서로 얼마나 떨어졌는지 나타내는 정도

(2) 경도 • • ㉡ 적도를 기준으로 남북으로 얼마나 떨어졌는지 나타내는 정도

2 다음 공간 자료의 특징으로 알맞지 않은 것은 어느 것입니까? (　　　)

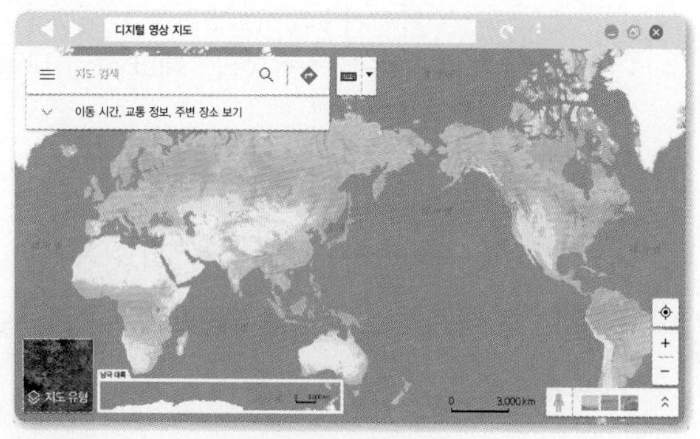

디지털 영상 지도

① 디지털 공간 자료이다.
② 최신 정보가 반영되기 어렵다.
③ 위성 사진, 항공 사진 등을 이용하여 만든다.
④ 스마트폰이나 컴퓨터가 있어야 이용할 수 있다.
⑤ 어떤 나라나 장소에 관한 사진, 글 등의 정보를 제공한다.

3 다음에서 설명하는 바다는 무엇인지 쓰시오.

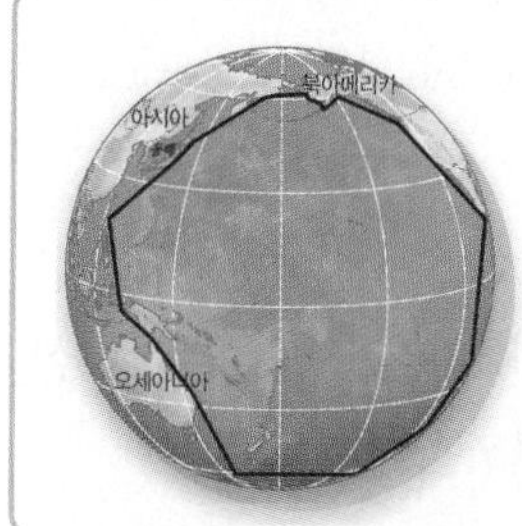

• 가장 큰 바다입니다.
• 아시아, 오세아니아, 아메리카 대륙의 사이에 있습니다.

(　　　　　　　　)

4 유럽 대륙에 대한 설명으로 알맞은 것은 어느 것입니까? (　　　)

① 북반구와 남반구에 걸쳐 있다.
② 아시아 대륙의 동쪽에 위치한 대륙이다.
③ 면적은 좁은 편이지만 많은 나라가 있다.
④ 세계에서 인구가 가장 많은 나라가 속해 있다.
⑤ 영토의 대부분은 캐나다, 미국, 멕시코가 차지하고 있다.

5 각 대륙과 그 대륙에 속한 나라가 바르게 짝 지어진 것을 보기 에서 찾아 기호를 쓰시오.

보기
㉠ 오세아니아 – 에스파냐, 스웨덴
㉡ 남아메리카 – 브라질, 에콰도르
㉢ 아시아 – 뉴질랜드, 오스트레일리아
㉣ 유럽 – 인도네시아, 사우디아라비아

(　　　　　　　　)

서술형·논술형 문제

6 다음은 대륙 중 한 곳을 나타낸 지도입니다.

(1) 위 지도에 나타난 대륙의 이름을 쓰시오.

( )

(2) 위 대륙의 특징을 한 가지만 쓰시오.

7 다음 기후에 대한 설명이 알맞게 짝 지어진 것은 어느 것입니까? ( )

① 고산 기후: 사계절이 나타난다.
② 건조 기후: 고도가 높은 지역에서 나타난다.
③ 냉대 기후: 온대 기후보다 겨울이 길고 춥다.
④ 열대 기후: 일 년 동안의 강수량이 500mm보다 적다.
⑤ 온대 기후: 일 년 내내 기온이 높고 연 강수량이 많다.

8 다음과 같은 생활 모습을 볼 수 있는 지역은 어디입니까? ( )

고상 가옥

화전 농업

① 온대 기후 지역 ② 열대 기후 지역
③ 고산 기후 지역 ④ 건조 기후 지역
⑤ 냉대 기후 지역

9 온대 기후 지역의 대표적인 생활 모습으로 알맞은 것은 어느 것입니까? ( )

① 
순록 유목

② 
목재 생산

③ 
밀 재배

④ 
유목 생활

10 다음과 같이 건조 기후가 나타나는 지역으로 알맞은 것은 어느 것입니까? ( )

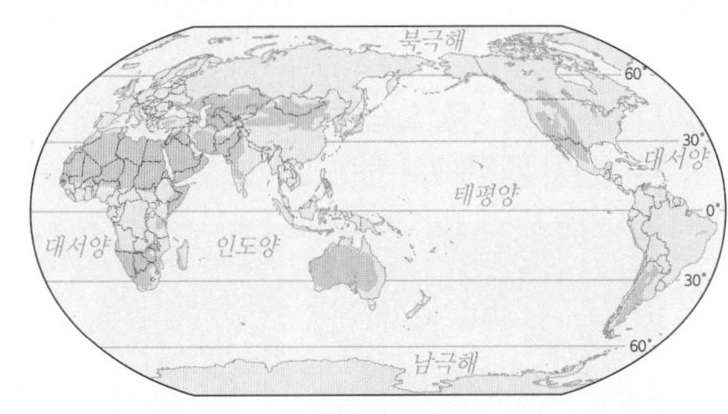

건조 기후의 분포

① 중위도 지역
② 위도 20° 부근
③ 북극과 남극 주변
④ 북반구의 중위도와 고위도 지역
⑤ 적도를 중심으로 한 저위도 지역

서술형·논술형 문제

11 냉대 기후 지역과 한대 기후 지역의 환경 및 생활 모습에서 차이점을 한 가지만 쓰시오.

____

____

12 사막이 펼쳐진 지역에서 주로 볼 수 있는 집의 모습은 어느 것입니까? (   )

① 통나무로 지은 집
② 눈과 얼음으로 지은 집
③ 흙벽돌을 이용해 지은 창문이 작은 집
④ 땅속 깊이 기둥을 박고 건물을 땅에서 띄운 집
⑤ 물가의 땅이나 강바닥에 기둥을 세우고 그 위에 지은 집

13 다음과 같은 생활 모습에 공통적으로 영향을 준 환경은 무엇인지 보기에서 찾아 쓰시오.

매년 정해진 한 달 동안 낮에 물과 음식을 먹지 않는 사람들

인도의 전통 의상 사리를 입은 사람들

보기
• 지형 • 기후 • 종교

(   )

14 다음 우리나라와 국경을 마주하고 있는 각 나라의 특징을 찾아 바르게 줄로 이으시오.

(1) 일본 •   • ㉠ 세계에서 영토가 가장 넓고, 아시아와 유럽에 걸쳐 있음.

(2) 중국 •   • ㉡ 우리나라의 동쪽에 있고, 우리나라와 동해를 사이에 두고 있음.

(3) 러시아 •   • ㉢ 우리나라의 서쪽에 있고, 주변의 많은 나라와 국경을 접하고 있음.

15 중국에서 볼 수 있는 자연환경이나 인문환경이 아닌 것은 어느 것입니까? (   )

①

시짱고원(티베트고원)

②

다양한 소수 민족

③

화중평야

④

우랄산맥

16 다음 나라에 대한 설명으로 알맞지 않은 것은 어느 것입니까? (　　　)

① 비나 눈이 많이 내린다.
② 바다의 영향을 받아 습하다.
③ 시베리아 지역에서 천연가스를 생산한다.
④ 국토에 산지가 많고, 지진 활동이 활발하다.
⑤ 뛰어난 기술력을 바탕으로 여러 산업이 발달했다.

서술형·논술형 문제

17 다음은 아시아와 유럽에 걸쳐 있는 나라입니다.

(1) 위 지도에 나타난 나라의 이름을 쓰시오.
(　　　　　　　　　　　　　)

(2) 위 나라의 자연환경적 특징을 쓰시오.

18 우리나라와 이웃 나라의 교류 모습 중 다음 내용과 관련 있는 것은 무엇입니까? (　　　)

- 공부하기 위해 이웃 나라로 떠나는 유학생이 증가하고 있습니다.
- 서로의 문화를 친숙하게 하기 위해 문화 교류 행사를 개최합니다.

① 인적 교류　② 정치적 교류
③ 경제적 교류　④ 문화적 교류
⑤ 사회적 교류

19 우리나라와 여러 나라의 관계에 대한 설명으로 알맞지 않은 것은 어느 것입니까? (　　　)

① 베트남: 우리나라가 쌀을 많이 수출하는 나라
② 인도: 우리나라가 철강, 반도체 등을 수출하는 나라
③ 미국: 우리나라가 반도체, 자동차 등을 수출하는 나라
④ 사우디아라비아: 우리나라 기업들이 건물이나 발전소를 건설하는 나라
⑤ 오스트레일리아: 우리나라가 소고기, 석탄, 철광석 등을 수입하는 나라

20 다음 글에서 설명하는 나라는 어디입니까? (　　　)

- 분단과 대립을 극복하고 통일과 경제성장을 이룬 나라입니다.
- 우리나라는 이 나라를 통해 앞으로 나아가야 할 방향을 배우고 있습니다.

① 일본　② 독일
③ 캐나다　④ 에티오피아
⑤ 오스트레일리아

1 단원

대단원 평가 2회

1. 세계의 여러 나라들

1 세계지도의 특징으로 알맞지 않은 것은 어느 것입니까? (　　)

① 위도와 경도가 표시되어 있다.
② 둥근 지구를 평면으로 나타냈다.
③ 한 장소를 확대해서 자세히 볼 수 있다.
④ 세계의 전반적인 특징을 이해하는 데 효과적이다.
⑤ 세계 여러 나라의 위치를 숫자로 정확하게 나타낼 수 있다.

2 위성 사진이나 항공 사진을 이용해 만든 다음 공간 자료의 이름을 쓰시오.

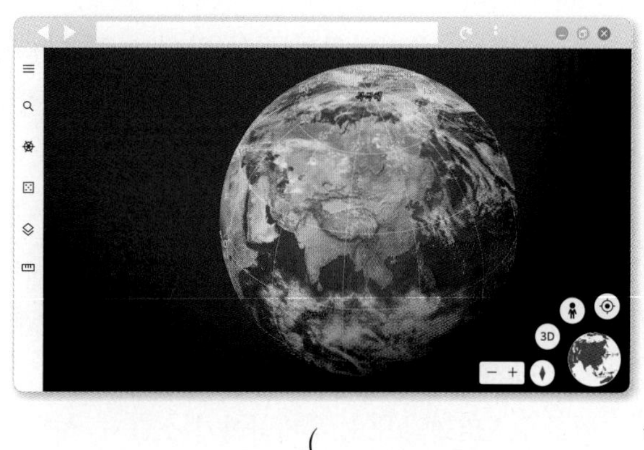

(　　　　　　　　)

3 세계의 바다에 대한 설명으로 알맞은 것은 어느 것입니까? (　　)

① 대서양은 두 번째로 큰 바다이다.
② 북극해는 세 번째로 큰 바다이다.
③ 남극해는 아시아, 유럽, 북아메리카 대륙에 둘러싸여 있다.
④ 태평양은 아메리카, 유럽, 아프리카 대륙 사이에 위치한다.
⑤ 인도양은 아시아, 오세아니아, 아메리카 대륙의 사이에 있다.

서술형·논술형 문제

4 다음은 어떤 대륙에 대한 설명입니다.

- 가장 넓은 대륙입니다.
- 세계 인구의 절반 이상이 살고 있습니다.
- 북쪽으로 북극해, 남쪽으로 인도양, 동쪽으로 태평양과 닿아 있습니다.

(1) 위에서 설명하는 대륙을 쓰시오.

(　　　　　　　　)

(2) 위 (1)번 답에 속해 있는 나라들 중 한 곳을 골라 그 특징을 쓰시오.

____

____

5 다음과 같은 환경을 볼 수 있는 대륙은 어디입니까? (　　)

브라질의 아마존강

페루의 마추픽추

① 유럽　② 아시아
③ 오세아니아　④ 남아메리카
⑤ 북아메리카

6 다음 아프리카 대륙의 특징을 두 가지 고르시오. (,)

① 북반구와 남반구에 걸쳐 있다.
② 많은 섬나라가 태평양에 분포한다.
③ 아시아 대륙 다음으로 면적이 넓다.
④ 세계에서 가장 넓은 열대 숲이 있다.
⑤ 화산 및 빙하로 유명한 나라가 속해 있다.

7 다음은 무엇을 나타낸 지도입니까? ( )

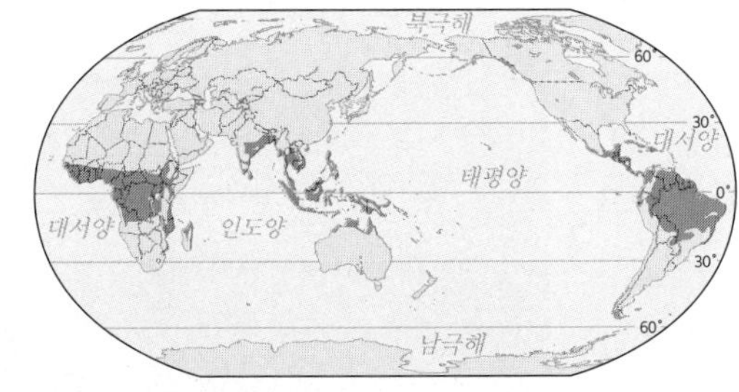

① 온대 기후의 분포
② 건조 기후의 분포
③ 열대 기후의 분포
④ 고산 기후의 분포
⑤ 냉대 기후의 분포

8 다음 ㉠~㉢에 들어갈 말이 알맞게 짝 지어진 것은 어느 것입니까? ( )

> 온대 기후 지역은 기온이 온화하고 강수량이 풍부하여 농업이 활발합니다. [㉠]에서는 벼농사를 널리 짓고, [㉡]에서는 밀을 주로 재배합니다. 여름에 비가 적게 내리는 [㉢] 주변 지역에서는 올리브와 오렌지를 많이 재배합니다.

	㉠	㉡	㉢
①	유럽	아시아	지중해
②	아시아	유럽	지중해
③	아메리카	유럽	아시아
④	지중해	아메리카	아시아
⑤	아시아	지중해	아메리카

9 다음 지도에 표시된 기후 지역에 대한 설명으로 알맞지 <u>않은</u> 것을 두 가지 고르시오. (,)

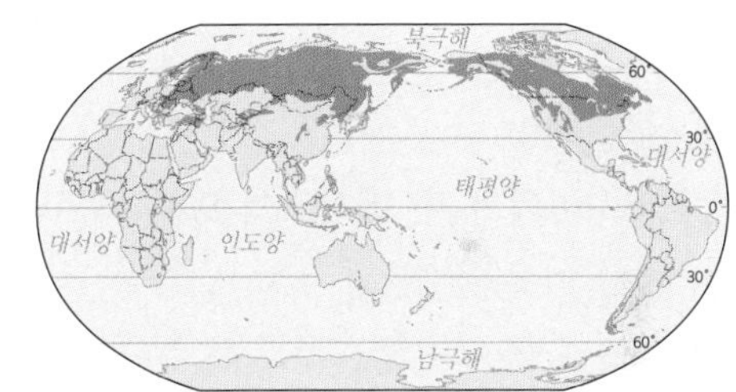

① 침엽수를 많이 볼 수 있다.
② 밀, 보리, 감자 등을 재배한다.
③ 종이를 만드는 공업이 발달했다.
④ 라마와 알파카 같은 가축을 기른다.
⑤ 낙타를 타고 이동하는 생활을 한다.

10 다음과 같은 까닭으로 발달한 멕시코의 음식은 무엇입니까? ( )

> 과거 마야 문명의 영향으로 옥수수를 중시하는 문화가 있고, 옥수수 생산량도 많습니다.

① 타코 ② 카레 ③ 전골
④ 팟타이 ⑤ 나시고렝

서술형·논술형 문제

11 고산 기후 지역에서 오른쪽과 같은 옷을 입는 까닭을 쓰시오.

판초

____

____

12 세계 여러 나라의 생활 모습을 조사하기 위한 질문으로 알맞지 <u>않은</u> 것을 보기에서 찾아 기호를 쓰시오.

보기
㉠ 우리 가족은 왜 올리브를 안 좋아할까?
㉡ 몽골 초원에서는 왜 텐트처럼 생긴 집을 짓고 살까?
㉢ 이슬람교를 믿는 사람들은 왜 돼지고기를 먹지 않을까?
㉣ 러시아의 모자, 멕시코의 모자, 베트남의 모자는 역할이 같을까?

(　　　　　　　　)

13 다음은 세계 여러 나라 사람들의 생활 모습을 조사하는 과정입니다. 순서대로 기호를 쓰시오.

㉠ 주제 정하기
㉡ 보고서 작성하기
㉢ 조사 계획 세우기
㉣ 자료 수집하고 분석하기

㉠ → (　　　　) → (　　　　) → (　　　　)

14 다음 지도의 ○표시된 곳에 발달한 것은 어느 것입니까?
(　　　)

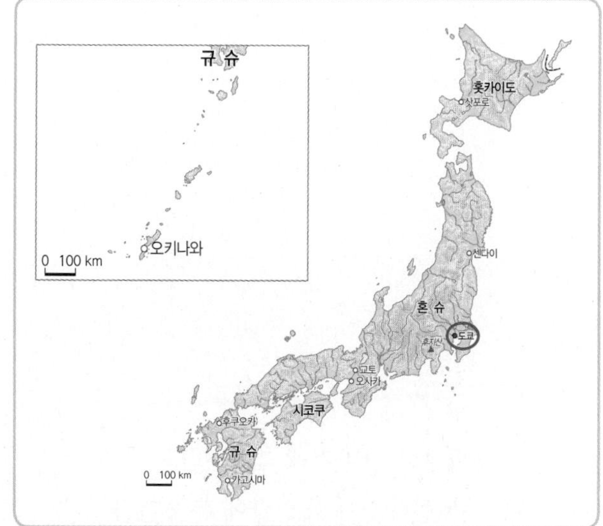

① 공업 지역　② 고산 지대
③ 계단식 논　④ 사막 지대
⑤ 열대 우림

15 다음은 무엇에 대한 설명인지 쓰시오.

동쪽의 블라디보스토크에서부터 서쪽의 모스크바까지 이어지는 철도로, 유럽의 주요 도시들과도 연결됩니다.

(　　　　　　　　)

16 우리나라와 이웃 나라의 공통점으로 알맞지 않은 것은 어느 것입니까? (　　　)

① 한국, 중국, 일본에는 불교문화가 있다.
② 한국, 일본, 러시아는 젓가락을 사용한다.
③ 한국, 중국, 일본 불상의 모습이 비슷하다.
④ 한국, 중국, 일본에는 한자어로 된 단어가 많다.
⑤ 한국, 중국, 일본의 문자는 한자의 영향을 받았다.

서술형·논술형 문제

17 다음은 우리나라와 이웃 나라가 교류하는 모습입니다.

수출(한국 → 이웃 나라)	수입(이웃 나라 → 한국)
1위 중국 * 반도체, 합성수지	1위 중국 * 반도체, 화학 원료
4위 일본 * 반도체, 석유	3위 일본 * 반도체 제조 장비, 반도체
8위 러시아 * 자동차, 자동차 부품	8위 러시아 * 석유, 석탄, 천연가스

* 2019~2020년 우리나라의 총수출액, 총수입액을 기준으로 한 순위임.
[출처: 코트라 해외 시장 뉴스, 2021.]

(1) 우리나라와 가장 활발히 무역을 하는 나라를 쓰시오.

(　　　　　　　　　)

(2) 위 자료를 보고 알 수 있는 점을 쓰시오.

____

____

18 우리나라와 이웃 나라가 함께 해결해야 할 문제가 아닌 것을 다음 보기에서 찾아 기호를 쓰시오.

보기
㉠ 황사와 미세 먼지 문제
㉡ 역사적으로 갈등이 있는 문제
㉢ 우리나라의 정치인을 뽑는 문제

(　　　　　　　　　)

19 다음 어린이가 사용한 사진으로 알맞은 것은 어느 것입니까? (　　　)

어린이: 나는 미국에 대해 조사한 내용을 소책자로 만들어 봤어.

①

[출처: 셔터스톡]
로키산맥

②

[출처: 셔터스톡]
할롱 베이

③

[출처: 셔터스톡]
산간 지역의 계단식 논

④

[출처: 셔터스톡]
도쿄

20 다음 지도 속 사우디아라비아에 대해 조사한 내용으로 알맞지 않은 것은 어느 것입니까? (　　　)

① 덥고 건조한 기후가 나타난다.
② 아시아의 서쪽에 위치한 나라이다.
③ 관개 시설을 이용해 농사를 짓는다.
④ 화산, 온천 등이 많아 관광 산업이 발달했다.
⑤ 원유 수출로 얻은 수익을 국가 발전에 투자하고 있다.

대단원 서술형 평가 1회

1 다음은 세계의 모습을 볼 때 이용하는 공간 자료입니다. [총 10점]

(1) 위 공간 자료의 이름을 쓰시오. [4점]

( )

(2) 위 공간 자료의 특징을 쓰시오. [6점]

2 다음 그림을 보고 적도 부근과 극지방의 기온이 어떻게 다른지 햇빛의 양과 관련하여 쓰시오. [8점]

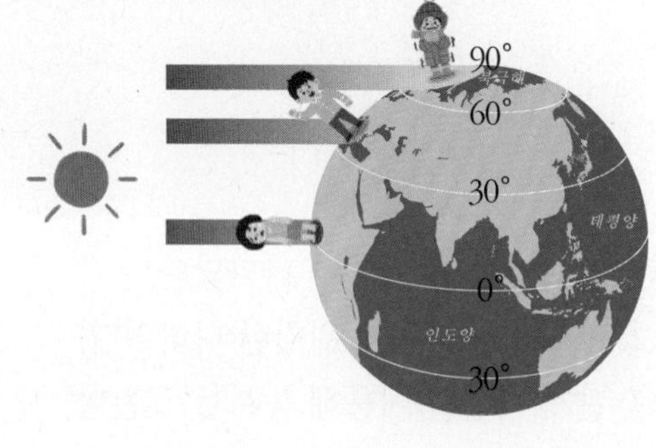

3 다음과 같이 적도 부근의 고산 지대에서 일찍부터 도시가 발달한 까닭을 기후와 관련하여 쓰시오. [8점]

▲ 에콰도르의 수도, 키토

4 다음 지도의 ㉠, ㉡ 나라와 우리나라 문화의 비슷한 점을 쓰시오. [8점]

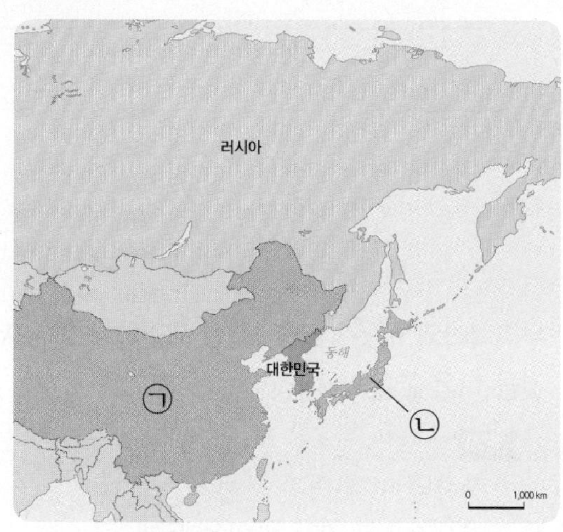

대단원 서술형 평가 2회

1. 세계의 여러 나라들

1 다음은 어떤 대륙에서 볼 수 있는 자연환경입니다. [총 10점]

▲ 오로라(아이슬란드)

▲ 알프스산맥(스위스 등)

(1) 위와 같은 자연환경을 볼 수 있는 대륙의 이름을 쓰시오. [4점]

( )

(2) 위 (1)번 답의 특징을 쓰시오. [6점]

2 다음 어떤 기후의 분포를 나타낸 지도입니다. [총 10점]

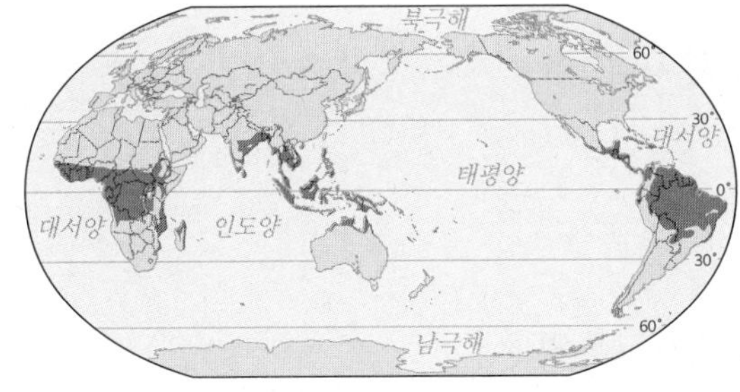

(1) 위 지도에 표시된 지역에서 공통적으로 나타나는 기후를 쓰시오. [4점]

( )

(2) 위의 지역에 사는 사람들의 생활 모습을 쓰시오. [6점]

3 오늘날 우리나라와 이웃 나라 사이에 이루어지는 교류의 특징을 쓰시오. [8점]

4 다음은 우리나라와 이웃 나라가 공동의 문제 해결을 위해 노력하는 모습입니다. [총 10점]

(1) 위 ☐ 안에 들어갈 알맞은 말을 **보기**에서 찾아 기호를 쓰시오. [4점]

보기
㉠ 전염병 확산 문제
㉡ 황사와 미세 먼지 문제

( )

(2) 위와 같이 함께 문제를 해결하기 위해 필요한 자세를 쓰시오. [6점]

단원 쪽지시험

2. ❶ 한반도의 미래와 통일

정답 31쪽

1 우리나라 영토의 동쪽 끝에 있는 섬은 무엇입니까?

2 우리나라는 독도를 (천연기념물 / 문화재)로 지정해 보호하고 있습니다.

3 우리나라와 일본 등의 옛 기록과 지도에는 독도가 (우리나라 / 일본) 영토라는 사실이 나타나 있습니다.

4 조선 시대에 독도 주변에서 어업을 하는 일본 어부들을 쫓아내고 독도가 우리나라 땅임을 확인받았던 사람은 누구입니까?

5 사이버 외교 사절단 [ ]는 대한민국의 해양 영토를 알리는 '한국 해양 지도'를 제작해 배포했습니다.

6 우리나라는 광복 이후 [ ]을 경계로 대한민국 정부와 북한 정권이 각각 수립되었습니다.

7 남북한 분단으로 인해 고향에 가지 못하거나 가족을 만날 수 없게 된 사람들을 [ ]이라고 합니다.

8 1972년에 있었던 7·4 남북 (공동 성명 / 기본 합의서)은/는 남북 정치 교류의 시작이었습니다.

9 남북한은 2005년부터 2016년까지 남한의 자본과 기술력에 북한의 노동력이 결합한 [ ] 공업 지구를 운영했습니다.

10 남북한의 군사적 충돌을 막기 위해 만든 지역은 무엇입니까?

대표 문제

2. ❶ 한반도의 미래와 통일

독도의 특성

독도의 지리적 특성을 알 수 있습니다.

1 다음 지도에 표시된 독도에 대한 설명으로 알맞은 것은 어느 것입니까? (　　　)

① 대략 남위 37°, 서경 132°에 있다. (남위 → 북위, 서경 → 동경)

② 우리나라 영토의 서쪽 끝에 있다. (서쪽 → 동쪽)

③ 남도와 북도 두 개의 큰 섬이 있다. (남도 → 동도, 북도 → 서도)

④ 행정구역상 경상북도 울릉군 울릉읍에 속한다.

⑤ 맑은 날에는 일본에서 독도를 맨눈으로 볼 수 있다. (일본 → 울릉도)

2 다음에서 설명하는 우리나라의 영토는 어디입니까? (　　　)

> • 우리나라 영토의 동쪽 끝에 있는 섬입니다.
> • 동해상에서 선박의 항로뿐만 아니라 항공 교통과 방어 기지로서도 중요한 위치에 있습니다.

① 독도　　② 울릉도
③ 마라도　　④ 거제도
⑤ 제주특별자치도

남북통일을 위한 노력

남북통일을 위한 노력을 설명할 수 있습니다.

3 통일을 위한 남북한의 사회·문화적 노력으로 알맞은 것은 어느 것입니까? (　　　)

①

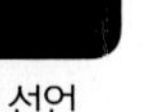
6·15 남북 공동 선언 (정치적 노력)

②
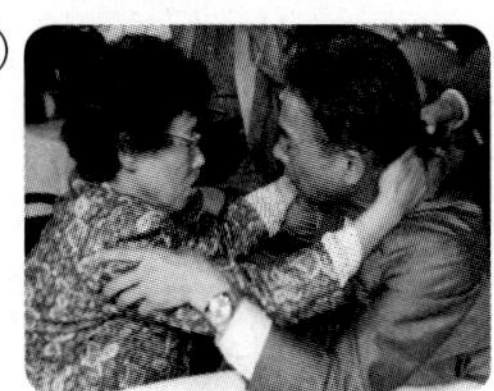
남북 이산가족 상봉

③

7·4 남북 공동 성명 (정치적 노력)

④

개성 공업 지구 운영 (경제적 노력)

4 다음은 무엇에 대한 설명입니까? (　　　)

> • 통일을 위한 남북한의 경제적 노력입니다.
> • 남한의 자본과 기술력에 북한의 노동력이 결합한 경제 협력 사례입니다.

① 금강산 관광
② 남북 이산가족 상봉
③ 개성 공업 지구 운영
④ 6·15 남북 공동 선언
⑤ 남북 평화 협력 합동 공연

단원 쪽지시험

2. ② 지구촌의 평화와 발전

정답 31쪽

1 이스라엘과 (에티오피아 / 팔레스타인)의 분쟁에는 여러 나라가 얽혀 위험한 상황이 계속되고 있습니다.

2 파키스탄과 인도 사이에는 (포클랜드 / 카슈미르) 지역을 둘러싸고 심각한 갈등이 계속되고 있습니다.

3 전쟁과 재난으로 어려움에 처한 사람들을 무엇이라고 합니까?

4 국제기구는 여러 (나라 / 시민 단체)가 모여 지구촌의 평화와 협력을 위해 활동하는 단체입니다.

5 1945년 지구촌의 평화 유지와 전쟁 방지 등을 위해 만들어진 대표적인 국제기구는 무엇입니까?

6 지구촌의 여러 문제를 해결하기 위해 뜻이 비슷한 개인들이 모여 활동하는 단체를 [ ]라고 합니다.

7 전쟁, 재해, 전염병 등으로 고통받는 사람들에게 종교, 민족 등과 관계없이 의료 서비스를 제공하는 비정부 기구는 무엇입니까?

8 부당하게 인권을 탄압받는 사람들의 인권을 보호하기 위한 활동을 하는 비정부 기구는 무엇입니까?

9 우리나라는 국제 연합(UN)의 요청으로 오랜 전쟁으로 고통받는 레바논에 평화 유지군인 (한국 국제 협력단 / 동명부대)을/를 파견했습니다.

10 1991년 지뢰 금지 국제 운동(ICBL) 단체를 만들고 123개 나라로부터 더 이상 지뢰를 사용하지 않겠다는 약속을 받아 낸 인물은 누구입니까?

대표 문제

2. ② 지구촌의 평화와 발전

○ 지구촌 갈등 사례

지구촌의 평화와 발전을 위협하는 다양한 갈등 사례를 알 수 있습니다.

1 다음 지역에서 일어나고 있는 지구촌 갈등 문제에 대한 설명으로 알맞은 것은 어느 것입니까? (　　　)

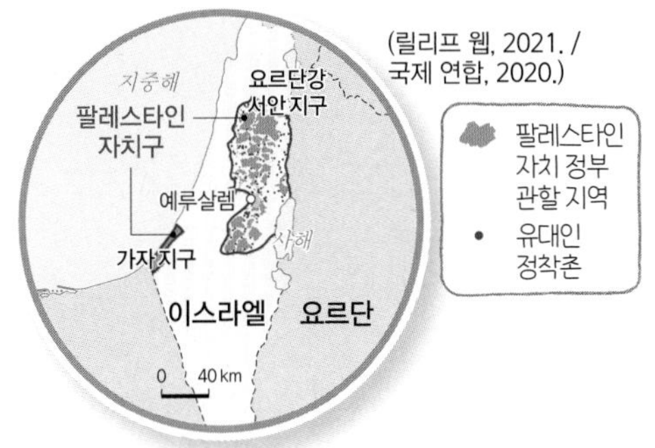

① 카슈미르 분리 분쟁이 이어지고 있다. → 파키스탄과 인도의 갈등

② 80여 개의 민족이 내전을 벌이고 있다. → 에티오피아 내전

③ 이스라엘과 팔레스타인의 분쟁이 계속되고 있다.

④ 독재 정치와 종교 갈등으로 내전이 계속되고 있다. → 예) 시리아 내전

⑤ 포클랜드 제도의 소유권을 둘러싸고 갈등이 이어지고 있다. → 영국과 아르헨티나의 갈등

2 이스라엘－팔레스타인 분쟁의 원인을 두 가지 고르시오. (　　,　　)

① 종교 갈등　　② 언어 문제
③ 독재 정치　　④ 영토 문제
⑤ 에너지 문제

○ 지구촌 갈등 문제 해결을 위한 노력

지구촌 갈등 문제를 해결하기 위한 다양한 사람들의 노력을 알 수 있습니다.

3 다음 단체에 대한 설명으로 알맞은 것은 어느 것입니까? (　　　)

▲ 국경 없는 의사회

① 핵무기와 관련된 모든 것을 반대한다. → 예) 핵무기 폐기 국제 운동

② 터전을 잃어버린 사람들에게 집을 지어 준다. → 예) 해비타트

③ 종교, 민족 등과 관계없이 의료 서비스를 제공한다.

④ 난민들에게 안전한 피난처와 식수, 생활용품 등을 제공한다. → 예) 국제 연합 난민 기구(UNHCR)

⑤ 전 세계에서 긴급한 상황으로 어려움에 처한 사람들에게 식량을 지원한다. → 예) 세계 식량 계획(WFP)

4 다음에서 설명하는 기구는 무엇입니까? (　　　)

> 전 세계에서 전쟁, 내전, 자연재해 등 긴급한 상황으로 어려움에 처한 사람들에게 식량을 지원합니다.

① 해비타트　　② 세계 식량 계획
③ 세이브 더 칠드런　　④ 지뢰 금지 국제 운동
⑤ 국제 연합 교육 과학 문화 기구

단원 쪽지시험

2. ❸ 지속가능한 지구촌

정답 32쪽

1 빙하가 녹아 해수면이 높아지는 문제는 (지구 온난화 / 초미세 먼지의 증가)로 인해 발생합니다.

2 사람들이 버린 ☐ 쓰레기는 잘 썩지 않아 땅과 강, 바다를 오염시키고 생태계를 파괴합니다.

3 환경문제를 해결하기 위해 기업은 (종이 / 비닐)로 만든 포장재를 사용합니다.

4 환경문제를 해결하기 위해 환경과 관련된 법과 제도를 만들어 개인과 기업이 이를 실천하도록 하는 곳은 어디입니까?

5 지구촌 사람들은 ☐한 미래를 위해 현재뿐만 아니라 미래 세대의 환경과 발전을 고려하여 책임감 있게 행동해야 합니다.

6 먹을 것이 없어 굶주리는 것을 무엇이라고 합니까?

7 폐지나 돌가루, 코코넛 껍질과 같이 버려진 자원으로 만드는 종이를 무엇이라고 합니까?

8 지구촌 사람들은 문화적 편견과 차별을 없애기 위해 다양한 문화를 배우고 체험하며 서로의 문화를 (무시 / 존중)합니다.

9 지구촌 문제가 우리의 문제임을 알고 이를 해결하고자 협력하는 자세를 지닌 사람을 무엇이라고 합니까?

10 지속가능한 미래를 위해 쓰레기를 ☐해서 버려야 합니다.

대표 문제

2. ③ 지속가능한 지구촌

● 지구촌의 환경문제
지구촌의 주요 환경문제에 대해 설명할 수 있습니다.

1 다음 사진과 가장 관련 있는 환경문제는 어느 것입니까? (　　　)

태평양의 거대한 쓰레기섬

① 지역 개발로 넓은 면적의 열대 우림이 없어지고 있다. → 열대 우림 파괴
② 지구의 평균 기온이 지난 100년 동안 꾸준히 상승했다. → 지구 온난화
③ 공장 오염 물질 때문에 공기 중 초미세 먼지 농도가 증가했다. → 초미세 먼지 증가
④ 썩지 않는 플라스틱 쓰레기가 땅과 강, 바다를 오염시키고 있다.
⑤ 해수면이 높아지고, 일부 해안 지역은 바닷물이 들이닥쳐 사람들이 살 땅을 잃고 있다. → 지구 온난화

2 지구 온난화의 원인으로 가장 알맞은 것은 어느 것입니까? (　　　)
① 해수면이 낮아지고 있기 때문이다.
② 플라스틱 쓰레기가 썩지 않기 때문이다.
③ 브라질이 아마존 지역을 보존하고 있기 때문이다.
④ 세계의 공장에서 오염 물질을 정화하고 있기 때문이다.
⑤ 공장이나 자동차 등에서 이산화 탄소와 같은 온실가스가 지나치게 배출되기 때문이다.

● 지속가능한 미래를 위한 과제
지속가능한 미래를 위해 우리가 해야 할 일을 알 수 있습니다.

3 다음 그림을 참고하여 지속가능한 미래를 위해 우리가 실천할 수 있는 일로 알맞은 것은 어느 것입니까? (　　　)

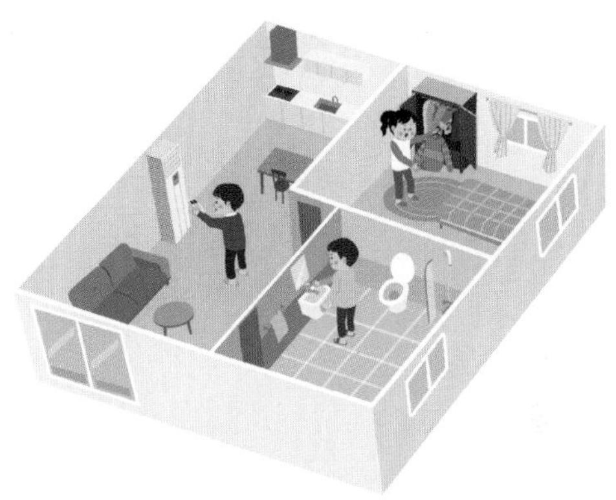

① 잘 안 입는 옷은 버린다. → 재활용할 수 있는 곳에 기부한다.
② 물은 필요한 만큼만 사용한다.
③ 여름철 실내 온도는 21℃~22℃로 맞춘다. → 25℃~26℃
④ 쓰레기는 모두 한 봉투에 모아서 버린다. → 분리배출해서 버린다.
⑤ 고기로 만든 음식을 많이 먹도록 노력한다. → 이산화 탄소를 줄이기 위해 채식을 많이 먹도록 노력한다.

4 지속가능한 미래를 위한 과제로 알맞지 않은 것은 어느 것입니까? (　　　)
① 학용품을 아껴 쓴다.
② 쓰레기를 분리배출해서 버린다.
③ 먼 곳에서 생산된 과일을 구입한다.
④ 여름철 실내 온도는 25℃~26℃로 맞춘다.
⑤ 학교 급식 메뉴에 채식 식단을 추가해 달라고 건의한다.

2 단원

대단원 평가 1회

2. 통일 한국의 미래와 지구촌의 평화

1 독도에 대한 설명으로 알맞지 않은 것은 어느 것입니까? (　　　)

① 화산 활동으로 생긴 섬이다.
② 독특한 지형과 모습을 지니고 있다.
③ 주변 바다 밑바닥에는 석유가 묻혀 있다.
④ 다양한 동식물이 서식하는 생태계의 보고이다.
⑤ 차가운 바닷물과 따뜻한 바닷물이 만나 해양 생물의 먹이가 풍부하다.

2 독도에 대한 옛 기록과 지도 중 다음에서 설명하는 자료는 어느 것입니까? (　　　)

- 1454년에 간행되었습니다.
- 울릉도(무릉)와 독도(우산)가 강원도에 속한 섬이라고 기록했습니다.

①

「세종실록」「지리지」

②

「신증동국여지승람」「팔도총도」

③
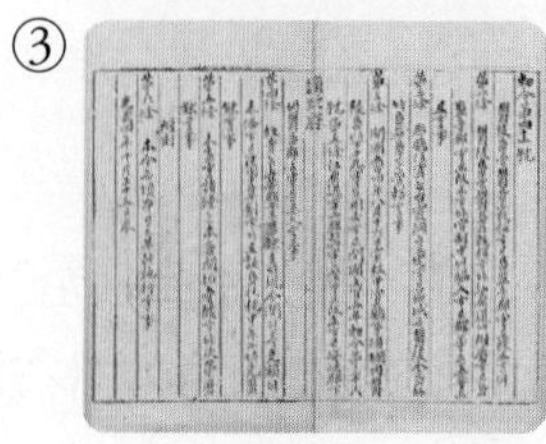
「대한 제국 칙령 제41호」

④

[출처: 수원시박물관사업소]
「삼국접양지도」

3 독도를 지키기 위해 다음과 같은 일을 하는 사람은 누구입니까? (　　　)

> 독도를 알리고, 독도를 잘못 소개한 정보나 자료를 찾아 수정을 요구하는 등의 노력을 하고 있습니다.

① 이사부
② 안용복
③ 최종덕
④ 독도 의용 수비대
⑤ 사이버 외교 사절단 반크

4 오늘날 남북 분단의 문제점으로 알맞지 않은 것은 어느 것입니까? (　　　)

① 문화의 차이가 벌어지고 있다.
② 남북한 모두 경제적으로 손실이 크다.
③ 전쟁에 대한 불안감이 조성되고 있다.
④ 비무장 지대의 환경이 파괴되고 있다.
⑤ 이산가족이 오랫동안 만나지 못하고 있다.

서술형·논술형 문제

5 남북통일이 필요한 까닭을 한 가지만 쓰시오.

____

____

6 통일을 위한 남북한의 노력으로 알맞지 <u>않은</u> 것은 어느 것입니까? (　　　)

① 개성 공업 지구 운영
② 금강산 관광 사업 시행
③ 남북 기본 합의서 채택
④ 평창 동계 올림픽 개최
⑤ 남북 이산가족 상봉 행사 개최

7 다음 지도를 보고 알 수 있는 통일 한국의 모습으로 알맞은 것은 어느 것입니까? (　　　)

① 전통문화를 함께 발전시키기 어렵다.
② 전쟁에 대한 사람들의 두려움이 커진다.
③ 북한 친구들과 서로의 문화를 이해할 수 없다.
④ 시베리아 횡단 열차를 타고 유럽에 갈 수 있다.
⑤ 국방비를 늘려 국민의 삶의 질을 높이는 곳에 사용할 수 있다.

8 다음과 같은 지구촌 갈등을 겪고 있는 나라는 어디입니까? (　　　)

- 대통령의 독재 정치와 종교 문제 때문에 발생해 10년 넘게 계속되고 있습니다.
- 계속되는 내전으로 도시는 폐허가 되었고, 수많은 난민이 발생했습니다.

① 시리아　　② 이스라엘
③ 파키스탄　　④ 네덜란드
⑤ 아르헨티나

9 다음 그림의 어린이가 편지를 쓰는 까닭은 무엇입니까? (　　　)

국제 앰네스티의 편지 쓰기 활동

① 탈레반 점령 지역의 어린이들을 돕기 위해
② 아프가니스탄 난민들에 대한 지원 요청을 위해
③ 시리아 난민들에게 식사 제공을 요청하기 위해
④ 인권 침해로 감옥에 있는 사람들을 석방하기 위해
⑤ 지뢰를 사용하지 않겠다는 약속을 받아내기 위해

10 국제 연합(UN)에 대한 설명으로 알맞은 것을 두 가지 고르시오. (　　,　　)

① 대표적인 비정부 기구이다.
② 평화를 뜻하는 초록색을 상징물에 사용한다.
③ 1945년 지구촌의 평화 유지를 위해 만들어졌다.
④ 여러 나라가 모여 지구촌의 평화를 위해 활동한다.
⑤ 해비타트, 세이브 더 칠드런 등의 기구를 두고 있다.

11 다음에서 설명하는 단체는 어느 것입니까? (   )

> 전쟁과 재난 등으로 어려움에 처한 사람들에게 안전한 피난처와 식수, 필수 생활용품 등을 제공하고, 그들이 고향으로 돌아가거나 새로운 곳에 안전하게 정착할 수 있도록 돕습니다.

① 세이브 더 칠드런
② 국경 없는 의사회
③ 국제 연합 난민 기구
④ 국제 연합 아동 기금
⑤ 국제 지뢰 금지 운동

12 다음과 같은 단체들이 활동하는 까닭을 쓰시오.

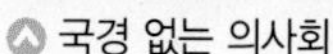
국경 없는 의사회

세이브 더 칠드런

____

____

13 지구촌 평화와 발전을 위한 우리나라의 노력으로 알맞지 않은 것을 보기 에서 찾아 기호를 쓰시오.

보기
㉠ 핵 확산 금지 조약과 생물 무기 금지 협약에 가입했습니다.
㉡ 오랜 전쟁으로 고통받는 레바논 사람들을 난민으로 받아들여 우리나라 정착을 도왔습니다.
㉢ 민주화 시위를 무력으로 진압한 미얀마 군대 및 경찰과의 협력을 끊겠다고 발표했습니다.

(   )

14 이태석이 지구촌 평화와 발전을 위해 한 일로 알맞은 것은 어느 것입니까? (   )

① 한국 국제 협력단을 운영했다.
② 탈레반 점령 지역의 실상을 알렸다.
③ 남수단 톤즈에 병원과 학교를 지었다.
④ 지뢰 금지 국제 운동 단체를 만들었다.
⑤ 모든 어린이의 교육받을 권리를 위해 세계 곳곳에서 연설했다.

15 다음과 같은 환경문제에 직접적으로 영향을 준 원인은 어느 것입니까? (   )

태평양 위 거대한 쓰레기섬

① 냉난방기 등을 과도하게 사용하고 있다.
② 개발을 위해 열대 우림을 파괴하고 있다.
③ 공장과 자동차의 수가 점점 더 많아지고 있다.
④ 바다의 물고기를 지나치게 많이 잡아들이고 있다.
⑤ 배송·배달과 관련된 쓰레기 배출이 급증하고 있다.

16 **지구촌 환경문제 해결을 위해 정부에서 하는 노력은 어느 것입니까? (   )**

①

재사용 가능한 보랭 가방에 담아 배송하기

②

가전제품의 에너지 소비 효율 등급 기준 높이기

③

비닐 대신 종이로 만든 포장재 사용하기

④

친환경 제품이나 에너지 고효율 제품 사기

서술형·논술형 문제

17 **다음은 환경문제를 해결하기 위한 노력입니다.**

일회용품 사용을 줄이자는 운동을 하고 있어요.
세탁소 1회용 비닐커버 NO NO!
Laundary plastic covers

[출처: 연합뉴스]

(1) 지구촌 환경문제 해결을 위해 위와 같은 활동을 하는 주체는 정부와 시민 단체 중 누구인지 쓰시오.

(   )

(2) 위 (1)번의 사람들이 환경문제 해결을 위해 하는 일을 한 가지만 더 쓰시오.

____

____

18 **지속가능한 미래를 위한 행동으로 알맞지 않은 것은 어느 것입니까? (   )**

① 다양한 문화를 존중한다.
② 지구촌 환경문제에 관심을 갖는다.
③ 자원 낭비를 줄이고 재활용을 한다.
④ 지구촌 빈곤 퇴치를 위해 남은 동전을 기부한다.
⑤ 가전제품의 에너지 소비 효율 등급 기준을 낮추기 위해 노력한다.

19 **다음과 같은 문제의 해결 방법으로 알맞은 것을 두 가지 고르시오. (,   )**

제가 믿는 종교를 이야기하면 무섭다고 저를 피해요.
아시아인이라는 이유로 놀림받고 따돌림을 당해요.

① 친환경 제품을 산다.
② 제로 웨이스트 숍을 자주 이용한다.
③ 지구촌 다문화 체험 행사를 개최한다.
④ 식량난을 겪고 있는 나라에 농작물 생산 방법을 알려 준다.
⑤ 편견과 차별로 고통받는 사람들에게 필요한 도움을 지원한다.

20 **지속가능한 미래를 위해 우리가 할 수 있는 일을 잘못 알고 있는 어린이를 쓰시오.**

미진: 급식은 다 먹지 않고 남기는 게 좋아.
주원: 과일은 가까운 데서 생산된 것을 사야 해.
영지: 잘 안 입는 옷은 재활용할 수 있는 곳에 기부해야겠어.

(   )

대단원 평가 2회

2. 통일 한국의 미래와 지구촌의 평화

1 다음은 무엇에 대한 설명인지 지도에서 찾아 쓰시오.

• 대략 북위 37°, 동경 132°에 있습니다.
• 우리나라 영토의 동쪽 끝에 있는 섬입니다.

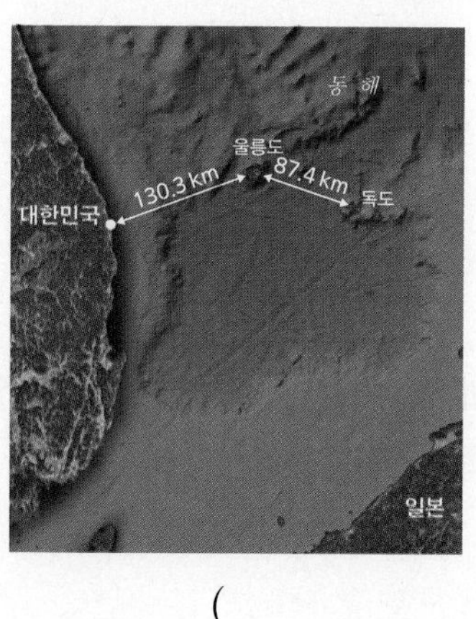

( )

2 독도에서 볼 수 있는 '천장굴'의 모습은 어느 것입니까? ( )

①

②

③

④

3 독도에 대한 옛 기록 중 다음과 같은 내용이 담긴 것은 무엇입니까? ( )

"죽도와 그 밖의 일도에 관한 것은 본국(일본)과는 관계가 없음을 명심할 것."

① 「대일본전도」
② 「태정관 지령」
③ 「대한 제국 칙령 제41호」
④ 『신증동국여지승람』 「팔도총도」
⑤ 「연합국 최고 사령관 각서 제677호」

4 다음 두 지도를 통해 알 수 있는 점을 두 가지 고르시오. (,)

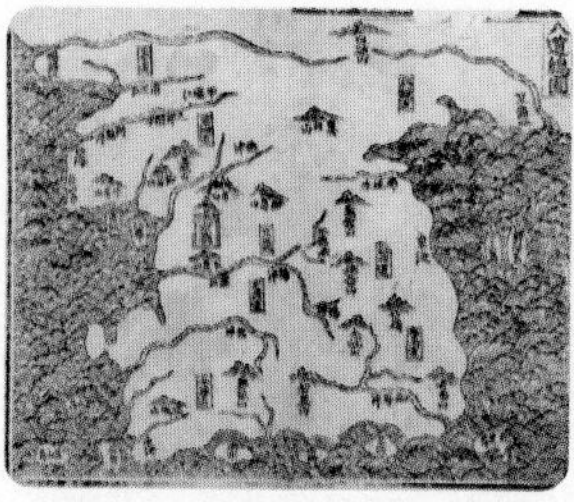
『신증동국여지승람』 「팔도총도」

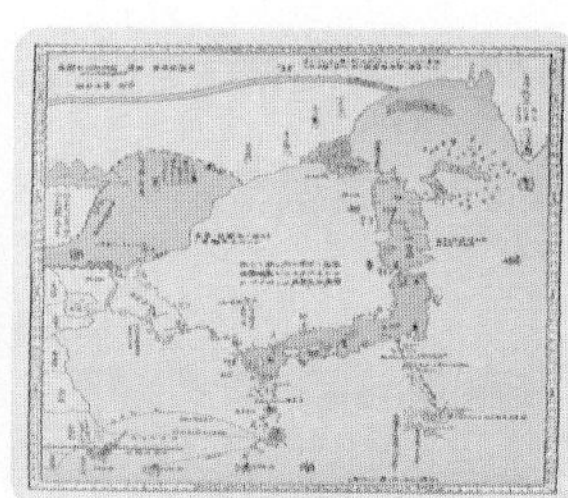
「삼국접양지도」

① 우리 조상들은 독도를 우리 땅이라고 생각했다.
② 우리 조상들은 독도를 우리 땅이라고 생각하지 않았다.
③ 옛날 일본 사람들은 독도를 일본 땅이라고 생각했다.
④ 옛날 일본 사람들은 독도를 일본 땅이라고 생각하지 않았다.
⑤ 옛날 우리 조상들과 일본 사람들 모두 독도를 자신들의 땅이라고 생각하지 않았다.

5 신라 시대에 우산국을 정복한 인물은 누구입니까? ( )

① 안용복 ② 김유신 ③ 이사부
④ 최종덕 ⑤ 독도 의용 수비대

서술형·논술형 문제

6 **다음은 남북 분단으로 인해 어려움을 겪고 있는 사람의 모습입니다.**

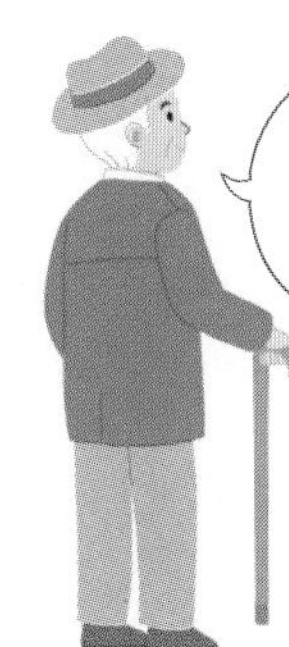

저는 평양에서 태어났어요.
6·25 전쟁이 일어나 남쪽으로 피난 올 때
동생과 손을 놓쳐 서로 헤어졌지요.
죽기 전의 소원이 있다면 동생을 만나
함께 고향에 가 보는 거예요.

(1) 위와 같이 남북 분단으로 서로 소식을 모르는 가족을 무엇이라고 하는지 쓰시오.

( )

(2) 위 (1)번 답을 제외하고 남북 분단의 문제점을 한 가지만 쓰시오.

____

____

7 **남북한이 통일을 하면 좋은 점을 두 가지 고르시오.** (,)

① 전쟁의 불안감이 지속된다.
② 남북 간의 문화적 차이가 커진다.
③ 남북한의 전통문화를 함께 발전시킬 수 있다.
④ 무기를 만드는 등에 필요한 국방비가 늘어난다.
⑤ 북한의 풍부한 자원, 남한의 앞선 기술과 자본이 결합해 경제가 성장할 수 있다.

8 **다음 중 통일을 위한 정치적 노력은 어느 것입니까?** ( )

①

6·15 남북 공동 선언

②

금강산 관광

③

개성 공업 지구 운영

④

경의선 및 동해선 철도·도로 연결 착공식

9 **지구촌 갈등과 그 원인에 대해 바르게 말한 어린이를 쓰시오.**

성희: 에티오피아 내전은 독재 정치와 종교 문제로 발생했어.
주현: 카슈미르 분쟁은 북극해 지역 개발권을 둘러싼 갈등이야.
여울: 이스라엘과 팔레스타인 간에는 영토와 종교 문제 때문에 갈등이 발생했어.

( )

서술형·논술형 문제

10 **지구촌 평화와 발전을 위해 우리가 할 수 있는 일을 쓰시오.**

____

____

11 다음과 같은 일을 하는 국제 연합(UN)의 기구는 무엇입니까? (　　　)

> 전 세계인의 건강을 위한 연구와 전염병 예방, 치료를 위해 노력합니다.

① 세계 식량 계획　② 세계 보건 기구
③ 국제 노동 기구　④ 국제 연합 아동 기금
⑤ 국제 연합 난민 기구

12 시리아 내전 현장에서 다음과 같은 활동을 한 비정부 기구를 보기에서 찾아 쓰시오.

> 난민 캠프의 아이들이 안전한 환경에서 공부하고 친구들과 어울릴 수 있도록 돕습니다.

보기
• 세이브 더 칠드런　• 핵무기 폐기 국제 운동

(　　　　　　　　)

13 비정부 기구의 활동으로 알맞지 않은 것을 보기에서 찾아 기호를 쓰시오.

보기
㉠ 그린피스: 핵실험 반대, 자연 보호 운동
㉡ 해비타트: 핵무기와 관련된 모든 것에 반대
㉢ 국제 앰네스티: 인권을 탄압받는 사람들의 인권 보호
㉣ 국경 없는 의사회: 질병이나 재해 등으로 고통받는 사람들에게 의료 서비스 제공

(　　　　　　　　)

14 조디 윌리엄스에 대한 설명으로 알맞은 것은 어느 것입니까? (　　　)

① 남수단 사람들을 위해 헌신했다.
② 지뢰 금지 국제 운동 단체를 만들었다.
③ 탈레반에 의해 억압받는 일상을 전했다.
④ 이라크 북부 지역의 여성들을 돕기 위해 지원 센터를 건립했다.
⑤ 모든 어린이의 교육받을 권리를 위해 세계 곳곳에서 연설을 했다.

15 다음은 지구촌의 어떤 문제로 인해 발생하는 일입니까? (　　　)

> 호흡기 질환을 앓는 사람들이 많아졌습니다.

① 산호 백화 현상이 나타나고 있다.
② 플라스틱 쓰레기가 증가하고 있다.
③ 지구 온난화가 빠르게 진행되고 있다.
④ 공장이나 자동차로 인한 초미세 먼지가 증가하고 있다.
⑤ 이산화 탄소와 같은 온실가스가 지나치게 배출되고 있다.

서술형·논술형 문제

16 지구촌 환경문제를 해결하기 위한 기업의 노력을 한 가지만 쓰시오.

____

____

17 지구촌 환경문제를 해결하기 위한 노력으로 알맞지 않은 것은 어느 것입니까? (　　　)

① 개인: 올바른 방법으로 분리배출을 한다.
② 정부: 매장 내 일회용품 사용을 권장한다.
③ 세계: 서로 협력하여 대응책을 세우고 실천한다.
④ 개인: 사용하지 않는 전자 제품의 플러그를 뽑는다.
⑤ 시민 단체: 사람들의 환경 보호 의식을 높이는 환경 운동을 한다.

18 기아와 빈곤 문제가 발생하는 까닭으로 알맞은 것을 보기 에서 두 가지 찾아 기호를 쓰시오.

보기
㉠ 게으른 사람들이 많기 때문에
㉡ 부와 음식의 불평등이 심각하기 때문에
㉢ 교육을 받기 싫어하는 사람들이 많기 때문에
㉣ 자연재해와 전쟁 등으로 터전을 잃고 물과 식량이 부족해진 사람들이 많기 때문에

(　　　　,　　　　)

19 다음과 같은 일을 진행하는 까닭으로 알맞은 것은 어느 것입니까? (　　　)

지구촌 다문화 체험 행사

다문화 인구를 위한 지원

① 동물을 보호하기 위해서
② 난민들을 보호하기 위해서
③ 환경문제를 해결하기 위해서
④ 문화적 편견과 차별을 해소하기 위해서
⑤ 빈곤과 기아에 시달리는 세계의 많은 어린이를 돕기 위해서

20 다음 그림에서 세계시민으로서의 행동이 바람직하지 않은 어린이를 찾아 기호를 쓰시오.

(　　　　　　)

2 단원

대단원 서술형 평가 1회

2. 통일 한국의 미래와 지구촌의 평화

1 다음은 우리나라의 동쪽 끝에 있는 섬입니다. [10점]

(1) 위 섬의 이름을 쓰시오. [4점]

( )

(2) 위 (1)번 답을 지키기 위한 사람들의 노력을 한 가지만 쓰시오. [6점]

---

2 다음과 같은 지구촌 갈등이 사라지지 않는 까닭을 쓰시오. [8점]

[출처: 연합뉴스]

2021년 5월, 이스라엘군의 공격으로 파괴된 건물 앞을 지나가는 팔레스타인 주민

인도 경찰을 향해 돌을 던지는 카슈미르 지역 시위대

---

3 다음 단체가 지구촌 평화와 발전을 위해 하는 일을 쓰시오. [8점]

핵무기 폐기 국제 운동

---

4 다음 자료 속 문제를 해결하기 위한 노력을 쓰시오. [8점]

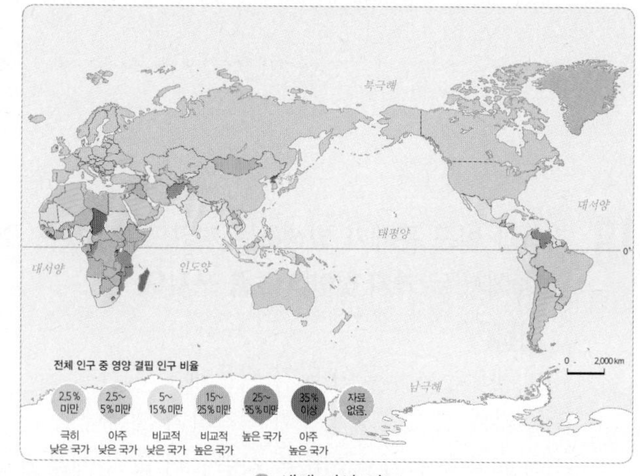

세계 기아 지도

대단원 서술형 평가 2회

1 다음은 통일 전망대에서 바라본 비무장 지대의 모습입니다. [총 8점]

(1) 다음 (　　) 안의 알맞은 말에 ○표를 하시오. [2점]

비무장 지대는 남북한의 (경제적 / 군사적) 충돌을 막기 위해 만들어졌습니다.

(2) 위의 지역이 오늘날 갖게 된 의의를 쓰시오. [6점]

2 다음 사진 속 인물이 지구촌 평화와 발전을 위해 한 일을 쓰시오. [8점]

말랄라 유사프자이

3 다음은 지구촌 환경문제로 인해 나타나는 상황입니다. [총 10점]

남태평양의 섬나라 투발루는 해수면 상승으로 국토가 바닷물에 잠길 위험에 처했습니다.

(1) 위와 같은 상황에 영향을 준 지구촌 환경문제를 보기 에서 찾아 쓰시오. [4점]

보기
- 지구 온난화
- 산호 백화 현상

(　　　　　　　　)

(2) 위 (1)번의 환경문제를 해결하기 위해 우리가 할 수 있는 일을 쓰시오. [6점]

4 다음 그림을 참고하여 모두가 행복한 지구촌을 만들 수 있는 방법을 쓰시오. [6점]

쓰레기를 분리배출 해서 버리자.
오늘은 남기지 말고 다 먹어야지.
매점
우리 학교 급식 메뉴에 채식 식단을 추가해 달라고 건의하자.

MEMO

배움으로 행복한 내일을 꿈꾸는

천재교육 커뮤니티 안내

교재 안내부터 구매까지 한 번에!

천재교육 홈페이지

자사가 발행하는 참고서, 교과서에 대한 소개는 물론
도서 구매도 할 수 있습니다. 회원에게 지급되는 별을 모아
다양한 상품 응모에도 도전해 보세요!

다양한 교육 꿀팁에 깜짝 이벤트는 덤!

천재교육 인스타그램

천재교육의 새롭고 중요한 소식을 가장 먼저 접하고 싶다면?
천재교육 인스타그램 팔로우가 필수!
깜짝 이벤트도 수시로 진행되니 놓치지 마세요!

수업이 편리해지는

천재교육 ACA 사이트

오직 선생님만을 위한, 천재교육 모든 교재에 대한 정보가 담긴
아카 사이트에서는 다양한 수업자료 및 부가 자료는 물론
시험 출제에 필요한 문제도 다운로드하실 수 있습니다.

https://aca.chunjae.co.kr

천재교육을 사랑하는 샘들의 모임

천사샘

학원 강사, 공부방 선생님이시라면 누구나 가입할 수 있는 천사샘!
교재 개발 및 평가를 통해 교재 검토진으로 참여할 수 있는 기회는 물론
다양한 교사용 교재 증정 이벤트가 선생님을 기다립니다.

아이와 함께 성장하는 학부모들의 모임공간

튠맘 학습연구소

튠맘 학습연구소는 초·중등 학부모를 대상으로 다양한 이벤트와 함께
교재 리뷰 및 학습 정보를 제공하는 네이버 카페입니다.
초등학생, 중학생 자녀를 둔 학부모님이라면 튠맘 학습연구소로 오세요!

BOOK 3

정답과 풀이

코칭북

사회 리더

천재교육

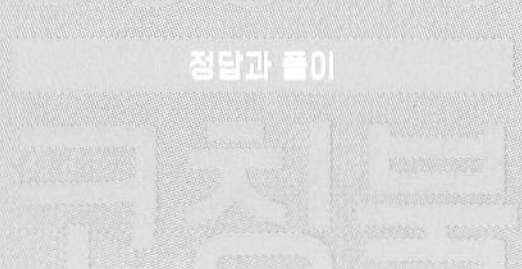
BOOK 3
정답과 풀이
코칭북

정답과 풀이

6-2

1. ❶ 지구, 대륙 그리고 국가들

❶ 다양한 공간 자료

단원평가 2~3쪽

1 ② 2 ④ 3 ⑤ 4 (2) ○ 5 ⑤
6 예 땅과 바다의 모양이 실제와 다르게 표현된다. 지도에서 두 지점 사이의 거리가 실제와 다를 수 있다.
7 디지털 영상 지도 8 ㉤ 9 ① 10 (1) ○

1 지구본, 세계지도, 디지털 영상 지도 등의 공간 자료를 활용하면 세계 여러 나라의 위치와 영토의 특징을 알 수 있습니다.

2 위도는 적도를 기준으로 남북으로 얼마나 떨어졌는지 나타내는 정도를 말합니다.

3 ①, ②는 세계지도, ③, ④는 디지털 영상 지도에 대한 설명입니다. 지구본을 이용하면 세계 여러 지역 간 거리를 비교적 정확하게 파악할 수 있습니다.

4 둥근 지구를 평면으로 나타낸 세계지도는 전 세계의 모습을 한눈에 볼 수 있고, 보관과 휴대가 편리합니다.

5 우리나라와 경도가 비슷한 나라에는 필리핀, 오스트레일리아 등이 있습니다.

6 세계지도는 둥근 지구를 평면에 나타냈기 때문에 땅과 바다의 모양이 실제와 다르게 표현되기도 하고, 지도에서 두 지점의 거리도 실제와 다를 수 있습니다.

채점 기준

내용	등급
정답 키워드 모양 | 거리 | 다르다 '땅과 바다의 모양이 실제와 다르게 표현된다.', '지도에서 두 지점 사이의 거리가 실제와 다를 수 있다.' 등의 내용을 정확히 씀.	상
제시된 자료를 보고 세계지도의 단점을 썼으나 구체적이지 않음.	하

7 디지털 영상 지도를 이용하면 다양한 정보를 빠르게 얻을 수 있습니다.

8 ⊞ 단추를 누르면 화면이 확대되어 자세한 정보를 볼 수 있고, ⊟ 단추를 누르면 화면이 축소되어 넓은 면적의 지도를 볼 수 있습니다.

9 ㉡ 기능을 이용하면 이동 경로를 검색할 수 있습니다.

10 다양한 공간 자료를 활용해 여러 나라의 위치, 환경 등을 알 수 있습니다.

❷ 세계의 대양과 대륙

단원평가 4~5쪽

1 ❶ 바다 ❷ 육지 2 ③ 3 ②
4 (1) ㉣ (2) ㉠ 5 ④ 6 (1) ○ 7 ①
8 ①, ⑤ 9 ① 10 예 아메리카, 유럽, 아프리카 대륙 사이에 위치한다.

1 우리가 사는 지구는 육지와 바다로 이루어져 있고, 바다의 면적이 육지의 면적보다 더 넓습니다.

2 세계에서 가장 넓은 바다인 태평양은 우리나라와 접해 있습니다.

3 인도양은 북반구와 남반구에 걸쳐 있습니다.

4 북극해는 대부분 얼음으로 덮여 있고, 남극해는 다른 대양과 달리 대륙으로 둘러싸여 있지 않습니다.

5 북아메리카와 남아메리카 대륙은 서쪽은 태평양, 동쪽은 대서양과 접해 있습니다.

6 아프리카 대륙은 아시아 다음으로 큰 대륙입니다.

왜 틀렸을까?
(나)는 남아메리카 대륙으로 북아메리카 대륙의 남쪽에 있으며, 태평양과 대서양 사이에 위치합니다.

7 유럽은 아시아 대륙의 서쪽에 위치한 대륙으로, 다른 대륙에 비해 좁지만 많은 나라가 있습니다.

더 알아보기
유럽의 나라들
스웨덴, 영국, 에스파냐, 이탈리아, 체코 등의 나라가 있으며 이탈리아 로마 시내에는 세계에서 영토 면적이 가장 좁은 나라인 바티칸 시국이 있습니다.

8 오세아니아 대륙의 남쪽은 남극해와 접해 있고, 태평양과 인도양 사이에 있습니다.

9 아시아는 우리나라가 속한 대륙이자 가장 넓은 대륙입니다.

10 대서양은 두 번째로 큰 바다입니다.

채점 기준

내용	등급
정답 키워드 아메리카 | 유럽 | 아프리카 '아메리카, 유럽, 아프리카 대륙 사이에 위치한다.' 등의 내용을 정확히 씀.	상
제시된 지도를 보고 대서양의 위치를 썼으나 구체적이지 않음.	하

③ 대륙별 나라들과 세계 여러 나라의 면적과 모양

단원평가 6~7쪽

1 ② 2 ④ 3 (1) ㉠, ㉢ (2) ㉡, ㉣ 4 아프리카
5 ③ 6 바티칸 시국 7 ① 8 (2) ○
9 예 영토가 남북으로 길게 뻗어 있다. 10 ④

1 아시아는 북쪽으로 북극해, 남쪽으로 인도양, 동쪽으로 태평양과 닿아 있습니다.

2 뉴질랜드는 오세아니아 대륙에 있는 나라입니다.

> **더 알아보기**
> **오세아니아 대륙**
> 오세아니아는 면적이 가장 좁은 대륙으로, 대부분이 남반구에 위치합니다. 오세아니아의 많은 섬나라는 태평양에 분포하며, 오스트레일리아, 뉴질랜드, 파푸아 뉴기니, 사모아, 피지, 키리바시 등의 나라가 속해 있습니다.

3 북아메리카에는 미국, 멕시코, 캐나다 등의 나라가 있고, 남아메리카에는 브라질, 우루과이, 아르헨티나, 페루 등의 나라가 있습니다.

4 탄자니아는 아프리카의 동쪽에 위치한 나라입니다.

5 우리나라 영토의 면적은 약 22만 ㎢이며, 우리나라와 영토 면적이 비슷한 나라는 라오스, 영국, 가이아나 등이 있습니다.

6 바티칸 시국은 세계에서 가장 영토 면적이 좁은 나라입니다. 바티칸 시국의 영토 면적은 0.44㎢로 우리나라의 경복궁 정도의 면적입니다.

7 세계 여러 나라의 영토 모양은 국경선, 해안선, 영토의 길이 등에 따라 다양합니다. 해안선이 복잡한 나라에는 노르웨이, 아이슬란드, 일본 등이 있습니다.

8 사우디아라비아, 미국, 캐나다 등은 국경선이 단조로운 편입니다.

9 칠레는 세계에서 남북으로 영토 길이가 가장 긴 나라입니다.

채점 기준

정답 키워드 남북 | 뻗어 있다 '영토가 남북으로 길게 뻗어 있다.' 등의 내용을 정확히 씀.	상
칠레의 영토 모양의 특징을 썼으나 구체적이지 않음.	하

10 소말리아는 아프리카 대륙에 위치한 나라입니다.

> **왜 틀렸을까?**
> ②는 코끼리, ⑤는 장화를 닮은 나라입니다.

1. ② 세계의 다양한 삶의 모습

① 세계의 다양한 기후

단원평가 8~9쪽

1 ❶ 적도 ❷ 극지방 2 ㉠ 3 예 일 년 내내 기온이 높고 연 강수량이 많다. 4 ① 5 ⑤ 6 채린
7 ③ 8 (1) ○ 9 ⑤ 10 ③

1 저위도인 적도에서 고위도인 극지방으로 가면서 열대 기후, 온대 기후, 냉대 기후, 한대 기후가 분포합니다.

2 북반구의 중위도와 고위도 지역에 널리 분포하는 냉대 기후 지역은 겨울이 몹시 춥고, 여름이 짧습니다.

3 열대 기후는 적도를 중심으로 한 저위도 지역에서 널리 나타납니다.

채점 기준

정답 키워드 기온 | 높다 | 강수량 | 많다 '일 년 내내 기온이 높고 연 강수량이 많다.' 등의 내용을 정확히 씀.	상
열대 기후 지역의 특징을 썼으나 구체적이지 않음.	하

4 ①은 냉대 기후 지역에서 볼 수 있는 모습입니다.

5 건조 기후는 연평균 강수량이 500mm 미만으로, 비가 내리는 양보다 증발하는 양이 많습니다.

6 얌, 카사바 등은 열대 기후 지역에서 주로 재배하는 작물입니다.

7 온대 기후 지역은 온화한 기후를 바탕으로 많은 사람이 살고 있고, 다양한 산업이 발달해 있습니다.

8 냉대 기후 지역은 기후의 영향으로 침엽수림이 널리 분포하며, 목재를 생산하는 산업이 발달했습니다.

9 한대 기후 지역은 일 년 내내 기온이 낮아 얼음과 눈으로 덮인 곳이 많습니다.

10 해발 고도가 높은 지역에서 나타나는 기후를 고산 기후라고 합니다. 적도 부근의 고산 기후는 인간이 거주하기 유리해 일찍부터 도시가 발달했습니다. 오늘날 고산 기후가 나타나는 도시에서는 선선한 기후를 바탕으로 관광 산업이 발달하고 있습니다.

> **왜 틀렸을까?**
> ㉠은 한대 기후 지역에 대한 설명입니다.

❷ 세계 여러 나라 사람들의 생활 모습

단원평가 10~11쪽

1 (2) ○ 2 종교 3 ③ 4 ①, ②
5 예 더위와 습기, 벌레를 피하기 위해서이다. 홍수 피해를 자주 입기 때문이다. 6 ① 7 ②
8 ㉠ 자연환경 ㉡ 인문환경 9 ⑤ 10 ⑤

1 (1)은 한대 기후 지역에서 볼 수 있는 의생활 모습입니다.

2 힌두교에서는 옷감을 잘라 내고 바느질하는 것을 불경스러운 행위로 여겼습니다.

3 케밥은 유목민들이 간편하게 육류를 구워 먹던 것에서 비롯된 음식으로, 튀르키예에서는 국민의 대부분이 이슬람교를 믿기 때문에 돼지고기를 먹지 않아 주로 양고기로 케밥을 만들었습니다.

4 뉴질랜드에는 화산이 많기 때문에 지형의 특징을 이용해 땅의 열로 재료를 익혀 먹는 음식이 발달했습니다.

5 덥고 비가 많이 내리는 지역에서는 물가의 땅이나 강바닥에 기둥을 세우고 그 위에 지은 수상 가옥을 많이 볼 수 있습니다.

채점 기준

정답 키워드 더위 | 습기 | 벌레 | 홍수 '더위와 습기, 벌레를 피하기 위해서이다.', '홍수 피해를 자주 입기 때문이다.' 등의 내용을 정확히 씀.	상
덥고 비가 많이 내리는 지역에서 수상 가옥을 지어 생활하는 까닭을 썼으나 구체적이지 않음.	하

6 몽골의 유목민들은 분해와 조립이 쉬운 게르에서 생활합니다. 비가 비교적 적게 내려 초원이 넓게 펼쳐져 있는 몽골에서는 물과 풀밭을 찾아 이동하면서 가축을 기르기 위해 이동식 가옥을 지어 생활합니다.

7 사막 지역에서는 주변에서 쉽게 구할 수 있는 흙을 이용해 집을 짓습니다.

8 사람들이 살아가는 삶의 터전은 그 지역에 사는 사람들의 생활 모습에 영향을 줍니다.

9 세계 여러 나라에 나타나는 다양한 생활 모습은 각각 고유한 가치를 지니고 있으므로 서로 다른 생활 모습을 접할 때에는 이해하고 존중하는 마음가짐이 필요합니다.

10 세계 여러 나라 사람들의 생활 모습을 조사하면 그 생활 모습에 영향을 준 요인을 알 수 있고, 우리와 다른 생활 모습에 대해 더 깊이 이해할 수 있게 됩니다.

1. ❸ 우리나라와 가까운 나라들

❶ 우리나라와 가까운 이웃 나라

단원평가 12~13쪽

1 ② 2 서쪽 3 ②, ⑤ 4 ②
5 예 원료의 수입과 제품의 수출에 유리하고 노동력이 풍부하기 때문이다. 6 냉대 7 ㉠
8 ② 9 (1) ㉢ (2) ㉡ (3) ㉠ 10 ①, ③

1 우리나라는 중국, 일본, 러시아와 국경을 마주하고 있습니다.

2 중국의 동쪽은 바다와 접하고 넓은 평야가 발달했으며, 서쪽은 고원과 산지가 분포해 있습니다.

3 중국은 다양한 문화를 가진 사람들이 살고 있고, 세계 여러 나라와 교류를 하고 있으며, 자원이 풍부하고 여러 가지 산업이 발달했습니다.

4 일본은 바다의 영향을 받아 비와 눈이 많이 내리고, 대체로 온대 기후가 나타납니다.

5 일본은 원료를 수입해 물건을 만드는 제조업이 발달했습니다.

채점 기준

정답 키워드 원료 수입 | 제품 수출 | 노동력 '원료의 수입과 제품의 수출에 유리하고 노동력이 풍부하기 때문이다.' 등의 내용을 정확히 씀.	상
일본의 주요 공업 도시가 태평양 연안을 따라 발달한 까닭을 썼으나 구체적이지 않음.	하

6 러시아는 고위도에 위치해 연평균 기온이 낮습니다.

7 러시아 대부분의 인구는 넓은 평야가 펼쳐져 있는 서남부 지역에 밀집해 있습니다.

8 우리나라의 전통 의복은 한복, 중국의 전통 의복은 치파오와 창파오, 일본의 전통 의복은 기모노이며, 우리나라와 일본, 중국은 모두 젓가락을 사용해 식사를 합니다.

9 중국은 뜨겁고 기름진 음식이 미끄러지지 않게 끝이 뭉툭한 젓가락을 사용하고, 일본은 생선 가시를 바르기 편하도록 끝이 뾰족한 젓가락을 사용하며, 우리나라는 국물이 스며들지 않도록 금속 젓가락을 주로 사용합니다.

10 기모노는 일본의 전통 의상입니다.

② 우리나라와 이웃 나라의 교류

단원평가 14~15쪽

1 경제　2 중국　3 (2) ○　4 ⑤　5 ②
6 ①, ⑤　7 ③　8 (1) ○　9 ㉡
10 예 서로 이해하고 협력하는 태도가 필요하다.

1 우리는 주변에서 이웃 나라의 물품들을 쉽게 볼 수 있습니다. 이를 통해 우리나라와 이웃 나라가 활발하게 교류하고 있음을 알 수 있습니다.

2 우리나라의 수입과 수출 비중이 가장 큰 나라는 중국입니다.

3 우리나라와 이웃 나라는 원활한 에너지 공급을 위해 협력하고 있습니다.

> **왜 틀렸을까?**
> (1)은 우리나라와 이웃 나라의 문화적 교류 사례에 해당합니다.

4 ①, ②, ③은 우리나라와 이웃 나라의 경제 교류 사례, ④는 우리나라와 이웃 나라의 정치 교류 사례에 해당합니다.

5 우리나라와 이웃 나라는 서로의 문화를 경험하고 즐기면서 서로에 대한 이해를 높이기 위해 활발한 문화적 교류를 합니다.

6 우리나라 사람들이 이웃 나라로 일자리를 구하러 이동하는 사례는 우리나라와 이웃 나라의 인적 교류 사례입니다.

7 우리나라와 러시아 양국의 대통령이 만나 협력을 약속하는 정상 회담은 정치적 교류에 해당합니다.

8 우리나라와 이웃 나라는 교류를 하면서 상호 의존하고 있습니다.

9 우리나라는 공동의 문제를 해결하기 위해 이웃 나라와 협력하며 교류할 필요가 있습니다.

10 이웃 나라와 교류할 때에는 서로 이해하고 존중하며 협력하는 자세를 가져야 합니다.

채점 기준

정답 키워드 이해 | 협력 '서로 이해하고 협력하는 태도가 필요하다.' 등의 내용을 정확히 씀.	상
우리나라와 이웃 나라가 공동의 문제를 해결하기 위해 필요한 태도를 썼으나 구체적이지 않음.	하

③ 우리나라와 세계 여러 나라의 교류

단원평가 16~17쪽

1 ③　2 사막　3 예 우리나라는 사우디아라비아에서 원유를 수입하고 있다. 우리나라는 뛰어난 기술로 사우디아라비아에 진출해 건물이나 발전소를 건설하고 있다.
4 ⑤　5 소윤　6 ②　7 ④　8 ③
9 G20　10 (2) ○

1 미국은 우리나라와 다양한 물자와 서비스를 주고받고 있는 나라입니다.

> **왜 틀렸을까?**
> ③ 로키산맥은 미국의 서쪽에 남북 방향으로 뻗어 있습니다.

2 사우디아라비아는 아시아의 서쪽에 위치해 있고, 사람들은 주로 이슬람교를 믿습니다.

3 나라마다 환경이나 기술 수준이 달라 활발하게 교류하며 서로 도움을 주고받고 있습니다.

채점 기준

정답 키워드 원유 | 건물 | 발전소 '우리나라는 사우디아라비아에서 원유를 수입하고 있다.', '우리나라는 뛰어난 기술로 사우디아라비아에 진출하여 건물이나 발전소를 건설하고 있다.' 등의 내용을 정확히 씀.	상
우리나라와 사우디아라비아의 교류 사례를 썼으나 구체적이지 않음.	하

4 동남아시아에 위치한 베트남은 북쪽으로 중국, 서쪽으로 라오스와 캄보디아와 접해 있고, 열대 기후와 온대 기후의 특성이 모두 나타납니다.

5 베트남은 우리나라와 인적, 문화적 교류가 활발한 나라입니다.

6 오스트레일리아는 철광석, 석탄 등의 광물 자원을 많이 생산합니다.

7 우리나라와 캐나다 사이에는 과학 기술 분야에서의 교류가 활발히 이루어지고 있습니다.

8 우리나라는 오스트레일리아로부터 소고기, 석탄, 철광석 등을 수입하고, 자동차, 석유 화학 제품, 전자 제품 등을 수출하고 있습니다.

9 세계 여러 나라가 협력해 국제적 사회 문제를 해결하고자 적극적으로 노력하고 있습니다.

10 우리나라와 세계 여러 나라는 환경이 다르기 때문에 서로 필요한 도움을 주고받을 수 있습니다.

2. ❶ 한반도의 미래와 통일

❶ 독도의 위치와 중요성

단원평가 18~19쪽

1 독도 2 ③, ⑤ 3 동도, 서도 4 ㉡
5 ⑤ 6 예 메탄 하이드레이트가 묻혀 있다. 해양 심층수가 있다. 7 ㉠ 8 (1) ○ 9 ⑤ 10 ②

1 독도는 우리나라 영토의 동쪽 끝에 있는 섬으로, 울릉도의 동남쪽에 위치합니다.

2 동해에 자리 잡고 있는 독도는 행정구역상 경상북도 울릉군 울릉읍에 속합니다.

3 독도는 동도와 서도 두 개의 큰 섬과 작은 바위섬들로 이루어져 있습니다.

4 천장굴은 컵 모양의 우물처럼 생긴 동굴입니다.

5 독도는 동해의 영향으로 기온이 온화하고 강수량이 많은 편입니다.

더 알아보기

독도의 중요성
독도는 다양한 바다 생물과 식물, 화산섬으로의 가치를 인정받아 1999년에 천연기념물 '독도 천연 보호 구역'으로 지정되었습니다. 독도는 여러 종류의 동식물이 서식하는 생태계의 보고입니다.

6 메탄 하이드레이트는 미래의 새로운 에너지원으로 주목받는 자원이고, 해양 심층수는 영양분이 풍부하고 오염 물질이 없는 자원입니다.

채점 기준

내용	등급
정답 키워드 메탄 하이드레이트 | 해양 심층수 '메탄 하이드레이트가 묻혀 있다.', '해양 심층수가 있다.' 등의 내용을 정확히 씀.	상
제시된 독도에 관한 자료를 뒷받침할 수 있는 내용을 썼으나 구체적이지 않음.	하

7 ㉡ 무릉은 울릉도를 의미합니다.

8 「연합국 최고 사령관 각서 제677호」를 보면 국제적으로 독도가 우리나라 영토로 인정되었음을 알 수 있습니다.

9 『신증동국여지승람』에 수록된 「팔도총도」에는 동해에 울릉도와 독도가 함께 그려져 있습니다.

10 지도에 독도를 그리지 않은 것으로 보아, 일본은 독도가 일본 영토가 아니라고 생각했음을 알 수 있습니다.

❷ 독도를 지키기 위한 노력

단원평가 20~21쪽

1 우산국 2 ③ 3 예 일본인이 울릉도와 독도에 접근하는 것을 금지한다. 4 ⑤ 5 ⑤ 6 ④
7 독도 경비대원 8 ② 9 ① 10 소미

1 탐라국은 지금의 제주도에 있었던 옛 나라입니다.

2 안용복은 독도 주변에서 어업을 하는 일본 어부들을 쫓아내고 독도가 우리나라 땅임을 확인받았습니다.

3 안용복의 노력은 일본이 울릉도와 독도를 조선의 땅으로 인정하는 데 중요한 역할을 했습니다.

채점 기준

내용	등급
정답 키워드 일본인 | 접근 | 금지 '일본인이 울릉도와 독도에 접근하는 것을 금지한다.' 등의 내용을 정확히 씀.	상
안용복의 '죽도(울릉도) 도해 금지령'의 내용을 썼으나 구체적이지 않음.	하

4 심흥택은 일본의 관리들이 독도를 일본의 영토로 만들려 한다는 것을 알고, 정부에 알렸습니다.

왜 틀렸을까?
③은 최종덕, ④는 장한상에 대한 설명입니다.

5 독도 의용 수비대는 독도에 몰래 들어오는 일본 어선에 맞서 독도를 지켰던 단체입니다.

6 우리나라는 정부, 민간단체, 개인이 힘을 합쳐 독도를 지키고 있습니다. 우리나라 경찰은 독도에 머무르며 독도를 지키고, 우리 군도 독도 영해와 영공을 수호하고 있습니다. 또한 민간단체나 개인도 독도를 알리고, 독도를 잘못 소개한 정보나 자료를 찾아 수정을 요구하는 등의 노력을 하고 있습니다.

7 독도 경비대는 독도를 지키고 있는 경찰입니다.

8 나라에서는 독도에 거주하고 있는 주민들을 위한 주민 숙소, 등대, 선박 접안 시설 등 여러 가지 시설물을 설치해 운영하고 있습니다. 울릉군청은 울릉도에 있는 시설입니다.

9 반크는 독도를 지키기 위해 활동하는 민간단체입니다. 반크는 우리나라의 해양 영토에 관한 지도를 제작해 배포하기도 했습니다.

10 우리나라의 소중한 영토인 독도를 지키기 위해 지속적인 관심을 가지고 노력해야 합니다.

③ 남북통일의 필요성과 통일을 위한 노력

단원평가 22~23쪽

1 ① 2 ③ 3 예 이산가족이 헤어진 가족을 만나고 고향에 가기 위해 통일이 필요하다. 4 7·4 남북 공동 성명 5 ② 6 ④ 7 ③, ⑤ 8 ④ 9 ㉠ 10 ③

1 남북 분단으로 인해 국방비로 돈을 많이 사용하고 있습니다.

2 통일이 되면 남북 간의 문화적 차이를 극복해 민족의 동질성을 회복하고 전통문화를 함께 발전시킬 수 있게 됩니다.

3 남과 북의 분단이 오랜 시간 지속되고 있기 때문에 어려움을 겪는 사람들이 있습니다.

채점 기준

정답 키워드 이산가족 | 만나다 | 고향 '이산가족이 헤어진 가족을 만나고 고향에 가기 위해 통일이 필요하다.' 등의 내용을 정확히 씀.	상
이산가족의 사례를 보고 통일이 필요한 까닭을 썼으나 구체적이지 않음.	하

4 1972년에는 남북 정치 교류가 시작되었고, 최초로 통일에 관해 합의한 7·4 남북 공동 성명을 발표했습니다.

5 남한과 북한은 평화 통일을 목표로 정치, 경제, 사회·문화 분야에서 교류하고 협력하고자 노력하고 있습니다.

왜 틀렸을까?
①, ④는 남북통일을 위한 경제적 노력, ③은 사회·문화적 노력에 해당합니다.

6 남북한은 경제 발전을 위해 2005년부터 2016년까지 개성 공업 지구를 운영했으며, 이는 남한의 자본과 기술력에 북한의 노동력이 결합한 경제 협력 사례입니다.

7 남북은 남과 북의 끊어진 도로와 철도를 연결하고 시설을 개선해 교류와 협력을 확대하려고 노력했습니다.

8 평창 동계 올림픽에서 남북 선수단은 한반도기를 들고 함께 입장해 세계에 통일에 대한 희망의 메세지를 전했습니다.

9 1991년 채택된 남북 기본 합의서는 남북통일을 위한 정치적 노력을 보여줍니다.

10 남북통일이 이루어진다면 전쟁의 위험이 사라져 사람들이 평화롭게 살게 될 것입니다.

2. ❷ 지구촌의 평화와 발전

❶ 지구촌의 다양한 갈등

단원평가 24~25쪽

1 ③ 2 (1) ㉡ (2) ㉠ 3 ①, ④ 4 ② 5 ③ 6 예 쌀 생산량이 감소했다. 어획량이 감소했다. 7 ④ 8 ㉠, ㉢ 9 ④ 10 범희

1 이스라엘-팔레스타인 분쟁은 팔레스타인 지역을 두고 이스라엘 사람들과 팔레스타인 사람들 사이에 일어난 갈등입니다.

2 이스라엘과 팔레스타인 분쟁의 원인은 팔레스타인 지역의 영토 문제와 이슬람교와 유대교 간 종교 문제 등이 있습니다.

3 주민 대부분이 이슬람교를 믿는 카슈미르 지역이 이슬람 국가인 파키스탄이 아닌, 힌두교를 믿는 사람이 많은 인도에 편입되면서 카슈미르 분쟁이 발생했습니다.

4 르완다 내전으로 인해 아이들을 포함한 약 100만 명이 다치거나 죽었고, 약 200만 명의 수많은 난민이 발생했습니다.

5 메콩강을 둘러싼 갈등은 물 자원을 둘러싸고 나라들 사이에서 발생한 갈등입니다.

6 중국이 메콩강 상류에 댐을 만들어 물의 양을 조절하면 하류 지역에 있는 미얀마, 라오스, 타이, 캄보디아, 베트남 등의 나라들은 이용할 수 있는 물의 양이 줄어듭니다.

채점 기준

정답 키워드 쌀 생산량 | 감소 | 어획량 '쌀 생산량이 감소했다.', '어획량이 감소했다.' 등의 내용을 정확히 씀.	상
중국이 메콩강 상류에 댐을 만들어서 강 하류 지역에 있는 나라들이 입은 피해를 썼으나 구체적이지 않음.	하

7 쿠릴 열도 중 일본과 가까운 4개의 섬에 대해서는 일본과 러시아가 영토 분쟁을 벌이고 있습니다.

8 서로 자기 생각만 옳다고 굳게 믿기 때문에 지구촌 갈등이 일어납니다.

9 지구촌 갈등으로 인해 난민, 기아, 가난, 질병, 차별, 범죄 등의 문제가 나타납니다. 지구촌 갈등은 갈등지역뿐만 아니라 주변 지역에 까지도 영향을 미칩니다.

10 지구촌 갈등을 평화롭게 해결하기 위한 다양한 방법을 생각해 보아야 합니다.

❷ 지구촌 평화와 발전을 위한 노력

단원평가 26~27쪽

1 ❶ 국제기구 ❷ 비정부 기구 2 국제 연합(UN)
3 ④ 4 ④ 5 종윤 6 (2) ○
7 예 국제 연합 평화 유지군을 파견해 평화 유지 활동에 참여한다. 전쟁을 막기 위한 평화 조약에 가입한다. 8 이태석
9 ⑤ 10 (1) ○

1 국제기구, 비정부 기구 등 지구촌의 다양한 주체들은 지구촌의 갈등을 해결하기 위해 노력하고 있습니다.

2 국제 연합(UN)의 상징물은 파란색으로, 이는 평화를 상징합니다.

3 국제 노동 기구(ILO)는 전 세계의 노동 문제를 해결하기 위해 노력하고 있습니다.

4 국경 없는 의사회는 생존의 위협에 처한 사람들을 위해 긴급 구호 활동을 펼칩니다.

5 주헌이는 그린피스, 이수는 해비타트와 관련된 이야기를 하고 있습니다.

6 어린이들의 생존과 보호를 위해 다양한 분야에서 지원을 하는 비정부 기구는 '세이브 더 칠드런'입니다.

왜 틀렸을까?
(1) 핵무기 폐기 국제 운동은 많은 사람에게 핵무기의 위험성을 알리고, 핵무기와 관련된 모든 것을 반대하는 운동을 펼치는 비정부 기구입니다.

7 우리나라는 평화 유지 활동을 위해 각 분쟁 지역에 군대를 파견하기도 합니다.

채점 기준

정답 키워드 국제 연합 | 평화 유지군 | 파견 '국제 연합 평화 유지군을 파견해 평화 유지 활동에 참여한다.', '전쟁을 막기 위한 평화 조약에 가입한다.' 등의 내용을 정확히 씀.	상
우리나라가 지구촌 평화와 발전을 위해 하는 노력을 썼으나 구체적이지 않음.	하

8 이태석은 국적과 종교를 넘은 희생과 봉사로 지구촌의 평화를 위해 노력했습니다.

9 원래 교사였던 조디 윌리엄스는 1991년 지뢰 금지 국제 운동 단체를 설립해 활동했고, 그 공로를 인정받아 노벨 평화상을 수상했다.

10 말랄라 유사프자이는 파키스탄에서 여성과 어린이 교육을 위해 활동한 사람입니다.

2. ❸ 지속가능한 지구촌

❶ 지구촌의 환경문제와 해결을 위한 노력

단원평가 28~29쪽

1 열대 우림 2 예 공장이나 자동차 등에서 이산화 탄소와 같은 온실가스가 지나치게 배출되었기 때문이다.
3 ② 4 ①, ⑤ 5 초미세 먼지 6 ⑤
7 ㉠, ㉢ 8 ⑤ 9 채린 10 ①

1 사람들이 열대 우림을 무분별하게 개발하면서 열대 우림이 파괴되고 있습니다.

열대 우림 파괴

2 지구 온난화는 이산화 탄소와 같은 온실가스가 지나치게 배출되었기 때문에 나타납니다.

채점 기준

정답 키워드 공장 | 자동차 | 이산화 탄소 | 온실가스 | 배출 '공장이나 자동차 등에서 이산화 탄소와 같은 온실가스가 지나치게 배출되었기 때문이다.' 등의 내용을 정확히 씀.	상
지구 온난화의 원인을 썼으나 구체적이지 않음.	하

3 사람들이 버린 플라스틱 쓰레기는 잘 썩지 않아 바다를 오염시키고 해양 생태계를 파괴합니다.

4 아프리카에서는 가뭄과 과도한 개발, 인구 증가 등으로 인해 사막화가 진행되고 있습니다.

5 우리나라에서는 중금속 발암 물질이 함유된 초미세 먼지가 증가하고 있습니다.

6 사용하지 않을 때에는 전자 제품의 플러그를 뽑아 둡니다.

7 기업은 환경문제 해결을 위해 친환경 기술을 개발하고 제품의 생산·이동·폐기 과정에서 불필요한 자원과 에너지가 낭비되지 않도록 노력합니다.

왜 틀렸을까?
㉡은 환경문제를 해결하기 위한 정부의 노력입니다.

8 시민 단체는 환경 보호 캠페인을 벌이기도 하고 환경 오염 감시 활동을 하는 등 지구의 환경문제를 해결하기 위해 노력합니다.

9 정부는 환경문제를 해결하기 위해 환경 관련 법과 제도를 만들어서 개인과 기업이 실천하도록 합니다.

왜 틀렸을까?
찬우는 환경문제를 해결하기 위한 기업의 노력에 대해 말하고 있습니다.

10 세계 여러 나라는 기후 변화에 대응하기 위해 각종 협약을 맺고, 주기적으로 회의를 개최하고 있습니다.

2 지속가능한 미래를 위한 노력

단원평가 30~32쪽

1 유지 **2** ② **3** ⑤ **4** ㉡ **5** ④ **6** 소윤, 태준 **7** ③ **8** (1) ○ (2) ○ **9** 예 빈곤과 기아 문제를 해결하기 위해서이다. **10** ⑤ **11** ④, ⑤ **12** 예 다양성을 존중하는 교육 활동을 한다. 취업, 교육 등 여러 방면에서 편견과 차별로 고통받는 사람들을 지원한다. **13** 세계시민 **14** ② **15** ③

1 지속가능한 미래를 위해서는 지구촌에서 발생하는 다양한 문제를 해결해야 합니다.

2 지구촌에는 환경문제, 빈곤과 기아, 갈등과 분쟁 등 해결하기 어려운 문제들이 나타나고 있습니다. 이러한 문제들은 오늘날 사람들이 안정적인 생활을 어렵게 할 뿐만 아니라, 미래의 사람들이 발전할 수 있는 권리까지 빼앗고 있습니다. 지속가능한 미래를 위해 환경문제, 빈곤과 기아, 문화적 편견과 차별 등을 해결해야 합니다.

3 친환경적 생산이란 환경을 생각하며 물건을 생산하고 판매하는 것입니다. 포장을 최소화해서 생산하면 쓰레기가 줄어듭니다.

4 환경을 생각하는 생산 활동을 하려면 자원과 에너지를 최소한으로 사용하도록 노력하면서 생산해야 합니다.

5 친환경적 소비를 위해 비닐봉지 대신 여러 번 사용이 가능한 장바구니를 이용해야 합니다.

6 친환경적 소비를 하기 위해서는 환경을 오염시키는 플라스틱으로 된 물건의 구입을 자제해야 합니다.

7 세계 기아 지도는 각 나라의 전체 인구 중 굶주림 문제를 겪는 사람들의 비율을 파악해 지도로 나타낸 것입니다.

8 (3)은 문화적 편견과 차별로 고통을 받는 사람의 모습입니다.

더 알아보기

빈곤과 기아 퇴치

빈곤과 기아 문제 원인	열악한 환경, 자연재해, 식량 분배의 불균형 등 다양한 원인으로 발생함.
빈곤과 기아 문제의 해결 노력	• 농업 기술을 지원함. • 학생들의 교육 여건을 개선함. • 식량, 물건 등의 구호 물품을 보냄.

9 빈곤과 기아 문제는 빈곤과 기아를 겪고 있는 나라뿐만 아니라 지구촌 전체의 문제이므로 서로 협력해 이 문제를 해결하기 위해 노력해야 합니다.

채점 기준

정답 키워드 빈곤 | 기아 | 해결 '빈곤과 기아 문제를 해결하기 위해서이다.' 등의 내용을 정확히 씀.	상
지구촌 사람들이 학교를 짓고, 농업 기술을 알려 주는 까닭을 썼으나 구체적이지 않음.	하

10 제시된 그림은 종교에 대한 편견으로 힘들어하는 사람과 국적이 다르다는 이유로 차별받아서 힘들어하는 사람의 모습이 나타나 있습니다.

11 문화적 편견과 차별 문제는 사람들이 다양성을 인정하지 않고 다른 문화를 존중하는 마음으로 대하지 않기 때문에 일어납니다.

12 세계 여러 나라는 교류하고 협력하며 더 가까워지고 있고, 지구촌에서 함께 살아가고 있으므로 문화적 편견과 차별 없는 사회를 만들기 위해 노력해야 합니다.

채점 기준

정답 키워드 다양성 | 존중 | 교육 | 취업 | 지원 '다양성을 존중하는 교육 활동을 한다.', '취업, 교육 등 여러 방면에서 편견과 차별로 고통받는 사람들을 지원한다.' 등의 내용을 정확히 씀.	상
문화적 편견과 차별 문제를 해결하기 위한 노력을 썼으나 구체적이지 않음.	하

13 세계시민은 전 세계의 평화와 발전을 생각하며 지구촌의 일원으로서 책임감이 있는 사람으로, 더 나은 지구촌을 만들기 위해 노력하는 사람입니다.

14 이산화 탄소가 적게 배출되기 때문에 먼 곳보다는 가까운 곳에서 생산된 상품을 사는 것이 좋습니다.

15 지속가능한 미래를 위해 현재뿐만 아니라 미래 세대의 환경과 발전을 고려하여 책임감 있게 행동해야 합니다.

1. 세계의 여러 나라들

❶ 지구, 대륙, 그리고 국가들

개념 다지기 11쪽

1 ㉠ 2 ⑤ 3 ③ 4 ④
5 세현 6 ㉡

1 지구본은 실제 지구의 모습을 작게 줄인 모형으로, 세계 여러 나라의 위치와 영토 모양이 실제와 비슷하게 나타납니다.

2 본초 자오선은 경도 0°를 나타낸 선입니다.

3 지구본과 세계지도에는 위선과 경선이 있어 세계 여러 나라의 위치를 숫자로 정확하게 나타낼 수 있습니다.

왜 틀렸을까?
①, ④ 세계지도에 대한 설명입니다.
②, ⑤ 지구본에 대한 설명입니다.

4 디지털 영상 지도는 최신 정보가 빠르게 반영되어 정확도가 높고, 편리하게 사용할 수 있습니다.

5 지구본, 세계지도, 디지털 영상 지도 등 여러 가지 공간 자료를 통해 세계 여러 나라의 위치, 영토 모양, 환경 등을 알 수 있습니다.

6 제시된 디지털 영상 지도에서 ㉡을 누르면 일반 지도, 위성 지도, 지형도 등 지도의 종류를 선택할 수 있습니다.

개념 다지기 15쪽

1 ① 2 ④ 3 ④ 4 ④
5 ⑤ 6 희원

1 대양에는 태평양, 대서양, 인도양, 북극해, 남극해 등이 있습니다.

2 오세아니아는 태평양과 인도양 사이에 위치하며 오스트레일리아, 뉴질랜드 등의 나라가 속해 있는 대륙입니다.

3 남아메리카는 태평양과 대서양 사이에 위치하고 북아메리카 대륙의 남쪽에 있습니다.

4 자메이카는 북아메리카에 속해 있는 나라입니다.

5 러시아는 우리나라보다 약 77배 정도 넓습니다.

6 세계 여러 나라의 영토 모양은 국경선, 해안선, 영토의 길이 등에 따라 다양합니다.

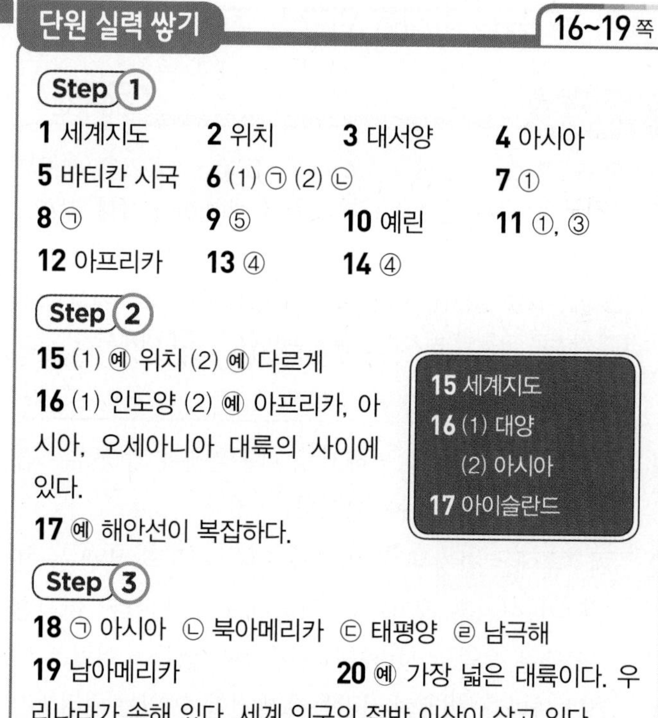

단원 실력 쌓기 16~19쪽

Step 1

1 세계지도 2 위치 3 대서양 4 아시아
5 바티칸 시국 6 (1) ㉠ (2) ㉡ 7 ①
8 ㉠ 9 ⑤ 10 예린 11 ①, ③
12 아프리카 13 ④ 14 ④

Step 2

15 (1) ㉰ 위치 (2) ㉰ 다르게
16 (1) 인도양 (2) ㉰ 아프리카, 아시아, 오세아니아 대륙의 사이에 있다.
17 ㉰ 해안선이 복잡하다.

15 세계지도
16 (1) 대양
(2) 아시아
17 아이슬란드

Step 3

18 ㉠ 아시아 ㉡ 북아메리카 ㉢ 태평양 ㉣ 남극해
19 남아메리카 20 ㉰ 가장 넓은 대륙이다. 우리나라가 속해 있다. 세계 인구의 절반 이상이 살고 있다.

1 세계지도는 세계 여러 나라의 전반적인 특징을 이해하는 데 효과적이라는 장점이 있습니다.

2 디지털 영상 지도는 항공 사진과 위성 영상 정보를 이용해 만든 지도입니다.

3 대서양은 북반구와 남반구에 걸쳐 있습니다.

4 가장 큰 대륙인 아시아는 세계 육지 면적의 약 30%를 차지합니다.

5 바티칸 시국의 면적은 0.44km²로 우리나라의 경복궁 정도의 면적입니다.

6 지구본과 세계지도에는 위선과 경선이 그어져 있어 위도와 경도를 이용해 여러 나라의 위치를 나타낼 수 있습니다.

7 위선과 경선은 지구나 지구본 위에 위치를 찾기 편리하도록 나타낸 선으로, 위도와 경도를 나타냅니다.

더 알아보기

적도와 본초 자오선
- 적도: 위도가 0°인 선으로, 적도를 기준으로 북쪽의 위도를 북위, 남쪽의 위도를 남위라고 합니다.
- 본초 자오선: 경도가 0°인 선으로, 본초 자오선을 기준으로 동쪽의 경도를 동경, 서쪽의 경도를 서경이라고 합니다.

8 디지털 영상 지도의 ㉠ 버튼을 누르면 자동차, 대중교통, 도보, 자전거의 경로를 찾을 수 있습니다.

왜 틀렸을까?

㉡ 일반 지도, 위성 지도, 지형도 등 지도의 종류를 선택할 수 있는 기능입니다.
㉢ 현재 나의 위치를 지도에서 확인할 수 있는 기능입니다.
㉣ 어떤 장소의 실제 모습을 여러 각도의 사진으로 확인할 수 있는 기능입니다.

9 지구본, 세계지도, 디지털 영상 지도를 활용하여 세계 여러 나라를 조사할 수 있습니다. 세계 여러 나라를 조사하고 소개할 때는 먼저 주제를 정하고, 공간 자료를 활용해 다양한 정보를 수집한 다음, 소개 자료를 만들어야 합니다.

10 지구에서 바다의 면적은 약 70%이고, 육지의 면적은 약 30%입니다. 대양은 넓은 면적을 차지하는 큰 바다를 말하며, 대륙은 바다로 둘러싸인 큰 땅덩어리를 말합니다.

11 태평양은 아시아, 오세아니아, 아메리카 대륙의 사이에 있습니다.

12 유럽 대륙의 남쪽에 있는 아프리카는 인도양, 대서양과 접해 있습니다. 아프리카에는 이집트, 나이지리아, 탄자니아 등의 나라가 속해 있습니다.

이집트의 피라미드와 스핑크스

탄자니아의 세렝게티 국립 공원

13 유럽은 아시아 대륙의 서쪽에 위치한 대륙으로 남쪽에는 아프리카 대륙이 있고, 북극해, 대서양과 접합니다. 유럽 대륙은 다른 대륙에 비교해 면적은 좁은 편이지만 프랑스, 독일, 스웨덴, 이탈리아, 폴란드, 루마니아, 핀란드, 노르웨이, 그리스 등 많은 나라가 있습니다.

14 이탈리아의 영토는 남북으로 길게 뻗은 형태이며, 장화 모양입니다.

더 알아보기

영토의 모양이 사물이나 동물과 비슷한 나라
- 타이: 영토의 모양이 코끼리와 비슷합니다.
- 소말리아: 영토의 모양이 부메랑과 닮았습니다.

15 둥근 지구를 평면에 옮겨 보면 북극이나 남극으로 갈수록 비어 있는 공간이 생기는데, 이 비어 있는 공간을 메우는 과정에서 땅과 바다의 모양이 실제와 달라집니다. 예를 들어 남아메리카는 그린란드보다 실제로 약 8배가 크지만 세계지도에서는 비슷한 크기로 표현되어 있습니다.

16 오늘날 인도양은 아시아, 아프리카, 오세아니아, 유럽을 잇는 주요 항로입니다.

채점 기준

(1)	'인도양'이라고 정확히 씀.	
(2)	정답 키워드 아프리카 | 아시아 | 오세아니아 '아프리카, 아시아, 오세아니아 대륙의 사이에 있다.' 등의 내용을 정확히 씀.	상
	인도양의 위치를 썼으나 구체적이지 않음.	하

17 노르웨이는 해안선이 복잡하고 섬이 많습니다. 이외에도 해안선이 복잡한 나라에는 인도네시아, 일본 등이 있습니다. 세계 여러 나라의 영토 모양은 국경선, 해안선, 영토의 길이 등에 따라 다양합니다.

채점 기준

정답 키워드 해안선 | 복잡 '해안선이 복잡하다.' 등의 내용을 정확히 씀.	상
노르웨이 영토 모양의 특징을 썼으나 구체적이지 않음.	하

18 대륙에는 일반적으로 아시아, 유럽, 아프리카, 오세아니아, 북아메리카, 남아메리카 등이 있으며 대양에는 태평양, 대서양, 인도양, 북극해, 남극해 등이 있습니다.

19 태평양과 대서양 사이에 위치한 남아메리카 대륙은 많은 부분이 남반구에 속합니다. 남아메리카 대륙에는 아마존강이 페루, 브라질 등으로 흐르며 이 주변에는 세계에서 가장 넓은 열대 숲이 있습니다.

20 아시아는 북쪽으로 북극해, 남쪽으로 인도양, 동쪽으로 태평양과 닿아 있으며 아시아 대륙의 서쪽에는 유럽 대륙이, 남쪽에는 오세아니아 대륙이 있습니다.

② 세계의 다양한 삶의 모습

개념 다지기 23쪽

1 열대 2 ④ 3 ⑤ 4 ②
5 ㉡ 6 ⑤

1 적도 부근의 지역은 태양과 거리가 가까워 같은 면적에 받는 햇빛의 양이 많습니다.

2 한대 기후는 고위도 지역에 주로 나타납니다.

더 알아보기

세계의 기후 분포
- 건조 기후: 위도 20° 부근과 바다에서 멀리 떨어진 곳에 나타납니다.
- 열대 기후: 적도를 중심으로 한 저위도 지역에서 나타납니다.
- 온대 기후: 위도 30°~60° 사이 중위도 지역에 주로 나타납니다.
- 냉대 기후: 북반구의 중위도와 고위도 지역에 널리 나타납니다.
- 고산 기후: 높은 산지가 있는 지역에서 나타납니다.

3 지구는 둥글기 때문에 위도에 따라 땅에 닿는 햇빛의 양이 다릅니다.

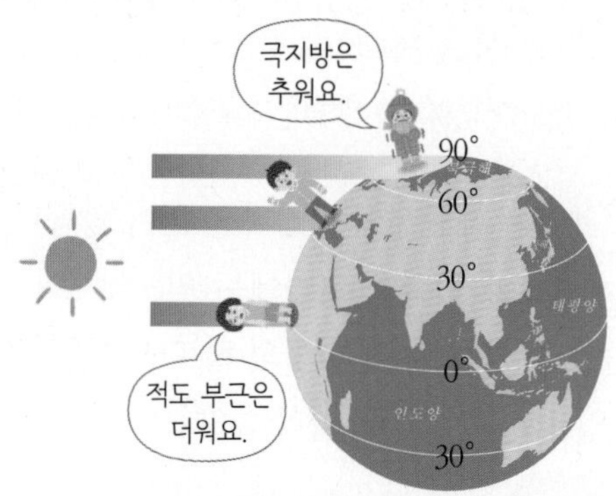

위도별 땅에 닿는 햇빛의 양

4 열대 기후는 일 년 내내 덥고, 연 강수량이 많아 습합니다.

5 열대 기후 지역에서는 많은 비가 내려 땅의 양분이 부족해서 한 곳에서 오랫동안 농사를 지을 수 없기 때문에 이동식 화전 농업을 합니다.

6 건조 기후 지역에서는 다른 지역의 물을 끌어오는 공사를 하여 더 넓은 지역에서 농사지을 수 있도록 합니다.

왜 틀렸을까?
① 냉대 기후 지역에 사는 사람들은 풍부한 나무를 이용해 통나무집을 지어 생활합니다.
② 건조 기후 지역의 사람들은 강이나 오아시스 주변에 모여 살며 밀, 대추야자 같은 작물을 재배합니다.
③ 사막 지역에서는 낙타를 이동수단으로 이용하기도 합니다.
④ 바나나, 커피를 재배하는 지역은 열대 기후 지역입니다.

개념 다지기 27쪽

1 ㉠, ㉡ 2 ④ 3 냉대 4 ②
5 ③ 6 ④

1 온대 기후 지역은 사계절이 뚜렷하고 기후가 온화하여 인구가 많습니다.

왜 틀렸을까?
㉢ 한대 기후 지역에 대한 설명입니다.
㉣ 열대 기후 지역에 대한 설명입니다.

2 온대 기후 지역에서는 일찍부터 다양한 농업이 발달했습니다. 아시아에서는 강수량이 많은 여름 기후를 이용해 벼농사를 짓고 유럽이나 아메리카에서는 넓은 들판에서 밀을 재배하며 지중해 주변 지역에서는 건조한 여름에도 잘 자라는 올리브, 오렌지, 포도, 레몬 등의 작물을 재배합니다.

3 주로 러시아, 우리나라 북부, 캐나다, 미국의 북부 등에 냉대 기후가 나타납니다. 냉대 기후는 온대 기후와 마찬가지로 사계절의 변화가 뚜렷하지만 온대 기후에 비해 겨울이 길고 춥습니다.

4 냉대 기후 지역은 목재 생산이 많고 침엽수를 이용하여 종이를 만드는 공업이 발달했습니다.

종이를 만드는 공업이 발달한 냉대 기후 지역

5 적도 주변은 보통 덥고 습한 열대 기후가 나타나지만, 적도 부근의 고산 지대는 봄과 같이 온화한 기후가 나타납니다.

6 이글루는 한대 기후 지역의 사람들이 사냥을 나갔을 때 잠시 머물기 위해 지은 집입니다. 한대 기후의 일부 지역에서는 여름철에 땅이 녹아 건물이 기울어지는 것을 막기 위해 바닥을 지면에서 띄워 지은 고상 가옥에서 생활합니다.

왜 틀렸을까?
① 온대 기후 지역의 생활 모습입니다.
② 건조 기후의 사막 지역 사람들의 생활 모습입니다.
③, ⑤ 건조 기후의 초원 지역 사람들의 생활 모습입니다.

개념 다지기 31쪽

1 ⑤ 2 (1) ㉡ (2) ㉠ 3 ㉡, ㉢
4 ⑤ 5 (2) ○ 6 ②

1 사막 지역에서는 뜨거운 햇볕과 모래바람으로부터 몸을 보호하기 위해 큰 천으로 머리와 온몸을 감쌉니다.

더 알아보기

세계 여러 나라 사람들의 의생활
- 덥고 습한 케냐에 사는 사람들은 얇고 통풍이 잘되는 가벼운 옷을 입습니다.
- 대부분 한대 기후가 나타나는 그린란드에 사는 사람들은 동물 가죽으로 긴 옷을 만들어 입고 장화와 같은 긴 신발을 신습니다.

2 전통, 기후, 관습 등 다양한 요인에 의해 나라마다 식문화가 다르게 나타납니다. 옥수수 생산량이 많은 멕시코에서는 얇게 구운 옥수수빵에 채소와 고기를 넣어 먹는 음식인 타코를 주로 먹고, 벼농사가 발달한 타이에서는 쌀로 만든 국수인 팟타이를 주로 먹습니다.

더 알아보기

세계 여러 나라 사람들의 식생활
- 뉴질랜드의 마오리족은 화산이 많은 지형의 특징을 이용해 땅 속에 굴을 파고 지열로 재료를 익혀 먹는 음식인 항이를 먹습니다.
- 한대 기후 지역에서는 추운 날씨를 이용해 육류와 어류를 말리기 쉽기 때문에 육포나 어포가 발달했습니다.

3 기후, 지형 등 자연환경과 풍습, 종교 등의 인문환경은 세계 여러 나라 사람들의 생활 모습에 영향을 미칩니다.

4 이슬람교의 교리에 따라 이슬람교를 믿는 사람들은 정해진 한 달 동안에는 낮에 물과 음식을 먹지 않습니다. 또한 이슬람교를 믿는 사람들은 하루에 다섯 번 기도를 하고 돼지고기를 먹지 않습니다.

[출처: 셔터스톡]

정해진 시간에 기도를 하는 이슬람교의 의식

5 세계 여러 나라의 생활 모습은 각각의 고유한 가치를 가지고 있으므로 이해하고 존중해야 합니다.

6 세계 여러 나라 사람들의 생활 모습을 조사할 때는 가장 먼저 세계 여러 나라나 지역의 생활 모습 중 관심 있는 내용으로 주제를 정해야 합니다.

단원 실력 쌓기 32~35쪽

Step 1

1 기후 2 생태 관광 3 온대 4 흙
5 오른 6 ① 7 ④ 8 (1) ㉠ (2) ㉡
9 (1) ㉠ (2) ㉢ (3) ㉡ 10 ④ 11 ①
12 솜브레로 13 석규 14 ④

Step 2

15 (1) ❶ 예 둥근 ❷ 예 위도

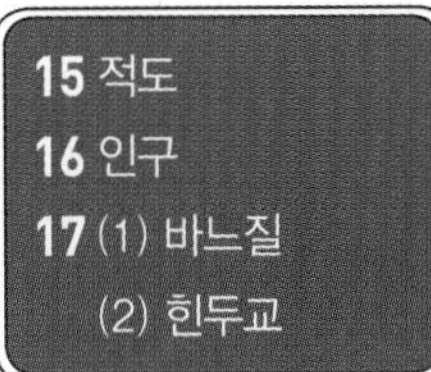

15 적도
16 인구
17 (1) 바느질
(2) 힌두교

16 예 덥고 강수량이 많은 여름 기후를 이용해 벼농사를 짓는다. 넓은 들판에서 밀을 재배한다. 지중해 주변 지역에서는 올리브나 오렌지 등을 재배한다.

17 (1) 사리 (2) 예 인도 사람들이 주로 믿는 힌두교에서는 바느질하지 않은 옷을 깨끗하다고 여기기 때문이다.

Step 3

18 타코 19 ㉢

20 예 사람들의 생활 모습은 기후, 지형 등 자연환경과 풍습, 종교와 같은 인문환경의 영향을 받기 때문이다.

1 세계에는 지역별로 다양한 기후가 나타납니다. 세계의 주요 기후는 기온이나 강수량의 특징에 따라 열대, 건조, 온대, 냉대, 한대, 고산 기후로 나눌 수 있습니다.

2 열대 기후 지역에서는 밀림과 초원을 활용한 관광 산업이 활발하게 이루어지고 있습니다.

열대 기후 지역에서 발달한 사파리 관광

3 온대 기후는 위도 30°~60° 사이 중위도 지역에 주로 나타납니다.

4 사막에서는 오아시스 주변에 집을 짓고 삽니다. 흙벽돌집의 창문을 작게 만든 까닭은 모래바람이 자주 불기 때문입니다.

5 옛날 영국인들이 마차를 타고 다니던 때에 마부들이 오른쪽에 앉았던 풍습이 오늘날까지 이어져 오고 있습니다.

6 열대 기후는 아프리카, 아시아, 남아메리카 대륙의 적도 주위에서 나타납니다.

7 열대 기후 지역에서는 습하고 벌레가 많아 이를 피하기 위해 높은 나무나 기둥 위에 집을 짓고 생활합니다.

왜 틀렸을까?
① 건조 기후 지역, ② 온대 기후 지역, ③ 한대 기후 지역의 생활 모습입니다.

8 건조 기후 지역 중에서는 강수량이 매우 적어 사막이 발달한 지역도 있고, 약간의 비가 내려서 초원이 형성된 지역도 있습니다.

9 사람들의 생활 모습은 기후와 같은 자연환경의 영향을 받습니다.

10 고산 기후는 높은 산지가 있는 지역에서 나타나는 기후입니다. 고도가 높은 곳에 위치해 봄과 같이 온화한 기후를 보이기 때문에 많은 사람이 모여 살며, 주민들은 서늘한 지역에서 잘 자라는 감자와 옥수수를 재배하기도 합니다.

왜 틀렸을까?
①은 열대 기후 지역, ②와 ⑤는 냉대 기후 지역, ③은 건조 기후 지역의 생활 모습입니다.

11 팟타이는 새우, 두부, 숙주, 땅콩 따위에 생선 소스를 넣고 볶은 쌀국수로, 타이는 벼농사를 널리 짓기 때문에 쌀로 만든 음식이 발달했습니다.

12 챙이 넓은 솜브레로는 얼굴과 어깨까지 햇빛을 가려 줍니다.

더 알아보기
지역마다 다른 모자의 모양
- 논라: 덥고 습한 베트남에서 햇빛과 비를 막기 위해 쓰는 모자입니다.
- 우샨카: 날씨가 추운 러시아에서 주로 쓰는, 동물의 털로 만든 모자입니다.

13 세계 여러 나라에는 그 나라의 자연환경이나 인문환경에 따라 다양한 문화가 나타납니다. 서로 다른 생활 모습을 접할 때는 이를 존중하려는 마음가짐이 필요합니다.

14 세계 여러 나라 사람들의 생활 모습을 조사하기 위한 자료를 수집할 때는 인터넷을 검색하거나 책을 찾아보는 등 다양한 방법을 이용할 수 있습니다.

15 위도는 세계의 기후 분포에 큰 영향을 미칩니다. 저위도 지역에서 고위도 지역으로 갈수록 태양열이 분산되어 기온이 낮아집니다.

16 온대 기후 지역은 위도 30°~60° 사이에 주로 나타나며, 동부 아시아를 포함해 모든 대륙에서 나타납니다. 온대 기후 지역은 지역에 따라 강수량과 기온이 다르게 나타납니다.

채점 기준

정답 키워드 벼농사 | 밀 | 올리브 | 오렌지 '덥고 강수량이 많은 여름 기후를 이용해 벼농사를 짓는다.', '넓은 들판에서 밀을 재배한다.', '지중해 주변 지역에서는 올리브나 오렌지 등을 재배한다.' 등의 내용을 정확히 씀.	상
온대 기후 지역 사람들의 생활 모습을 썼으나 구체적이지 않음.	하

더 알아보기
온대 기후 지역의 특성
- 여름보다 겨울 강수량이 많습니다. 예 지중해 주변
- 일 년 내내 비가 고르게 내립니다. 예 서유럽, 칠레 남부
- 여름과 겨울의 기온 차가 크고 겨울보다 여름 강수량이 많습니다. 예 우리나라

17 사리는 길고 넓은 천 한 장으로 만들어졌으며, 두르는 방법에 따라 입는 방법이 다양합니다. 인도 여성들은 긴 천을 바느질하지 않고 입는데, 이러한 형태의 옷은 고대부터 입은 것으로 보이며, 이는 힌두교의 옛 전통에 따른 것이라고 합니다.

채점 기준

(1)	'사리'를 정확히 씀.	
(2)	정답 키워드 힌두교 | 바느질 | 깨끗 '인도 사람들이 주로 믿는 힌두교에서는 바느질하지 않은 옷을 깨끗하다고 여기기 때문이다.' 등의 내용을 정확히 씀.	상
	인도 사람들이 사리를 입는 까닭을 썼으나 구체적이지 않음.	하

18 멕시코는 과거 마야 문명의 영향으로 옥수수를 중시하는 문화가 있고, 옥수수의 생산량이 많기 때문에 옥수수를 이용한 음식이 발달했습니다.

19 멕시코와 같은 고산 기후 지역은 높은 산지에 있어 낮과 밤의 기온 차가 크기 때문에 밤에 체온을 유지하기 위해 판초를 입습니다. 판초는 긴 천에 구멍을 뚫어 만든 옷입니다.

20 삶의 터전은 사람들의 생활 모습에 영향을 미칩니다. 사람들은 자신들이 사는 지역의 환경에 알맞게 의식주를 발전시켰습니다.

❸ 우리나라와 가까운 나라들

개념 다지기 39쪽

1 ④ **2** ③ **3** ③ **4** ㉡
5 우랄 **6** ⑤

1 오늘날 우리나라와 이웃 나라는 많은 사람이 오가며 함께 발전하기 위해 협력하고 있습니다.

2 바다에 접하고 있는 중국의 동쪽은 넓은 평야와 대도시가 발달했으며, 서쪽으로 갈수록 해발 고도가 높아져 고원과 산지가 분포합니다.

왜 틀렸을까? ①, ⑤는 일본, ②, ④는 러시아에 대한 설명입니다.

3 상하이는 중국 최대의 상공업 도시입니다.

4 일본은 화산, 온천 등이 많아 관광 산업이 발달한 나라입니다. 시베리아 횡단 철도는 러시아의 동쪽과 서쪽을 이어 주는 철도입니다.

5 우랄산맥을 기준으로 러시아의 서쪽에는 넓은 평야가 있으며, 동쪽에는 주로 고원과 산악 지대가 자리합니다.

6 러시아 문자는 그리스 문자의 영향을 받았으며 영어와 같이 대문자와 소문자가 있습니다.

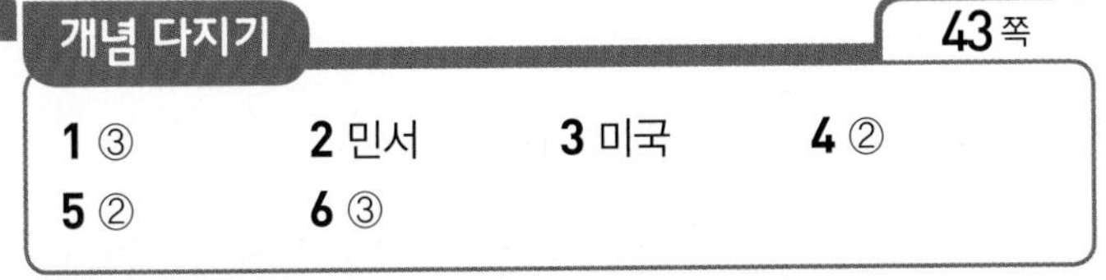
개념 다지기 43쪽

1 ③ **2** 민서 **3** 미국 **4** ②
5 ② **6** ③

1 우리나라와 이웃 나라 간에는 정치, 경제, 문화 등 다양한 분야의 교류가 일어나고 있습니다.

2 우리나라와 이웃 나라는 공동의 문제들을 해결하기 위해 교류하고 협력합니다.

3 미국은 우리나라와 다양한 물자와 서비스를 주고받고 있습니다.

4 우리나라는 2020년 기준으로 약 2억9천7백만 배럴의 원유를 수입했는데, 이는 우리나라 원유 수입량의 1/4을 넘습니다.

사우디아라비아의 원유를 생산하는 시설

5 오늘날 우리나라는 지리적으로 멀리 떨어진 나라들과 정치적, 경제적, 문화적 교류 등을 활발하게 하고 있습니다.

6 우리나라는 칠레와 자유무역협정(FTA)을 체결하고 경제 협력을 강화했습니다.

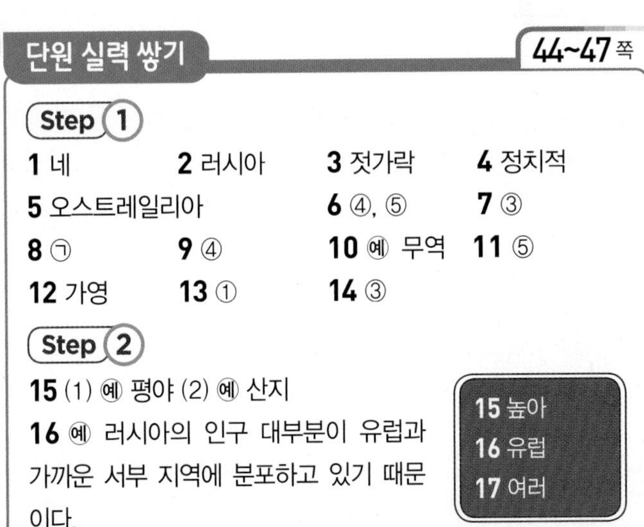
단원 실력 쌓기 44~47쪽

Step 1

1 네 **2** 러시아 **3** 젓가락 **4** 정치적
5 오스트레일리아 **6** ④, ⑤ **7** ③
8 ㉠ **9** ④ **10** 예 무역 **11** ⑤
12 가영 **13** ① **14** ③

Step 2

15 (1) 예 평야 (2) 예 산지
16 예 러시아의 인구 대부분이 유럽과 가까운 서부 지역에 분포하고 있기 때문이다.

15 높아
16 유럽
17 여러

17 예 우리나라는 세계 여러 나라와 다양한 방면에서 서로 교류하고 협력하며 상호 의존 관계를 맺고 있다.

Step 3

18 ㉢ **19** ㉡
20 예 교통과 통신이 발달했기 때문이다.

1 일본은 바다로 둘러싸인 섬나라입니다. 혼슈, 규슈, 시코쿠, 홋카이도 등 네 개의 큰 섬과 작은 섬들로 이루어져 있습니다.

2 러시아는 우랄산맥을 경계로 동쪽은 아시아, 서쪽은 유럽에 속합니다.

3 중국과 일본은 우리와 식사 도구가 유사합니다.

4 우리나라와 이웃 나라 사람들은 지리적 거리가 가까운 만큼 자주 오가며 긴밀한 관계를 맺고 있습니다.

5 우리나라는 세계 여러 나라들과 교류하고 협력하며 상호 의존 관계를 맺고 있습니다.

6 중국은 우리나라의 서쪽에 있고, 주변의 많은 나라와 국경을 접하고 있습니다.

7 베이징은 중국의 수도입니다. 모스크바는 러시아의 수도이며, 우랄산맥은 유럽과 아시아 대륙의 경계가 되는 산맥입니다. 시베리아 횡단 철도는 러시아의 동쪽 끝인 블라디보스토크에서부터 서쪽의 모스크바로 이어지는, 세계에서 가장 긴 철도입니다.

8 일본은 우리나라의 동쪽에 있고 우리나라와 동해를 사이에 두고 있는 섬나라입니다. 일찍부터 뛰어난 기술력을 바탕으로 하여 세계적인 경제 강국이 되었습니다.

9 중국과 일본은 우리나라와 식사 도구가 유사하고, 한자나 불교와 같은 문화를 공유하고 있습니다.

왜 틀렸을까?
②, ③은 러시아, ⑤는 일본에 대한 설명입니다.

10 우리나라는 이웃 나라와 활발한 무역을 하는 등 경제적으로 교류하고 있습니다.

11 오늘날에는 교통과 통신의 발달로 이웃 나라 간의 교류가 증가하고 있습니다.

왜 틀렸을까?
①, ②, ④는 우리나라와 이웃 나라 간의 문화적 교류, ③은 우리나라와 이웃 나라 간의 인적 교류 사례입니다.

12 미국은 풍부한 자원을 바탕으로 다양한 산업이 골고루 발달했습니다.

13 베트남은 우리나라와 인적, 문화적 교류가 활발한 나라입니다.

14 우리나라는 국경을 접하고 있는 이웃 나라들 외에도 다양한 방면에서 세계 여러 나라와 깊은 관계를 맺고 있습니다.

15 중국의 서부에는 히말라야 산맥과 시짱고원(티베트고원)이, 동부에는 둥베이평야, 화베이평야, 화중평야, 화난평야가 발달해 있습니다. 중국의 대도시들이 주로 동쪽에 분포한 까닭은 평야가 넓어 사람들의 이동이나 교류가 활발하게 일어날 수 있기 때문입니다.

[출처: 셔터스톡]
화중평야

16 러시아의 식사 도구나 문자는 유럽의 나라들과 비슷하지만 최근에는 동쪽으로 가까운 한국, 중국, 일본과의 교류도 증가했습니다.

채점 기준

정답 키워드 인구 I 유럽 I 서부 '러시아의 인구 대부분이 유럽과 가까운 서부 지역에 분포하고 있기 때문이다.' 등의 내용을 정확히 씀.	상
러시아의 생활 모습이 유럽과 비슷하게 나타나는 까닭을 썼으나 구체적이지 않음.	하

더 알아보기

러시아 사람들의 생활 모습
- 빵과 수프를 주식으로 하며, 식사 도구로는 포크나 칼 등을 사용합니다.
- 그리스 문자의 영향을 받은 문자를 사용합니다.

17 우리나라는 정치·경제·문화 등 다양한 분야에서의 활발한 교류를 통해 세계 무대에서 우리나라의 영향력을 높이고 있습니다.

채점 기준

정답 키워드 다양한 방면 I 교류 I 상호 의존 '우리나라는 세계 여러 나라와 다양한 방면에서 서로 교류하고 협력하며 상호 의존 관계를 맺고 있다.' 등의 내용을 정확히 씀.	상
제시된 사례를 보고 알 수 있는 우리나라와 세계 여러 나라와의 관계를 썼으나 구체적이지 않음.	하

18 우리나라와 이웃 나라 간의 인적 교류 사례에는 일자리를 구하러 이웃 나라로 이동하거나 이웃 나라 사람과 결혼하여 거주지를 옮기는 것 등이 있습니다.

19 우리나라와 이웃 나라가 경제적으로 교류하는 사례로는 무역, 원활한 에너지 공급을 위한 협력 등이 있습니다.

20 서로 이웃한 나라들이 협력하면 어려운 일이 생겼을 때 빠르게 해결할 수 있습니다.

대단원 평가 48~51쪽

1 ⑤ 2 ④ 3 북극해 4 ①
5 (1) ㉠, ㉣ (2) ㉤ (3) ㉡, ㉢ 6 ②
7 예 영토가 둥근 모양인 나라들이다. 8 낮아
9 ⑤ 10 ③ 11 ④ 12 (1) 고산
(2) 예 서늘한 지역에서 잘 자라는 감자와 옥수수를 재배한다. 라마와 알파카 같은 가축을 길러 고기와 털을 얻는다.
13 ① 14 ㉠, ㉡ 15 러시아 16 ⑤
17 ④ 18 정치 19 예 우리나라가 원유를 수입하는 대표적인 나라이다. 우리나라 기업들이 진출해 건물이나 발전소를 건설하고 있다. 20 ⑤

1 세계지도는 가지고 다니기 편리하다는 장점이 있습니다. 땅과 바다의 크기가 실제와 비슷하게 나타나 있는 공간 자료는 지구본입니다.

2 디지털 영상 지도에서 마우스 오른쪽 단추를 누르면 현재 지점의 위도와 경도를 알 수 있으며 거리 재기 기능을 이용할 수 있습니다.

3 대양은 넓은 면적을 차지하는 큰 바다를 말합니다. 북극해는 가장 작은 대양입니다.

4 남아메리카는 북아메리카 대륙의 남쪽에 위치한 대륙으로, 태평양과 대서양 사이에 위치합니다.

왜 틀렸을까?
② 북아메리카 대륙에 대한 설명입니다.
③ 아시아 대륙에 대한 설명입니다.
④ 남극 대륙에 대한 설명입니다.
⑤ 아프리카 대륙에 대한 설명입니다.

5 아시아에는 중국, 일본, 몽골, 인도 등이 있고, 오세아니아에는 키리바시, 오스트레일리아 등이 있으며 유럽에는 영국, 독일, 프랑스, 에스파냐 등이 있습니다.

6 이탈리아 로마 시내에 있는 바티칸 시국의 면적은 $0.44km^2$로 우리나라의 경복궁 정도의 면적입니다.

7 세계 여러 나라의 영토 모양은 국경선, 해안선, 영토의 길이 등에 따라 다양합니다.

채점 기준

정답 키워드 영토 I 둥글다 '영토가 둥근 모양인 나라들이다.' 등의 내용을 정확히 씀.	8점
제시된 나라들의 공통점을 영토의 모양과 관련하여 썼으나 구체적이지 않음.	4점

8 지구는 둥글기 때문에 위도에 따라 땅에 닿는 햇빛의 양이 다릅니다.

9 최근 열대 기후 지역에서는 농장을 만들어 열대작물을 대규모로 재배하기도 합니다.

10 사막 지역에 사는 사람들은 강이나 오아시스 주변에 모여 살며 농사를 짓습니다.

11 냉대 기후 지역에서는 목재 생산이 많고, 침엽수를 이용해 종이를 만드는 공업이 발달했습니다.

12 고산 기후 지역은 주변의 고도가 낮은 지역보다도 기온이 낮습니다.

채점 기준

(1)	'고산'이라고 정확히 씀.	3점
(2)	정답 키워드 감자 I 옥수수 I 알파카 '서늘한 지역에서 잘 자라는 감자와 옥수수를 재배한다.', '라마와 알파카 같은 가축을 길러 고기와 털을 얻는다.' 등의 내용을 정확히 씀.	7점
	고산 기후 지역의 생활 모습을 썼으나 구체적이지 않음.	3점

13 나라마다 자연환경과 인문환경이 다르기 때문에 다양한 생활 모습이 나타납니다.

14 모든 나라의 생활 모습은 고유한 가치를 지니고 있습니다.

15 우리나라는 북쪽으로 러시아와 국경을 마주하고 있습니다.

16 러시아는 석유, 천연가스 등 자원의 생산과 수출이 활발한 나라입니다.

17 각 나라의 자연환경과 문화가 서로 달라서 저마다 독특한 생활 모습이 나타납니다.

18 우리나라와 이웃 나라 간에는 다양한 분야의 교류가 일어나고 있습니다.

19 사우디아라비아는 우리나라에서 가장 많은 원유를 수입하는 나라로, 우리나라의 산업 발전과 관계가 깊은 나라입니다.

채점 기준

정답 키워드 원유 I 수입 I 기업 I 진출 '우리나라가 원유를 수입하는 대표적인 나라이다.', '우리나라 기업들이 진출해 건물이나 발전소를 건설하고 있다.' 등의 내용을 정확히 씀.	8점
우리나라와 사우디아라비아와의 관계를 썼으나 구체적이지 않음.	4점

20 세계 여러 나라와 교류할 때는 세계 여러 나라에 관심을 기울이고 그들의 문화를 이해하며, 서로 협력하는 태도를 지녀야 합니다.

2. 통일 한국의 미래와 지구촌의 평화

❶ 한반도의 미래와 통일

개념 다지기 59쪽

1 독도 2 ① 3 (1) ○ 4 (1) ㉢ (2) ㉠ (3) ㉡
5 ③ 6 ②

1 독도는 우리나라 영토의 동쪽 끝에 있는 섬으로, 동도와 서도 두 개의 큰 섬과 89개의 작은 바위섬으로 이루어져 있습니다. 독도는 동해상에서 선박의 항로뿐만 아니라 항공 교통과 방어 기지로서도 중요한 위치에 있습니다.

독도

2 독도는 울릉도의 동남쪽에 위치하며 대략 북위 37°, 동경 132°에 있습니다.

3 독도는 여러 종류의 동식물이 서식하는 생태계의 보고입니다. 우리나라는 독도를 천연기념물 제336호로 지정해 보호하고 있습니다.

4 독도는 화산 활동으로 생긴 화산섬으로 독특한 지형과 모습을 지니고 있습니다.

5 『세종실록』「지리지」에는 "우산과 무릉, 두 섬은 서로 멀리 떨어져 있지 않아 날씨가 맑으면 바라볼 수 있다."는 내용이 쓰여 있습니다.

더 알아보기

독도에 대한 옛 기록과 지도

『세종실록』 「지리지」	울릉도(무릉)와 독도(우산)가 강원도에 속한 섬이라고 기록했음.
『신증동국여지승람』 「팔도총도」	동해에 울릉도와 독도(우산도) 두 섬을 함께 그렸음.
「대한 제국 칙령 제41호」	독도(석도)를 울릉도(울도군) 관할로 두었음.

6 조선 시대 어부였던 안용복은 일본으로부터 '죽도 도해 금지령'을 받아냈습니다.

개념 다지기 63쪽

1 38도선 2 민재 3 ②, ③ 4 ② 5 ㉠
6 ③

1 제2차 세계 대전이 끝나면서 미·소 양국이 북위 38도선을 경계로 한반도를 남과 북으로 나누어 점령하면서 분단이 시작되었고, 6·25 전쟁을 겪으면서 분단이 더욱 굳어졌습니다.

2 분단이 지속되면서 이산가족은 오랜 세월 동안 만나지 못하고 있고, 언어와 생활 모습 등 남북한 문화의 차이가 더욱 벌어지고 있습니다. 군사적으로는 남북한 모두 막대한 국방비를 부담하고 있고, 전쟁에 대한 불안감을 조성하여 세계 평화에 부정적 영향을 미치고 있습니다.

3 남북통일이 이루어지면 국방비에 쓰일 돈을 다른 곳에 사용할 수 있고, 전쟁에 대한 불안감을 해소하여 세계 평화에 이바지할 수 있습니다. 또 육로를 이용해 아시아를 넘어 유럽까지 갈 수 있게 됩니다.

4 1972년에 있었던 7·4 남북 공동 성명 발표는 남북 정치 교류의 시작이었습니다.

더 알아보기

통일을 위한 정치적 노력

7·4 남북 공동 성명(1972년)	남북 정치 교류의 시작으로, 최초로 통일에 관하여 합의하고 발표했음.
남북 기본 합의서 채택(1991년)	남북 화해, 교류, 협력 등의 내용이 담긴 남북 기본 합의서를 채택했음.
6·15 남북 공동 선언(2000년)	남북한 정상이 만나 회담 후 남북 간 교류 활성화와 통일 방안에 관해 발표했음.

5 남한과 북한은 그동안 평화통일을 목표로 정치·경제·문화 등 다양한 분야에서 교류와 협력을 확대하고자 노력했습니다. 남북한이 서로에 대한 믿음을 바탕으로 지속적인 대화와 노력을 이어 간다면 남북통일을 평화롭게 진행할 수 있을 것입니다.

왜 틀렸을까?

㉡은 통일을 위한 정치적 노력, ㉢은 통일을 위한 경제적 노력에 해당됩니다.

6 개성 공업 지구는 남한의 자본과 기술력에 북한의 노동력이 결합한 경제 협력 사례로, 2005년부터 2016년까지 운영되었습니다.

단원 실력 쌓기 64~67쪽

Step 1

1 우리나라의 울릉도 **2** 화산 **3** 이사부
4 이산가족 **5** 사회·문화 **6** ① **7** ③
8 은영 **9** ⑤ **10** ④ **11** ③
12 ㉠, ㉢, ㉡ **13** ② **14** ⑤

Step 2

15 (1) 예 섬기린초 (2) 천연기념물
16 예 남북 간의 문화적 차이를 극복해 민족의 동질성을 회복할 수 있기 때문이다.
17 예 국토의 자원을 효율적으로 이용하여 경제가 더욱 성장하는 나라가 될 수 있다. 세계의 평화와 발전을 이끄는 나라가 될 수 있다.

15 (1) 괭이갈매기 (2) 화산섬
16 어려워지고
17 지하자원

Step 3

18 독도 **19** 지윤
20 예 독도는 동해상에 있어서 태평양으로 이어지는 선박의 항로로서 중요하다. 독도는 항공 교통과 방어 기지로서 군사적으로 중요한 위치에 있다.

1 울릉도에서 독도까지의 거리는 87.4km이고, 일본의 오키섬에서 독도까지의 거리는 157.5km입니다.

2 화산섬인 독도는 독특한 지형과 모습을 지녔으며 생태계의 보고입니다.

3 이사부와 안용복, 독도 의용 수비대 등의 옛 사람들이 일본의 침입으로부터 독도를 지키기 위해 노력했습니다.

4 1983년 특별 방송된 〈이산가족을 찾습니다〉는 453시간 45분 동안 생방송되었고, 2015년 세계 기록 유산에 등재되기도 했습니다.

5 2018년에는 남북한 예술단이 함께 한반도의 평화를 기원하는 음악회와 공연을 했습니다.

6 독도는 우리나라의 동쪽 끝에 있습니다.

7 독도 주변 바다 밑바닥에는 메탄 하이드레이트가 묻혀 있고, 깊은 바다에는 해양 심층수가 있는 등 자원이 많아 경제적 가치가 높습니다.

8 독도는 흐린 날이 많고 겨울에 눈이 많이 내리며, 동해의 영향으로 기온이 온화합니다.

9 당시 지도에는 독도(우산도)를 울릉도의 서쪽에 그렸습니다.

10 사이버 외교 사절단 반크는 인터넷에서 우리나라와 관련된 잘못된 사실을 바로잡는 일을 하는 단체로, 대한민국의 해양 영토를 알리는 '한국 해양 지도'를 제작해 배포했습니다. ②와 ③은 우리 군과 경찰이 독도를 지키기 위해 하는 일입니다.

11 남북 분단으로 인해 언어와 생활 모습 등 남북한 문화의 차이가 더욱 벌어지고 있습니다.

12 남한과 북한은 그동안 평화 통일을 목표로 정치·경제·문화 등 다양한 분야에서 교류와 협력을 확대하고자 노력했습니다.

13 철도와 도로가 연결되면 육로로 아시아를 넘어 유럽까지 갈 수 있게 됩니다.

14 비무장 지대는 휴전선으로부터 남북으로 각각 2km씩 총 4km입니다.

15 우리나라는 독도를 아끼고 보호하기 위해 천연기념물로 지정했습니다.

16 남북 분단 지속으로 나타나는 어려움을 극복하기 위해 남북통일을 하고 서로 평화롭게 살고자 노력해야 합니다.

채점 기준

정답 키워드 문화 | 차이 | 극복 | 동질성 | 회복 '남북 간의 문화적 차이를 극복해 민족의 동질성을 회복할 수 있다.' 등의 내용을 정확히 씀.	상
제시된 자료와 관련하여 통일이 필요한 까닭을 썼으나 구체적이지 않음.	하

17 통일이 되면 전쟁에 대한 두려움이 없어지고, 한반도의 지리적 이점을 누릴 수 있게 됩니다. 또한 국가 경쟁력 강화는 물론 국제 사회에서 우리나라의 위상을 크게 높일 수 있습니다.

채점 기준

정답 키워드 경제 | 성장 | 세계 평화 | 발전 '국토의 자원을 효율적으로 이용하여 경제가 더욱 성장하는 나라가 될 수 있다.', '세계의 평화와 발전을 이끄는 나라가 될 수 있다.' 등의 내용을 정확히 씀.	상
통일 이후 나타날 한국의 미래상을 썼으나 구체적이지 않음.	하

18 독도는 우리나라 영토의 동쪽 끝에 있는 섬으로, 울릉도의 동남쪽에 위치합니다.

19 독도는 대략 북위 37°, 동경 132°에 있으며, 행정구역상 경상북도 울릉군 울릉읍에 속합니다.

20 독도는 우리나라, 러시아, 일본과 접하고 있는 동해상에 있기 때문에 군사적으로 중요합니다.

❷ 지구촌의 평화와 발전

개념 다지기 71쪽

1 팔레스타인 2 ② 3 ②, ④ 4 세현
5 ㉡ 6 ⑤

1 이스라엘과 팔레스타인뿐만 아니라 여러 나라가 얽혀 위험한 상황이 계속되고 있습니다.

2 카슈미르 분리 분쟁은 주민 대부분이 이슬람교를 믿는 카슈미르 지역이 힌두교를 믿는 사람이 많은 인도에 편입되면서 발생한 인도와 파키스탄의 갈등입니다.

3 시리아에서는 계속되는 내전으로 도시는 폐허가 되었고, 많은 사람이 다치거나 죽었으며 수많은 난민이 발생했습니다.

4 지구촌 갈등이 사라지지 않는 까닭은 각 나라가 자신의 이익을 가장 먼저 생각하고, 역사적으로 오랫동안 갈등이 반복되었기 때문입니다.

5 자기 나라의 이익을 추구할 때 지구촌이 공존할 수 있는 방법을 생각합니다.

6 ⑤는 어린이들이 직접 하기는 어려운 일입니다.

개념 다지기 75쪽

1 국제 연합(UN) 2 (1) ㉡ (2) ㉠ 3 비정부 기구
4 ② 5 ④ 6 ㉠

1 국제 연합(UN)은 1945년 지구촌의 평화 유지와 전쟁 방지 등을 위해 만들어진 국제기구로, 다양한 기구를 두어 지구촌 갈등 문제를 해결하려고 노력하고 있습니다.

2 다양한 국제 연합(UN)의 기구들은 지구촌 평화와 발전을 위한 노력을 인정받아 노벨 평화상을 받기도 합니다.

3 비정부 기구는 국가가 아닌 개인들의 관심과 후원, 활동으로 운영됩니다.

더 알아보기

비정부 기구와 국제기구의 다른 점
- 비정부 기구는 국가가 아닌 개인들의 관심과 후원, 활동으로 운영됩니다.
- 비정부 기구는 국가 간의 이해관계를 떠나 지구촌의 문제 해결을 위한 활동을 추진합니다.

4 비정부 기구는 지구촌의 갈등 해결과 평화 유지를 위해 다양한 활동을 합니다.

왜 틀렸을까?

① 해비타트: 가난, 전쟁, 자연재해 등으로 터전을 잃어버린 사람들에게 집을 지어 줍니다.
③ 세이브 더 칠드런: 모든 어린이의 생존과 보호를 위해 교육, 의료 등의 분야에서 다양한 지원을 하고 있습니다.
④ 핵무기 폐기 국제 운동: 핵무기와 관련된 모든 것을 반대하는 운동을 펼치고 있습니다.

5 비정부 기구는 국가가 아닌 개인이 모여 운영됩니다.

6 이태석 신부는 2001년부터 남수단의 '톤즈'라는 마을에 병원을 짓고 직접 진료했으며, 마을 사람들과 힘을 합쳐 학교를 만드는 등 남수단 사람들을 위해 헌신했습니다.

단원 실력 쌓기 76~79쪽

Step 1

1 에티오피아 2 나라 3 국제 연합 난민 기구(UNHCR)
4 의료 서비스 5 지뢰 금지 국제 운동(ICBL) 6 ④
7 ② 8 ⑤ 9 ②, ⑤ 10 ②
11 세이브 더 칠드런 12 ⑤ 13 ③
14 ⑤

Step 2

15 ❶ 파키스탄 ❷ 인도
16 (1) 난민
(2) 예 갈등이 더 심각해지거나 더 많은 희생자가 생길 수 있다.
17 예 각 나라가 자신의 이익을 가장 먼저 생각하기 때문이다. 역사적으로 오랫동안 갈등이 반복되었기 때문이다.

15 이슬람
16 (1) 난민
(2) 있습니다
17 여러

Step 3

18 ㉠ 19 국제 앰네스티
20 예 한 나라 안에서 발생한 갈등 상황이 주변 지역으로 번져 지구촌 전체의 문제가 될 수도 있기 때문이다. 지구촌 갈등 문제는 어느 한 국가의 노력만으로는 해결하기 어렵기 때문이다.

1 에티오피아에서는 민족 간 종교와 언어 차이, 경제적 · 정치적 차별로 인한 내전이 발생했습니다.

2 비정부 기구는 뜻이 같은 개인들이 모여 활동하는 단체입니다.

3 국제 연합 난민 기구(UNHCR)는 난민들에게 안전한 피난처와 식수, 필수 생활용품 등을 제공하는 일을 합니다.

4 국경 없는 의사회는 종교, 민족 등과 관계없이 모든 사람들에게 의료 서비스를 지원합니다.

5 조디 윌리엄스는 123개 나라로부터 더 이상 지뢰를 사용하지 않겠다는 약속을 받아 내 1997년 노벨 평화상을 수상했습니다.

6 태평양과 대서양을 잇는 중요한 위치에 있으며, 주변에 석유가 매장되어 있다고 알려진 포클랜드 제도를 둘러싸고 영국과 아르헨티나의 분쟁이 발생했습니다.

7 시리아는 대통령의 독재 정치와 종교 문제 때문에 내전이 발생하여 10년 넘게 계속되고 있으며, 외교 문제로 인해 다른 여러 나라까지 내전에 가담하고 있어 상황이 더 나빠졌습니다.

8 지구촌 갈등 문제 해결을 위해서는 모든 지구촌 사람들의 끊임없는 관심과 노력이 필요합니다.

더 알아보기

지구촌 평화와 발전을 위해 우리가 할 수 있는 일
- 지구촌 갈등 문제를 알리고 해결하려는 활동에 참여하기
- 뉴스나 신문 기사에 나오는 지구촌 갈등 문제에 관심을 가지고 정보 찾아보기
- 지구촌 갈등 문제 해결을 위한 다양한 국제기구와 비정부 기구 활동에 참여하기
- 사람들이 지구촌 갈등 문제 해결에 관심을 갖도록 누리 소통망 서비스(SNS)에 글 올리기

9 국제 연합(UN)의 기구들은 지구촌 평화와 협력을 위해 활동합니다.

10 세계 보건 기구는 전 세계인의 건강을 위해 노력하는 국제 연합(UN)의 기구입니다.

왜 틀렸을까?

① 국제 노동 기구: 전 세계의 노동 문제를 다룹니다.
③ 세계 식량 계획: 전 세계에서 전쟁, 내전, 자연재해 등 긴급한 상황으로 어려움에 처한 사람들에게 식량을 지원합니다.
④ 국제 연합 아동 기금: 전 세계 어린이들이 안전하고 깨끗한 환경에서 교육받고 건강하게 성장하도록 여러 가지 지원을 합니다.
⑤ 국제 연합 교육 과학 문화 기구: 교육, 과학, 문화 등의 교류와 문화 다양성을 지키려고 노력합니다.

11 세이브 더 칠드런은 종교, 국적, 인종을 초월해 모든 어린이의 생존과 보호를 위해 교육, 의료 등의 분야에서 다양한 지원을 하는 비정부 기구입니다.

12 국제 앰네스티는 주로 부당하게 인권을 탄압받는 사람들의 인권을 보호하기 위한 활동을 합니다.

왜 틀렸을까?

①, ②는 그린피스, ③은 해비타트, ④는 지뢰 금지 국제 운동에서 하는 활동입니다.

13 우리나라는 국제 연합(UN)의 요청으로 오랜 전쟁으로 고통받는 레바논에 평화 유지군인 동명부대를 파견했습니다.

14 말랄라 유사프자이는 탈레반 점령 지역의 실상을 알렸다가 탈레반의 총에 맞아 크게 다쳤고, 여러 차례 수술 끝에 깨어나기도 했습니다.

15 파키스탄과 인도가 서로 카슈미르 지역이 자신의 영토라고 주장하기 때문에 분쟁이 일어났습니다.

16 다양한 지구촌 사람들의 노력을 통해 지구촌의 평화가 지속됩니다.

채점 기준

(1)	'난민'이라고 정확히 씀.	
(2)	정답 키워드 갈등 I 심각 I 희생자 '갈등이 더 심각해지거나 더 많은 희생자가 생길 수 있다.' 등의 내용을 정확히 씀.	상
	사람들이 세계 곳곳에서 일어나는 갈등을 모른 체할 때 일어날 수 있는 일을 썼으나 구체적이지 않음.	하

17 지구촌의 평화와 발전을 위해서는 각 개인이 지구촌 갈등 문제에 관심을 가지고 문제 해결에 참여해야 합니다.

채점 기준

정답 키워드 이익 I 역사적 I 갈등 I 반복 '각 나라가 자신의 이익을 가장 먼저 생각하기 때문이다.', '역사적으로 오랫동안 갈등이 반복되었기 때문이다.' 등의 내용을 정확히 씀.	상
지구촌 갈등이 사라지지 않는 까닭을 썼으나 구체적이지 않음.	하

18 ㉠은 누리 소통망 서비스(SNS)에 글을 올리는 모습입니다.

19 국제 앰네스티는 국가 권력에 의해 억울하게 처벌당하고 억압받는 사람들을 돕기 위해 노력합니다.

20 지구촌 갈등 문제 해결에는 모든 지구촌 사람들의 끊임없는 관심과 노력이 필요합니다.

❸ 지속가능한 지구촌

개념 다지기 83쪽

1 ④, ⑤ 2 ③ 3 ⑤ 4 ㉠
5 (1) ㉠ (2) ㉢ (3) ㉡ 6 ②

1 오늘날 지구촌에는 열대 우림 파괴, 초미세 먼지 증가 외에도 지구 온난화, 과도한 쓰레기와 오염 물질 배출 등 다양한 환경문제가 발생하고 있습니다.

2 사람들이 버린 플라스틱 쓰레기가 잘 썩지 않아 땅과 강, 그리고 바다를 오염시키고 생태계를 파괴하고 있습니다.

3 지구촌 사람들은 환경문제를 해결하기 위해 환경을 생각하는 소비를 하며 일상생활에서 자원과 에너지를 절약합니다.

4 올바른 방법으로 분리배출을 하면 자원의 재활용율을 높여 자원 낭비를 막을 수 있고, 쓰레기로 버려지는 재활용품을 줄일 수 있습니다.

5 환경문제는 지구촌 전체의 문제이므로 모두가 함께 노력해야 합니다.

6 지구 대기를 오염시켜 온실 효과를 일으키는 가스를 통틀어 온실가스라고 합니다.

개념 다지기 87쪽

1 미래 2 ④ 3 연지 4 ㉣
5 세계시민 6 ①

1 지속가능한 미래란 지구촌 사람들이 현재뿐만 아니라 미래 세대의 환경과 발전을 위해 책임감 있게 행동했을 때 다가올 미래를 말합니다.

2 지구촌 사람들은 환경을 생각하면서도 사람들의 필요를 만족하도록 하는 제품을 생산하거나 소비하여 건강과 환경을 지키고자 노력하고 있습니다.

3 지구촌 사람들은 빈곤과 기아로 고통받는 사람들에게 돈과 물건, 식량 등을 지원해 주고 이들의 교육 환경을 개선하여 스스로 경제활동을 할 수 있도록 지원하고 있습니다.

4 취업, 교육, 의료, 상담 등 여러 방면에서 편견과 차별로 고통받는 사람들을 지원할 수 있습니다.

5 세계시민은 지구촌 문제가 우리의 문제임을 알고 이를 해결하고자 협력하는 자세를 지닌 사람입니다. 우리는 세계시민으로서 책임감을 갖고 지구촌 문제를 해결하고자 노력해야 합니다.

6 급식을 남김없이 다 먹어 쓰레기를 만들지 않는 것이 우리가 지구를 위해 실천할 수 있는 일에 해당합니다.

단원 실력 쌓기 88~91쪽

Step 1

1 플라스틱 2 절약 3 환경
4 지속가능한 미래 5 분리하여 6 ⑤
7 ③ 8 기업 9 ④ 10 ③
11 ③, ④ 12 ③ 13 ㉣ 14 ⑤

Step 2

15 (1) 정부 (2) 예 일회용품
16 (1) 재생 (2) 예 버려진 자원을 활용해 자원 낭비를 줄일 수 있다.
17 예 자연재해와 전쟁 등으로 삶의 터전을 잃고 물과 식량이 부족해졌기 때문이다. 음식이 불평등하게 분배되었기 때문이다.

15 (1) 제도 (2) 재활용품
16 (1) 재생 (2) 최소한
17 불평등

Step 3

18 지구 온난화 19 초미세 먼지
20 예 지구촌의 환경문제는 그 원인과 영향이 지역 간에 복잡하게 얽혀 있기 때문이다.

1 태평양에는 플라스틱 조각들로 이루어진 거대한 섬이 생겨나는 등 피해가 심각합니다.

2 환경을 보호하기 위해 화석 연료를 덜 사용하도록 에너지를 절약해야 합니다.

3 시민 단체는 사람들의 환경 보호 의식을 높이는 환경 운동을 하며, 기업이나 정부의 활동이 환경에 나쁜 영향을 끼치지 않는지 감시하기도 합니다. 시민 단체들은 일회용품 사용을 줄이자는 캠페인, 자동차 기업에 오염 물질을 내뿜는 내연 기관의 사용을 줄이자는 시위 등을 합니다.

4 오늘날 지구촌 사람들에게는 지속가능한 미래를 위해 세계시민으로서의 자세가 필요해졌습니다.

5 쓰레기를 올바르게 분리하여 배출하면 쓰레기 양을 줄일 수 있습니다.

6 사람들이 버린 플라스틱 쓰레기가 잘 썩지 않아 환경을 오염시키고 있는 가운데 최근에는 배송 · 배달과 관련된 쓰레기 배출 급증으로 쓰레기 대란이 가까워 오고 있습니다.

7 환경문제를 해결하기 위해서 올바른 방법으로 분리배출을 하고 친환경 제품이나 에너지 고효율 제품을 사는 등의 노력을 해야 합니다.

더 알아보기

올바른 분리배출의 핵심 네 가지

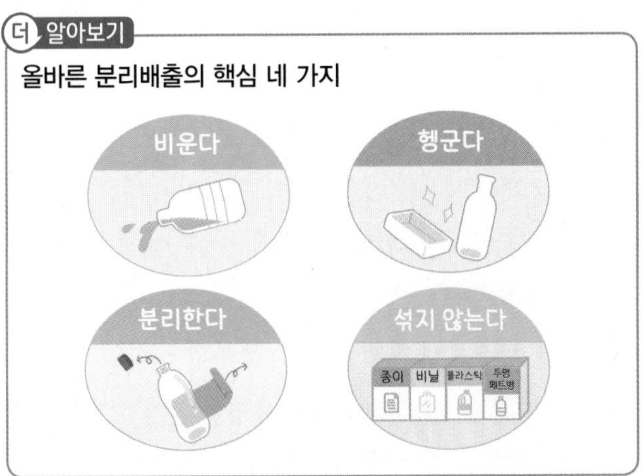

8 기업은 친환경 기술을 개발하고, 제품의 생산 · 이동 · 폐기 과정에서 불필요한 자원과 에너지가 낭비되지 않도록 노력합니다.

9 정부는 환경 관련 법과 제도를 만들어 개인과 기업이 이를 실천하도록 합니다.

10 세계 자연 기금(WWF)은 환경오염으로 인한 기후 변화 문제의 심각성을 알리고 이에 대응하고자 매년 지구촌 전등 끄기 운동을 개최합니다.

11 제로 웨이스트 숍에서 물건을 사면 버려지는 포장 용기를 줄일 수 있고, 화학 물질이 없는 친환경 제품을 사면 수질 오염과 토양 오염 등을 막을 수 있습니다.

12 지구촌 사람들은 빈곤과 기아로 고통받는 사람들에게 돈과 물건, 식량 등을 지원합니다. 또한 이들의 교육 환경을 개선하고 스스로 경제활동을 할 수 있도록 지원하고 있습니다.

13 전기를 아끼기 위한 여름철 적정 실내 온도는 25℃~26℃입니다. 가까운 데서 생산된 과일이 이산화 탄소를 덜 배출합니다. 채식 식단을 추가하면 다양한 문화적 배경을 가진 친구들을 배려하고 사료 작물 재배를 위해 파괴되는 열대 우림을 지킬 수 있습니다.

14 싸게 판매하는 제품보다는 환경을 생각해서 만든 제품을 구입해야 합니다.

15 지구촌 환경문제 해결을 위해 정부와 기업, 개인, 시민 단체 등이 모두 노력하고 있습니다.

16 지구촌에는 지속가능한 미래를 위한 친환경적 생산과 소비가 늘고 있습니다.

채점 기준

(1)	'재생'이라고 정확히 씀.	
(2)	정답 키워드 자원 낭비 I 줄이다 '버려진 자원을 활용해 자원 낭비를 줄일 수 있다.' 등의 내용을 정확히 씀.	상
	재생용지를 이용할 때의 좋은 점을 썼으나 구체적이지 않음.	하

17 빈곤과 기아 문제는 열악한 환경, 자연재해, 식량 문제의 불균형 등 다양한 원인으로 발생합니다.

채점 기준

정답 키워드 자연재해 I 전쟁 '자연재해와 전쟁 등으로 삶의 터전을 잃고 물과 식량이 부족해졌기 때문이다.' 등의 내용을 정확히 씀.	상
지구촌에 기아 문제가 발생하는 원인을 썼으나 구체적이지 않음.	하

18 지구 온난화는 지구의 평균 기온이 상승하는 현상입니다. 지구 온난화는 자동차 등에서 이산화 탄소와 같은 온실가스가 지나치게 배출되어 발생합니다. 지구 온난화로 빙하가 녹아 해수면이 높아졌고, 일부 해안 지역은 바닷물이 들이닥쳐 사람들이 살 땅을 잃고 있습니다.

19 초미세 먼지는 사람 몸속에 들어가 호흡기 질환과 같은 여러 질병을 일으킬 수 있습니다.

20 지구촌 곳곳에서는 지구 온난화, 열대 우림 파괴, 과도한 쓰레기와 오염 물질 배출, 초미세 먼지 증가 등 다양한 환경문제가 나타나고 있습니다.

대단원 평가 92~95쪽

1 ⑤ 2 ① 3 ③ 4 예 옛날 우리 조상들은 독도를 우리 땅이라고 생각했으나, 일본 사람들은 독도를 자신들의 영토라고 생각하지 않았다. 5 예 전쟁 6 예 분단에 의한 국방비와 경제적 비용을 줄일 수 있고, 북한의 풍부한 자원, 남한의 앞선 기술과 자본을 결합해 경제 성장을 이룰 수 있다. 7 ① 8 ④ 9 ❶ 이익 ❷ 어렵기
10 ④ 11 예 전 세계 모든 어린이들이 안전하고 깨끗한 환경에서 교육받고 건강하게 성장하도록 지원한다.
12 (1) ㉡ (2) ㉠ (3) ㉢ 13 조디 윌리엄스 14 ②
15 ④ 16 ① 17 그린피스 18 소윤
19 소희 20 ⑤

1 독도는 동도와 서도 두 개의 큰 섬과 작은 섬들로 이루어져 있습니다.

2 독도는 화산 활동으로 생긴 화산섬으로 독특한 지형과 모습을 지녔습니다.

3 「대한 제국 칙령 제41호」에서는 독도(석도)를 울릉도(울도군) 관할로 두었습니다.

4 『신증동국여지승람』「팔도총도」에서는 동해에 울릉도와 독도(우산도) 두 섬을 함께 그렸습니다. 반면 「대일본전도」는 주변 섬들을 포함해 일본 영토를 자세히 그렸지만 독도는 나타나 있지 않습니다.

채점 기준

정답 키워드 조상 | 독도 | 우리 땅 | 일본 | 자신 | 영토 '옛날 우리 조상들은 독도를 우리 땅이라고 생각했으나, 일본 사람들은 독도를 자신들의 영토라고 생각하지 않았다.' 등의 내용을 정확히 씀.	10점
두 지도를 통해 알 수 있는 점을 썼으나 구체적이지 않음.	5점

5 분단 후 남한과 북한은 이산가족 문제, 문화의 차이 발생, 경제적 손실, 전쟁에 대한 불안감 등 여러 가지 어려움을 겪고 있습니다.

6 국방비가 줄어들면 남은 비용을 국민의 삶의 질을 높이는 데 사용할 수 있습니다.

채점 기준

정답 키워드 국방비 | 결합 | 경제 성장 '분단에 의한 국방비와 경제적 비용을 줄일 수 있고, 북한의 풍부한 자원, 남한의 앞선 기술과 자본을 결합해 경제 성장을 이룰 수 있다.' 등의 내용을 정확히 씀.	8점
남북통일이 되면 얻을 수 있는 경제적 이득을 썼으나 구체적이지 않음.	4점

7 ②는 통일을 위한 정치적 노력, ③, ④는 통일을 위한 경제적 노력입니다.

8 지구촌에서는 여러 갈등이 끊이지 않고 나타나고 있습니다.

9 갈등에 얽힌 강대국들이 과거의 잘못을 책임지지 않고, 오히려 어려운 나라를 이용해서 이익만 얻으려고 하기 때문에 갈등이 사라지지 않습니다.

10 ④는 비정부 기구에 대한 설명입니다.

11 국제 연합 아동 기금은 국제 연합 산하의 국제기구이고, 세이브 더 칠드런은 비정부 기구입니다. 지구촌의 다양한 주체들은 지구촌 갈등 문제를 해결하기 위해 노력하고 있습니다.

채점 기준

정답 키워드 어린이 | 안전 | 깨끗한 환경 | 교육 '전 세계 모든 어린이들이 안전하고 깨끗한 환경에서 교육받고 건강하게 성장하도록 지원한다.' 등의 내용을 정확히 씀.	10점
국제 연합 아동 기금과 세이브 더 칠드런의 공통점을 썼으나 구체적이지 않음.	5점

12 비정부 기구는 평화 유지, 환경 보전, 빈곤 퇴치, 성 평등 등을 위해 여러 가지 활동을 하고 있습니다.

13 조디 윌리엄스는 미국의 사회 운동가입니다.

14 지역 개발로 넓은 면적의 열대 우림이 없어지고 있습니다.

15 초미세 먼지는 사람 몸속에 들어가 호흡기 질환과 같은 여러 질병을 일으킵니다.

16 ①은 환경문제 해결을 위한 정부의 노력입니다.

17 그린피스는 세계에서 가장 유명한 환경 보호 단체로, 전 세계적인 환경 파괴의 경각심을 알렸습니다.

왜 틀렸을까?
세계 식량 계획은 전 세계에서 전쟁, 내전, 자연재해 등 긴급한 상황으로 어려움에 처한 사람들에게 식량을 지원하는 기구입니다.

18 전 세계에는 충분한 식량이 있지만, 불평등하게 분배되고 있습니다. 굶주림으로 민족이나 나라 간 분쟁이 발생하기도 하므로 빈곤과 기아 문제는 지구촌의 평화를 위협할 수 있습니다.

19 지구촌의 다양한 문화를 배우며 서로의 문화를 존중할 수 있습니다.

20 지구촌 문제가 우리의 문제임을 알고 이를 해결하고자 협력하는 자세를 지닌 사람을 세계시민이라고 합니다.

1. 세계의 여러 나라들

❶ 지구, 대륙 그리고 국가들

단원 쪽지시험 2쪽

1 지구본 2 세계지도 3 예 위성 영상 정보, 항공 사진
4 대륙 5 대양 6 아시아 7 유럽
8 북아메리카 (대륙) 9 아마존강
10 아프리카 (대륙)

1 지구본을 돌려 보며 여러 나라를 찾아볼 수 있습니다.

2 세계지도에서는 두 지점 사이의 거리도 실제와 다를 수 있습니다.

4 지구는 대륙과 대양으로 이루어져 있는데, 대륙의 면적은 약 30 %, 대양의 면적은 약 70 %입니다.

6 아시아는 대륙 중 가장 크고 세계 육지 면적의 약 30 %를 차지합니다.

8 북아메리카는 북반구에 속하며, 그린란드까지 포함합니다. 북아메리카 북쪽은 북극해와 접해 있습니다.

9 남아메리카 대륙에는 아마존강이 페루, 브라질 등으로 흐르며 이 주변에는 세계에서 가장 넓은 열대 숲이 있습니다.

10 아프리카는 북반구와 남반구에 걸쳐 있으며, 아프리카 대륙에는 세계에서 가장 넓은 사막인 사하라 사막과 가장 긴 강인 나일강이 있습니다.

대표 문제 3쪽

1 ⑤ 2 ⑤ 3 ①, ④ 4 ④

1 세계지도는 둥근 지구를 평면으로 나타낸 것으로, 세계 여러 나라의 위치와 영역을 한눈에 살펴볼 수 있어 세계의 전반적인 특징을 이해하는 데 효과적입니다.

2 디지털 영상 지도는 컴퓨터나 스마트폰 등 다양한 기기에서 이용할 수 있습니다.

3 아시아 대륙에는 우리나라를 비롯해 인구가 가장 많은 중국, 몽골, 인도, 사우디아라비아, 인도네시아 등의 나라가 속해 있습니다.

4 남아메리카는 북아메리카의 남쪽에 위치해 있습니다.

❷ 세계의 다양한 삶의 모습 (1)

단원 쪽지시험 4쪽

1 강수량 2 열대 3 초원 4 건조 기후
5 유목 6 온대 기후 7 예 벼농사, 밀농사, 관광 산업
8 냉대 9 고위도 10 남아메리카

1 기후는 어떤 지역에서 일정 기간 동안 나타나는 날씨 변화를 평균으로 나타낸 것입니다.

2 열대 기후 지역 중에는 연중 비가 많이 내려 울창한 열대 우림을 이루는 곳이 있고, 건기와 우기가 뚜렷이 구분되는 지역도 있습니다.

3 생태 관광은 열대 기후 지역의 생태계를 보전하면서 여행하는 관광입니다.

4 건조 기후 지역은 일 년 동안의 강수량이 500mm보다 적습니다.

5 유목 생활을 하는 사람들은 양과 염소 등 풀을 먹고 자라는 초식 동물을 주로 기릅니다.

7 온대 기후 지역은 인구가 많고 여러 산업이 발달했습니다.

8 냉대 기후 지역은 북반구의 중위도와 고위도 지역에 널리 나타납니다.

대표 문제 5쪽

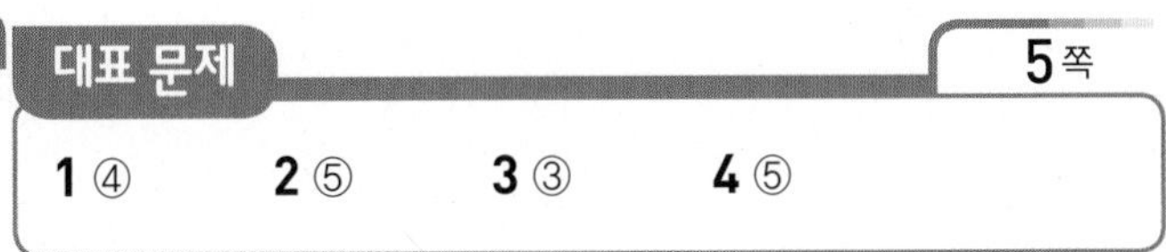

1 ④ 2 ⑤ 3 ③ 4 ⑤

1 지도에 표시된 지역은 온대 기후 지역으로, 온대 기후는 사계절의 변화가 비교적 뚜렷하고 온화하며 강수량이 풍부합니다. 또한 지역에 따라 강수량과 기온이 다르게 나타나며 기온의 변화가 큰 편입니다.

2 냉대 기후 지역은 사계절의 변화가 뚜렷하지만 온대 기후보다 겨울이 길고 춥습니다.

3 건조 기후 지역에서는 다른 지역의 물을 끌어오는 공사를 하여 더 넓은 지역에서 농사 지을 수 있도록 하기도 합니다.

4 온대 기후 지역은 온화하고 강수량이 풍부해 농업이 활발합니다.

❷ 세계의 다양한 삶의 모습 (2)

단원 쪽지시험 6쪽

1 멕시코　2 생선　3 타이　4 쌀
5 사막　6 라마단　7 오른손　8 ㉠ 주제
9 건조　10 인문환경

1 멕시코에서 쓰는 챙이 넓은 모자를 솜브레로라고 합니다.

2 한대 기후 지역은 추운 날씨를 이용해 육류와 어류를 말리기 쉽기 때문에 육포나 어포와 같은 음식이 발달했습니다.

5 사막에서는 오아시스 주변에 집을 짓고 살며, 주변에서 쉽게 구할 수 있는 흙벽돌을 이용해 집을 지었습니다.

6 이슬람교를 믿는 사람들은 교리에 따라 정해진 시간에 기도하고 정해진 기간 동안 금식합니다.

7 인도 사람들은 전통적으로 오른손은 청결하다고 여겨 왔습니다.

9 사우디아라비아에 사는 사람들은 낮에는 강한 햇빛과 모래바람으로부터 피부를 보호하고, 밤에는 추위로부터 몸을 보호하기 위해 손과 얼굴의 일부를 제외하고 온몸을 감싸는 길고 헐렁한 옷을 입습니다.

10 세계 여러 나라에는 다양한 생활 모습이 나타나므로 서로 다른 생활 모습을 접할 때는 이를 이해하고 존중하려는 마음가짐이 필요합니다.

대표 문제 7쪽

1 ②　2 ⑤　3 ③　4 ③

1 사막 지역에서는 주변에서 구하기 쉬운 흙으로 집을 만들어 생활합니다.

2 사람들의 생활 모습은 환경의 영향과 관련이 있습니다.

3 세계 여러 나라 사람들의 생활 모습을 조사하면 우리와 다른 생활 모습에 대해 더 깊이 이해할 수 있습니다.

4 세계 여러 나라 사람들의 생활 모습은 '주제 정하기 → 조사 계획 세우기 → 자료 수집하고 분석하기 → 조사 보고서 작성하기'의 순서로 조사합니다.

❸ 우리나라와 가까운 나라들

단원 쪽지시험 8쪽

1 일본　2 한자　3 중국　4 산지
5 러시아　6 우랄산맥　7 증가하고　8 정치적
9 베트남　10 칠레

2 우리나라는 한글을 사용하지만, 우리말에는 한자어가 많습니다. 또한 일본은 중국의 한자와 한자의 일부를 변형하여 만든 '가나'를 사용합니다.

3 중국에는 50개가 넘는 소수 민족이 거주하며, 다양한 문화가 공존합니다.

4 일본은 영토 대부분이 산지이며, 태풍과 지진의 영향을 많이 받습니다. 화산 활동으로 온천이 생긴 지역은 관광지로 발달하기도 합니다.

5 러시아는 위도가 높은 곳에 있어서 남부 지역 일부를 제외하고는 냉대 기후가 나타나 겨울이 길고 매우 춥습니다.

9 베트남은 일 년 내내 비가 많이 오고, 넓은 평야가 펼쳐져 있어서 벼농사를 하기 유리합니다.

10 우리나라는 칠레산 구리와 과일을 수입하고, 자동차와 전자 제품을 수출합니다.

대표 문제 9쪽

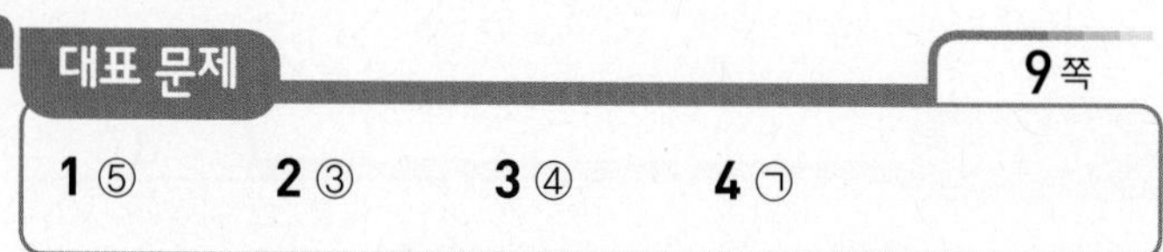

1 ⑤　2 ③　3 ④　4 ㉠

1 제시된 지도는 중국의 지도입니다. 중국은 바다에 접하고 있는 동쪽에 넓은 평야와 대도시가 발달했고, 서쪽으로 갈수록 해발 고도가 높아져 고원과 산지가 분포합니다.

2 우리나라의 북쪽에 있는 러시아는 세계에서 가장 넓은 나라입니다.

3 제시된 지도는 베트남 지도입니다. 베트남은 영토가 남북으로 길게 뻗어 있으며 영토 면적은 우리나라의 약 1.5배입니다.

4 우리나라는 캐나다에서 밀을 수입하고 있습니다.

대단원 평가 1회 10~13쪽

1 (1) ㉡ (2) ㉠ 2 ② 3 태평양
4 ③ 5 ㉡ 6 (1) 오세아니아 (2) 예 면적이 가장 좁은 대륙이다. 대부분이 남반구에 위치한다. 많은 섬나라가 태평양에 분포한다. 7 ③ 8 ②
9 ③ 10 ② 11 예 냉대 기후 지역에서는 기온이 온화한 곳을 중심으로 농업이 이루어지지만 한대 기후 지역에서는 농사를 짓기 어렵다. 12 ③
13 종교 14 (1) ㉡ (2) ㉢ (3) ㉠ 15 ④
16 ③ 17 (1) 러시아 (2) 예 서부에는 평원이 넓게 펼쳐져 있으며, 동부에는 산지가 많다. 고위도에 위치해 대부분의 지역에서 냉대 기후가 나타난다. 18 ④
19 ① 20 ②

1 적도를 기준으로 북쪽을 북위, 남쪽을 남위라고 하며 본초 자오선을 기준으로 동쪽을 동경, 서쪽을 서경이라고 합니다.

2 디지털 공간 자료는 최신 정보가 빠르게 반영되어 정확도가 높고, 편리하게 사용할 수 있습니다.

3 세계의 대양에는 태평양, 대서양, 인도양, 북극해, 남극해가 있습니다.

4 유럽 대륙은 아시아 대륙의 서쪽에, 아프리카 대륙의 북쪽에 위치합니다.

왜 틀렸을까?
②와 ⑤는 북아메리카 대륙, ④는 아시아 대륙에 대한 설명입니다.

5 에스파냐와 스웨덴은 유럽 대륙, 뉴질랜드와 오스트레일리아는 오세아니아 대륙, 인도네시아와 사우디아라비아는 아시아 대륙에 속한 나라들입니다.

6 오세아니아 대륙에는 영토가 넓은 오스트레일리아와 화산 및 빙하가 유명한 뉴질랜드 등이 있습니다.

채점 기준

(1)	'오세아니아'라고 정확히 씀.	
(2)	정답 키워드 좁다 | 남반구 | 섬나라 '면적이 가장 좁은 대륙이다.', '대부분이 남반구에 위치한다.', '많은 섬나라가 태평양에 분포한다.' 등의 내용을 정확히 씀.	상
	오세아니아 대륙의 특징을 썼으나 구체적이지 않음.	하

7 세계의 기후는 위도에 따라 닿는 햇빛의 양이 다르기 때문에 지역마다 다르게 나타나며, 나라의 위치나 지형도 기후에 영향을 줍니다.

왜 틀렸을까?
①은 온대 기후와 냉대 기후, ②는 고산 기후, ④는 건조 기후, ⑤는 열대 기후에 대한 설명입니다.

8 제시된 생활 모습을 볼 수 있는 지역은 일 년 내내 덥고 연 강수량이 많아 습한 열대 기후 지역입니다. 열대 기후 지역은 습하고 벌레가 많아 이를 피하기 위해 높은 나무나 기둥 위에 집을 지어 생활합니다. 또한 농사지을 땅을 만들기 위해 숲을 태우고, 그 재를 영양분으로 삼아 농작물을 기릅니다.

9 주로 중위도 지역에 나타나는 온대 기후 지역은 기온이 온화하고 강수량이 풍부해 다양한 농업이 발달했습니다. 아시아에서는 벼농사를 널리 짓고, 유럽이나 아메리카에서는 밀을 주로 재배합니다. 여름에 비가 적게 내리는 지중해 주변에서는 올리브와 오렌지를 많이 재배합니다.

10 북부 아프리카, 서남아시아, 중앙아시아, 오스트레일리아 내륙, 북아메리카 서부 등에서 건조 기후가 나타납니다.

왜 틀렸을까?
①은 온대 기후, ③은 한대 기후, ④는 냉대 기후, ⑤는 열대 기후가 나타나는 지역입니다.

11 한대 기후 지역의 땅은 눈과 얼음으로 뒤덮여 있고, 땅속은 대부분 단단하게 얼어 있습니다.

채점 기준

정답 키워드 농업 | 사계절 '냉대 기후 지역에서는 기온이 온화한 곳을 중심으로 농업이 이루어지지만 한대 기후 지역에서는 농사를 짓기 어렵다.', '냉대 기후 지역은 사계절의 변화가 뚜렷하지만 한대 기후 지역은 일 년 내내 기온이 낮다.' 등의 내용을 정확히 씀.	상
냉대 기후 지역과 한대 기후 지역의 차이점을 썼으나 구체적이지 않음.	하

12 사막에서는 오아시스 주변에 집을 짓습니다. 주변에서 쉽게 구할 수 있는 흙벽돌을 이용해 집을 지으며, 모래바람이 자주 불기 때문에 창문은 작게 만듭니다.

13 제시된 생활 모습은 각각 이슬람교와 힌두교로 인해 나타난 문화입니다. 종교 등의 인문환경은 사람들의 생활 모습에 영향을 줍니다.

14 우리나라는 중국, 일본, 러시아와 국경을 마주하고 있습니다. 지리적으로 가까이 있기 때문에 우리나라는 이 나라들과 오래전부터 교류하며 서로 영향을 주고받았습니다.

15 우리나라의 서쪽에 있는 중국은 영토가 넓어 지역에 따라 지형과 기후가 다르게 나타납니다. 또한 세계적으로 인구가 많은 나라이며, 다양한 문화를 가진 사람들이 살고 있습니다.

더 알아보기

중국의 주요 지형
- 창장강(양쯔강), 황허강 등의 큰 강이 있습니다.
- 서부에 히말라야 산맥과 시짱고원(티베트고원)이 있습니다.
- 고비 사막과 타커라마간 사막(타클라마칸 사막)이 있습니다.
- 동부에 둥베이평야, 화베이평야, 화중평야, 화난평야가 발달해 있습니다.

16 우리나라의 동쪽에 있는 일본은 네 개의 큰 섬과 3,000개가 넘는 작은 섬들로 이루어져 있습니다. 바다로 둘러싸인 섬나라이기 때문에 해양의 영향을 받아 습하고, 비나 눈이 많이 내립니다. 일본은 일찍부터 뛰어난 기술력을 바탕으로 하여 세계적인 경제 강국이 되었습니다.

17 러시아는 아시아와 유럽에 걸쳐 있는데, 우랄산맥을 경계로 동쪽은 아시아, 서쪽은 유럽에 속합니다. 고위도에 위치하여 연평균 기온이 낮고, 영토가 동서로 길게 뻗어 있기 때문에 동쪽과 서쪽 지역 간에 시간 차이가 10시간 정도 납니다.

채점 기준

(1)	'러시아'라고 정확히 씀.	
(2)	정답 키워드 평원 | 산지 | 고위도 | 냉대 기후 '서부에는 평원이 넓게 펼쳐져 있으며, 동부에는 산지가 많다.', '고위도에 위치해 대부분의 지역에서 냉대 기후가 나타난다.', '영토가 동서로 길게 뻗어 있다.' 등의 내용을 정확히 씀.	상
	러시아의 자연환경적 특징을 썼으나 구체적이지 않음.	하

18 우리나라와 이웃 나라 사이에는 정치적, 경제적, 문화적, 인적 교류 등 다양한 분야의 교류가 이루어지고 있으며, 이웃 나라 간의 교류가 점점 증가하고 있습니다.

19 베트남은 세계적인 쌀 수출국이며, 우리나라는 베트남에 반도체, 디스플레이, 휴대 전화 부품 등을 수출하고 있습니다. 베트남은 우리나라가 수출을 많이 하는 나라 중 하나이며, 우리나라와 인적 자원을 많이 교류하고 있습니다.

20 독일은 분단과 대립을 극복하고, 통일과 경제성장을 이룬 나라입니다. 우리나라는 독일의 통일 사례를 통해 앞으로 나아가야 할 방향을 배우고, 독일과 함께 상호 발전을 위해 협력하고 있습니다.

대단원 평가 2회

14~17쪽

1 ③ **2** 디지털 지구본 **3** ①
4 (1) 아시아 (대륙) (2) 예 중국은 인구가 매우 많다. 사우디아라비아는 최대 원유 수출국이다. **5** ④
6 ①, ③ **7** ③ **8** ② **9** ④, ⑤
10 ① **11** 예 낮과 밤의 기온차가 크기 때문에 체온 유지를 위해 판초를 입는다.
12 ㉠ **13** ㉢, ㉣, ㉡ **14** ①
15 시베리아 횡단 철도 **16** ② **17** (1) 중국 (2) 예 우리나라와 이웃 나라는 활발한 경제적 교류를 하고 있다. **18** ㉢ **19** ① **20** ④

1 디지털 공간 자료를 이용하면 세계를 한눈에 볼 수도 있고, 한 장소를 확대해서 자세히 볼 수도 있습니다.

2 디지털 지구본은 지구본을 컴퓨터에서 활용하도록 위성 사진이나 항공 사진 등을 이용해 만든 디지털 공간 자료로, 마우스로 왼쪽 단추를 누른 채 화면의 지구를 움직이면 실제 지구본처럼 돌려 볼 수 있습니다.

3 지구 표면을 덮고 있는 바다를 대양이라고 합니다.

왜 틀렸을까?

② 인도양은 세 번째로 큰 바다입니다.
③ 남극해는 남극 대륙을 둘러싸고 있습니다.
④ 태평양은 아시아, 오세아니아, 아메리카 대륙의 사이에 위치합니다.
⑤ 인도양은 아프리카, 아시아, 오세아니아 대륙의 사이에 있습니다.

4 아시아에는 몽골, 인도, 인도네시아, 네팔, 파키스탄 등 다양한 나라가 속해 있습니다. 세계에서 가장 높은 에베레스트산은 네팔, 중국, 인도에 걸쳐 있고 몽골과 중국에는 아시아에서 가장 큰 고비 사막이 있습니다.

채점 기준

(1)	'아시아 (대륙)'이라고 정확히 씀.	
(2)	정답 키워드 중국 | 인구 | 사우디아라비아 | 원유 '중국은 인구가 매우 많다.', '사우디아라비아는 최대의 원유 수출국이다.' 등의 내용을 정확히 씀.	상
	아시아 대륙에 속해 있는 나라들의 특징을 썼으나 구체적이지 않음.	하

5 남아메리카는 북아메리카 대륙의 남쪽에 위치한 대륙으로, 태평양과 대서양 사이에 위치합니다. 많은 부분이 남반구에 속하며 넓은 영토를 가진 브라질, 적도가 지나는 에콰도르, 세계에서 남북으로 길이가 가장 긴 칠레 등의 나라가 있습니다.

6 아프리카 대륙은 영토가 넓고, 역삼각형 모양이며 아시아 대륙과 연결됩니다.

왜 틀렸을까?
②와 ⑤는 오세아니아 대륙, ④는 남아메리카 대륙에 대한 설명입니다.

7 제시된 지도는 적도를 중심으로 한 저위도 지역에 널리 나타나는 열대 기후의 분포를 보여 줍니다. 열대 기후는 아프리카, 아시아, 남아메리카 대륙의 적도 주위에 나타납니다.

8 중위도 지역에 주로 나타나는 온대 기후는 사계절의 변화가 뚜렷하고, 지역에 따라 강수량과 기온이 다르게 나타나며 기온의 변화가 큰 편입니다. 온대 기후 지역에서는 농업을 활발하게 하며, 관광 산업이 발달하기도 했습니다.

9 냉대 기후는 북반구의 중위도와 고위도 지역에 널리 분포하며, 사계절의 변화가 뚜렷하지만 온대 기후에 비해 겨울이 길고 춥습니다.

왜 틀렸을까?
④는 고산 기후 지역, ⑤는 건조 기후 지역의 생활 모습입니다.

10 타코는 얇게 구운 옥수수빵에 채소와 고기를 넣어 먹는 멕시코의 음식입니다. 사는 지역이 달라 기후가 다르기 때문에 사람들의 식생활이 다르게 나타납니다.

11 고산 기후는 해발 고도가 높을수록 기온이 점점 낮아진다는 특징을 갖고 있습니다. 판초는 멕시코의 전통 의복으로, 긴 천에 구멍을 뚫어 만듭니다.

채점 기준

내용	등급
정답 키워드 기온차 | 크다 | 체온 유지 '낮과 밤의 기온차가 크기 때문에 체온 유지를 위해 판초를 입는다.' 등의 내용을 정확히 씀.	상
고산 기후 지역에서 판초를 입는 까닭을 썼으나 구체적이지 않음.	하

12 ㉠은 세계 여러 나라에 나타나는 다양한 생활 모습을 조사하기 위한 질문과 관계가 없습니다.

13 세계 여러 나라 사람들의 생활 모습을 이해하기 위해서는 그 지역의 자연환경과 인문환경을 알 필요가 있습니다. 세계 여러 나라 사람들의 생활 모습은 하나의 잣대로 평가할 수 없는 고유의 가치를 지니고 있으므로 이를 이해하고 존중해야 합니다.

14 일본의 공업 지역은 원료 수입과 제품 수출에 유리하고 노동력이 풍부한 태평양 연안을 따라 발달했습니다.

15 시베리아 횡단 철도와 우리 철도가 연결되면 우리나라 사람들도 육로를 통해 유럽까지 갈 수 있게 되며, 러시아의 천연자원을 우리나라로 쉽게 운반할 수 있게 됩니다.

16 러시아의 인구 대부분이 유럽과 가까운 서부 지역에 모여 있기 때문에 러시아의 식사 도구나 문자는 유럽의 나라들과 비슷합니다.

17 우리나라와 이웃 나라가 경제적으로 교류하는 사례에는 수입과 수출 등이 있습니다.

채점 기준

문항	내용	등급
(1)	'중국'을 정확히 씀.	
(2)	정답 키워드 활발하다 | 경제적 교류 '우리나라와 이웃 나라는 활발한 경제적 교류를 하고 있다.' 등의 내용을 정확히 씀.	상
	제시된 자료를 보고 알 수 있는 우리나라와 이웃 나라의 관계를 썼으나 구체적이지 않음.	하

18 우리나라와 이웃 나라 사이에는 서로 이해하고 협력하는 태도가 필요합니다. 각종 환경오염 물질이 공기나 바닷물을 따라 이동하면서 주변 나라에 영향을 주기도 하고, 역사적으로 갈등이 있는 문제는 서로의 합의가 필요하기 때문입니다.

19 미국은 영토 면적이 우리나라의 약 44배인 나라로, 한 나라 안에서 다양한 지형과 기후가 나타납니다. 국토가 크고 넓은 만큼 각종 자원이 풍부하며, 풍부한 자원을 바탕으로 농업, 상업, 공업 등 다양한 산업이 발달했습니다.

[출처: 셔터스톡]

▲ 옥수수, 밀이 대량으로 생산되는 미국의 그레이트플레인스

왜 틀렸을까?
②와 ③은 베트남, ④는 일본과 관련 있는 사진입니다.

20 사우디아라비아에는 우리나라에서 거의 생산되지 않는 원유가 풍부하게 매장되어 있기 때문에 우리나라는 사우디아라비아에서 원유를 수입하고 있습니다. 또한 우리나라는 건설 부문에서 훌륭한 기술력을 갖추고 있기 때문에 최근 우리나라 기업들이 사우디아라비아에 진출해 건물이나 발전소를 건설하고 있습니다. ④는 일본에 대해 조사한 내용에 해당합니다.

대단원 서술형 평가 1회 18쪽

1 (1) 지구본
(2) ㉢ 세계 여러 나라의 위치와 영토 모양이 실제와 비슷하다. 부피가 커서 가지고 다니기 불편하다.
2 ㉢ 일 년 내내 햇빛을 집중적으로 받는 적도 부근은 기온이 높고, 햇빛을 분산하여 받는 극지방은 기온이 낮다.
3 ㉢ 일 년 내내 봄과 같은 선선한 기후가 유지되어 인간이 거주하기 유리하기 때문이다.
4 ㉢ 젓가락을 사용한다. 한자의 영향을 받은 문자를 쓴다. 불교문화가 있다.

1 지구본은 실제 지구의 모습을 작게 줄인 모형입니다.

채점 기준

(1)	'지구본'이라고 정확히 씀.	4점
(2)	정답 키워드 위치 | 비슷 | 부피 | 불편 '세계 여러 나라의 위치와 영토 모양이 실제와 비슷하다.', '부피가 커서 가지고 다니기 불편하다.' 등의 내용을 정확히 씀.	6점
	지구본의 특징을 썼으나 구체적이지 않음.	3점

2 지구는 둥글기 때문에 위도에 따라 땅에 닿는 햇빛의 양이 달라서 기후도 달라집니다.

채점 기준

정답 키워드 햇빛 | 집중 | 분산 '일 년 내내 햇빛을 집중적으로 받는 적도 부근은 기온이 높고, 햇빛을 분산하여 받는 극지방은 기온이 낮다.' 등의 내용을 정확히 씀.	8점
제시된 그림을 보고 적도 부근과 극지방의 기온의 차이점을 썼으나 구체적이지 않음.	4점

3 적도에 있는 높은 지역들은 고산 기후가 나타나 많은 사람이 모여 삽니다.

채점 기준

정답 키워드 봄 | 선선하다 | 거주 | 유리하다 '일 년 내내 봄과 같은 선선한 기후가 유지되어 인간이 거주하기 유리하기 때문이다.' 등의 내용을 정확히 씀.	8점
적도 부근의 고산 지대에서 일찍부터 도시가 발달한 까닭을 썼으나 구체적이지 않음.	4점

4 중국, 일본은 우리와 비슷한 문화를 공유하고 있습니다.

채점 기준

정답 키워드 젓가락 | 한자 | 불교문화 '젓가락을 사용한다.', '한자의 영향을 받은 문자를 쓴다.', '불교문화가 있다.' 등의 내용을 정확히 씀.	8점
우리나라와 중국, 일본 문화의 비슷한 점을 썼으나 구체적이지 않음.	4점

대단원 서술형 평가 2회 19쪽

1 (1) 유럽 (대륙) (2) ㉢ 다른 대륙에 비해 면적이 좁은 편이지만 많은 나라가 있다.
2 (1) 열대 기후 (2) ㉢ 화전 농업을 한다. 열대작물을 대규모로 재배한다.
3 ㉢ 각 나라의 발전과 이익을 위해 교류한다. 교통 · 통신의 발달로 이웃 나라 간의 교류가 증가하고 있다.
4 (1) ㉡ (2) ㉢ 서로 이해하고 협력하는 태도가 필요하다.

1 유럽에는 영국, 에스파냐, 이탈리아, 체코 등 많은 나라가 있습니다.

채점 기준

(1)	'유럽 (대륙)'이라고 정확히 씀.	4점
(2)	정답 키워드 면적 | 좁다 | 많은 나라 '다른 대륙에 비해 면적이 좁은 편이지만 많은 나라가 있다.', '남쪽에는 아프리카 대륙이 있고 북극해, 대서양과 접한다.' 등의 내용을 정확히 씀.	6점
	유럽 대륙의 특징을 썼으나 구체적이지 않음.	3점

2 열대 기후 지역은 주로 적도 부근에 분포합니다.

채점 기준

(1)	'열대 기후'라고 정확히 씀.	4점
(2)	정답 키워드 화전 농업 | 열대작물 '화전 농업을 한다.', '열대작물을 대규모로 재배한다.' 등의 내용을 정확히 씀.	6점
	열대 기후 지역의 생활 모습에 대해 썼으나 구체적이지 않음.	3점

3 우리나라와 이웃 나라의 교류는 다양한 분야에서 활발하게 이루어집니다.

채점 기준

정답 키워드 이익 | 교통 | 통신 | 증가 '각 나라의 발전과 이익을 위해 교류한다.', '교통 · 통신의 발달로 이웃 나라 간의 교류가 증가하고 있다.' 등의 내용을 정확히 씀.	8점
오늘날 국가 간 교류의 특징을 썼으나 구체적이지 않음.	4점

4 한 나라의 노력으로 해결할 수 없는 문제도 있습니다.

채점 기준

(1)	'㉡'을 정확히 씀.	4점
(2)	정답 키워드 이해 | 협력 '서로 이해하고 협력하는 태도가 필요하다.' 등의 내용을 정확히 씀.	6점
	국가 간 공동의 문제를 해결하려 할 때 필요한 자세를 썼으나 구체적이지 않음.	3점

2. 통일 한국의 미래와 지구촌의 평화

❶ 한반도의 미래와 통일

단원 쪽지시험 20쪽

1 독도	**2** 천연기념물	**3** 우리나라	**4** 안용복
5 반크	**6** 38도선	**7** 이산가족	
8 공동 성명	**9** 개성	**10** 비무장 지대	

1 독도는 동도와 서도, 그리고 89개의 작은 바위섬으로 이루어진 우리나라 영토의 동쪽 끝에 있는 섬입니다.

2 독도는 독특한 지형과 모습으로 인해 여러 종류의 동식물이 서식하는 생태계가 이루어져 있어, 우리나라는 독도를 천연기념물 제336호로 지정해 보호하고 있습니다.

3 『세종실록』「지리지」 등에는 독도가 우리나라의 영토임을 알리는 기록들이 남아 있습니다.

4 안용복은 조선 시대에 독도를 지키기 위해 활동했던 사람으로, 어업을 하는 일본 어부들을 내쫓고 독도가 우리 땅임을 확인받았습니다.

5 반크는 독도를 잘못 소개한 정보나 자료를 찾아 수정을 요구하고, 세계에 독도를 알리기 위해 노력하는 민간 단체입니다.

6 광복 이후 38도선을 경계로 대한민국 정부와 북한 정권이 각각 수립되었고, 6·25 전쟁을 겪으며 분단은 더욱 굳어졌습니다.

7 이산가족은 남북 분단 따위의 이유로 이리저리 흩어져서 서로 소식을 모르는 가족을 말합니다.

8 7·4 남북 공동 성명을 채택하면서 남북이 통일에 관해 본격적으로 이야기를 나누기 시작했습니다.

9 개성 공업 지구는 2016년까지 운영되었습니다.

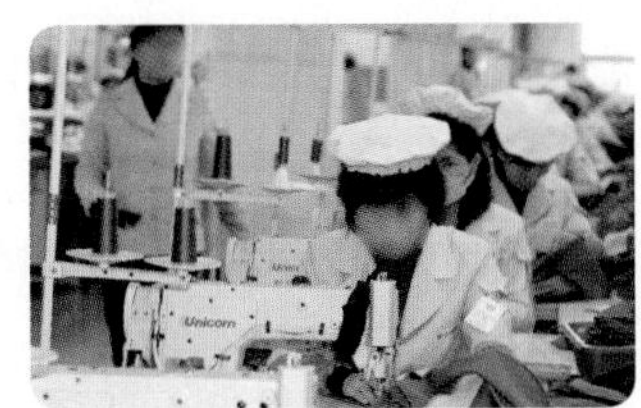

개성 공업 지구 운영

10 비무장 지대(DMZ)는 휴전선으로부터 남북으로 각각 2km씩 총 4km를 포함하는 지역으로, 남북한의 군사적 충돌을 막기 위해 군사 시설이나 인원을 배치하지 않은 지역입니다.

대표 문제 21쪽

1 ④ **2** ① **3** ② **4** ③

1 울릉도에서 독도까지의 거리는 87.4km로, 맑은 날에는 울릉도에서 독도를 맨눈으로 볼 수 있습니다.

2 독도는 동도와 서도 두 개의 큰 섬과 89개의 작은 바위섬으로 이루어져 있습니다.

3 남북한은 경의선 및 동해선 철도·도로 연결 착공식(2002년), 7·4 남북 공동 성명(1972년), 6·15 남북 공동 선언(2000년) 등 다양한 노력을 기울여 왔습니다.

4 남한과 북한은 그동안 평화 통일을 목표로 정치·경제·문화 등 다양한 분야에서 교류와 협력을 확대하고자 노력했습니다.

❷ 지구촌의 평화와 발전

단원 쪽지시험 22쪽

1 팔레스타인	**2** 카슈미르	**3** 난민
4 나라	**5** 국제 연합(UN)	**6** 비정부 기구
7 국경 없는 의사회		**8** 국제 앰네스티
9 동명부대	**10** 조디 윌리엄스	

1 팔레스타인 지역에는 이슬람교를 믿는 팔레스타인 사람과 유대교를 믿는 이스라엘 사람들 간 갈등이 심해지고 있습니다.

2 카슈미르 지역의 주민 대부분은 이슬람교를 믿고 있지만, 이슬람 국가인 파키스탄이 아닌 인도에 편입되면서 분쟁이 발생했습니다.

3 지구촌 갈등이 사라지지 않으면서 수많은 난민이 발생하고 있습니다.

4 어떤 국제적인 목적이나 활동을 위해 두 나라 이상의 회원국으로 만들어진 조직을 국제기구라고 합니다.

5 국제 연합(UN)은 다양한 기구를 두고 지구촌 갈등 문제를 해결하고자 노력하고 있습니다. 대표적인 국제 연합의 기구에는 국제 원자력 기구, 국제 노동 기구, 국제 연합 교육 과학 문화 기구 등이 있습니다.

6 비정부 기구는 국제기구와 달리 뜻이 비슷한 개인들이 모여 활동하는 단체입니다. 비정부 기구는 평화 유지, 환경 보전, 빈곤 퇴치, 성 평등 등 다양한 활동을 하고 있습니다.

7 국경 없는 의사회는 1971년 12월 프랑스 파리에서 설립된 비정부 기구로 전쟁, 기아, 질병, 자연재해 등으로 고통받는 세계 각지의 주민들을 구호하기 위해 설립한 단체입니다.

8 국제 앰네스티는 부당하게 인권을 탄압받는 사람들의 인권을 보호하기 위한 활동을 하고 있습니다.

9 우리나라는 국제 연합의 요청을 받아 전쟁중이거나 내전이 일어나고 있는 나라에 평화 유지군을 파견하기도 합니다.

10 조디 윌리엄스는 지뢰 금지 국제 운동 단체를 만들고 활동한 공로를 인정받아 1997년 노벨 평화상을 수상했습니다.

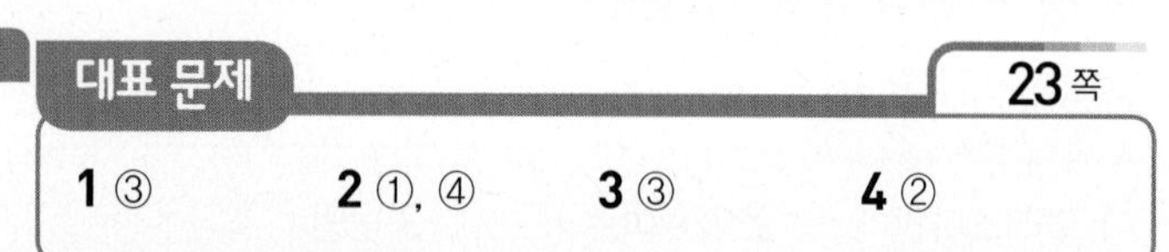
대표 문제 23쪽

1 ③ 2 ①, ④ 3 ③ 4 ②

1 제시된 지도는 이스라엘과 팔레스타인 자치구를 나타내고 있습니다.

2 1948년 유대인은 오래전 조상들이 살던 곳이라며 팔레스타인 지역에 이스라엘을 건국했고, 이슬람교를 믿는 팔레스타인이 영토를 되찾기 위해 저항하며 분쟁이 발생했습니다.

3 국경 없는 의사회는 전쟁, 재해, 전염병 등으로 고통받는 사람들에게 의료 서비스를 제공합니다.

4 국제 연합(UN)은 다양한 기구를 두어 지구촌 갈등 문제 해결을 위해 노력합니다.

❸ 지속가능한 지구촌

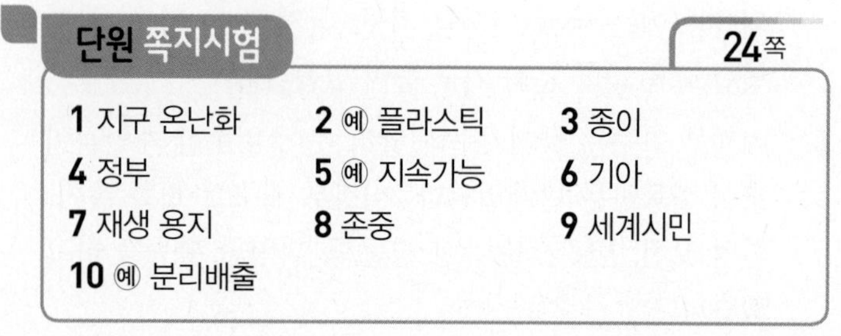
단원 쪽지시험 24쪽

1 지구 온난화 2 예 플라스틱 3 종이
4 정부 5 예 지속가능 6 기아
7 재생 용지 8 존중 9 세계시민
10 예 분리배출

1 공장이나 자동차 등에서 이산화 탄소와 같은 온실가스가 배출되면서 지구의 평균 기온이 지난 100년 동안 꾸준히 상승했습니다.

2 최근에는 배송·배달과 관련된 쓰레기 배출이 급증하면서 환경을 오염시키고 생태계를 파괴하고 있습니다.

3 기업은 친환경 기술을 개발해 제품의 생산과 이동, 폐기 과정에서 불필요한 자원과 에너지가 낭비되지 않도록 노력해야 합니다.

4 정부는 환경과 관련된 법과 제도를 만들어 개인과 기업이 이를 실천하도록 합니다.

5 미래 세대의 환경과 발전을 위해 책임감을 가지고 지속가능한 미래를 위해 노력해야 합니다.

6 지구촌 사람들은 환경문제, 빈곤과 기아, 갈등과 분쟁 등 지구촌의 문제를 해결하기 위해 노력해야 합니다.

7 버려진 자원을 활용해 자원 낭비를 줄일 수 있습니다.

8 서로 다른 문화에 대한 편견과 차별로 갈등이 생기기 때문에 다른 문화를 이해하고 존중하기 위한 행사와 교육 활동 등을 열고 있습니다.

9 우리는 세계시민으로서 환경 보호, 인권, 평화 등의 가치를 추구하며 함께 노력하여 행복한 지구촌을 만들어 가야 합니다.

10 지구촌의 지속가능한 미래를 위해 쓰레기 분리배출 등 우리가 실천할 수 있는 일부터 실행해야 합니다.

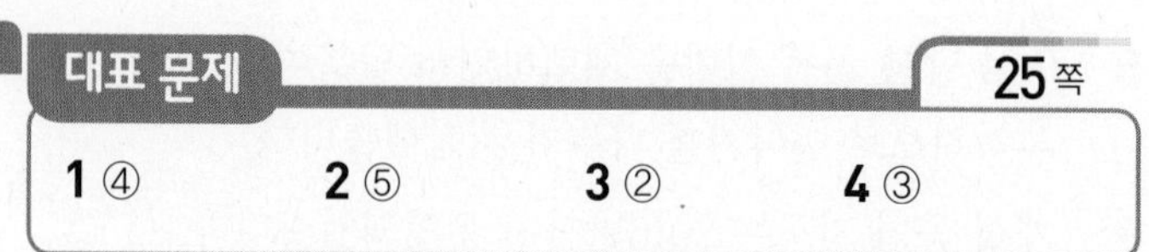
대표 문제 25쪽

1 ④ 2 ⑤ 3 ② 4 ③

1 태평양에는 플라스틱 조각들로 이루어진 거대한 쓰레기 섬이 있습니다.

2 지구촌 환경문제는 사람들이 필요 이상으로 자원과 에너지를 사용하기 때문에 나타납니다.

3 우리는 지구촌의 지속가능한 미래를 위해 생활 속에서 작은 것부터 실천해야 합니다.

4 먼 곳에서 생산된 과일은 배송 과정에서 이산화 탄소를 많이 배출합니다. 지속가능한 미래를 위해 가까운 곳에서 생산된 과일을 구입하는 것이 좋습니다.

대단원 평가 1회 26~29쪽

1 ③　2 ①　3 ⑤　4 ④　5 예 이산가족의 아픔을 치유할 수 있다. 민족의 동질성을 회복할 수 있다. 경제가 더욱 성장할 수 있다. 세계 평화에 이바지할 수 있다.　6 ④　7 ④　8 ①　9 ④　10 ③, ④　11 ③　12 예 뜻이 비슷한 개인들이 모여 지구촌의 여러 문제를 해결하기 위해서이다.　13 ㉡　14 ③　15 ⑤　16 ②　17 (1) 시민 단체 (2) 예 기업이나 정부의 활동이 환경에 나쁜 영향을 끼치지 않는지 감시한다.　18 ⑤　19 ③, ⑤　20 미진

1 독도 주변 바다 밑바닥에는 메탄 하이드레이트가 묻혀 있고, 깊은 바다에는 해양 심층수가 있는 등 자원이 많아 경제적 가치가 높습니다. 또한 독도 주변 바다는 조경 수역을 형성하고 있어 다양한 어종이 모여 좋은 어장이 됩니다.

2 『세종실록』 「지리지」에는 "우산과 무릉, 두 섬은 서로 멀리 떨어져 있지 않아 날씨가 맑으면 바라볼 수 있다."라는 내용이 기록되어 있습니다.

왜 틀렸을까?
② 동해에 울릉도와 독도(우산도) 두 섬을 함께 그렸습니다.
③ 독도(석도)를 울릉도(울릉군) 관할로 두었습니다.
④ 일본에서 그린 지도임에도 독도가 조선 땅으로 표시되어 있습니다.

3 사이버 외교 사절단 반크는 인터넷에서 우리나라와 관련된 잘못된 사실을 바로잡는 일을 하는 민간단체입니다. 이사부는 신라 시대에 우산국을 정복했던 장군, 안용복은 조선 시대에 독도가 우리나라 땅임을 확인받았던 사람입니다.

4 비무장 지대는 오랫동안 사람의 발길이 닿지 않은 자연 그대로의 생태 환경을 가진 지역이자 통일의 꿈을 품은 지역입니다.

5 남북통일이 되면 분단에 의한 국방비와 경제적 비용을 줄일 수 있고, 북한의 풍부한 자원과 남한의 기술, 자본을 결합해 경제가 성장할 수 있습니다.

채점 기준

정답 키워드 이산가족 | 치유 | 민족 | 동질성 | 회복 | 경제 | 성장 | 세계 평화 '이산가족의 아픔을 치유할 수 있다.', '민족의 동질성을 회복할 수 있다.', '경제가 더욱 성장할 수 있다.', '세계 평화에 이바지할 수 있다.' 등의 내용을 정확히 씀.	상
남북통일이 필요한 까닭을 썼으나 구체적이지 않음.	하

6 평창 동계 올림픽 개최 자체가 아니라 평창 동계 올림픽이 개최되었을 때 한반도기를 들고 남북한이 함께 입장한 것, 남북한 예술단이 함께 공연한 것 등이 통일을 위한 노력에 해당합니다.

7 남북한이 통일되면 육로 교통이 아시아를 넘어 유럽까지 연결되어 다른 나라와 더욱 쉽고 편하게 교류할 수 있게 됩니다.

8 시리아 내전은 대표적인 지구촌 갈등 사례로, 대통령의 독재 정치와 종교 문제 때문에 내전이 발생했습니다.

9 국제 앰네스티는 편지 쓰기를 통해 범죄가 아닌 이유로 감옥에 갇힌 사람들을 석방하기 위한 활동을 하고 있습니다.

10 국제 연합(UN)은 지구촌의 평화 유지와 전쟁 방지 등을 위해 만들어졌습니다.

왜 틀렸을까?
① 국제 연합은 대표적인 국제기구입니다.
② 국제 연합의 상징물은 평화를 상징하는 파란색을 사용합니다.
⑤ 국제 연합에는 국제 연합 난민 기구, 세계 식량 계획, 국제 연합 아동 기금 등 다양한 기구가 있습니다.

11 전쟁과 재난 등으로 어려움에 처한 사람들을 난민이라고 합니다. 국제 연합 난민 기구는 난민을 돕기 위해 여러 가지 활동을 합니다.

12 비정부 기구는 평화 유지, 환경 보전, 빈곤 퇴치, 성 평등 등을 위해 다양한 활동을 하고 있습니다.

채점 기준

정답 키워드 뜻 | 비슷 | 개인 | 지구촌 | 문제 해결 '뜻이 비슷한 개인들이 모여 지구촌의 여러 문제를 해결하기 위해서이다.' 등의 내용을 정확히 씀.	상
비정부 기구가 활동하는 까닭에 관해 썼으나 구체적이지 않음.	하

더 알아보기

다양한 비정부 기구의 활동

기구	활동
국경 없는 의사회	전쟁, 재해, 전염병 등으로 고통받는 사람들에게 의료 서비스를 제공함.
세이브 더 칠드런	모든 어린이의 생존과 보호를 위해 교육, 의료 등의 분야에서 다양한 지원을 함.
핵무기 폐기 국제 운동	핵무기의 위험성을 알리고 핵무기와 관련된 모든 것을 반대하는 운동을 펼침.

13 우리나라는 국제 연합의 요청으로 오랜 전쟁에 고통받는 레바논에 평화 유지군인 동명부대를 파견해 지구촌의 평화에 이바지했습니다.

14 이태석은 빈곤과 기아로 고통받는 남수단 사람들을 위해 헌신했습니다.

더 알아보기

남수단 사람들을 위해 헌신한 이태석 신부
- 이태석은 2001년부터 남수단의 '톤즈'라는 마을에 병원을 짓고 직접 진료했습니다.
- 마을 사람들과 힘을 합쳐 학교를 만드는 등 빈곤과 기아로 고통받는 남수단 사람들을 위해 헌신했습니다.

▲ 이태석 신부

15 버려진 플라스틱 쓰레기는 잘 썩지 않아 환경을 오염시킵니다. 이러한 쓰레기들은 바다로 흘러가 태평양 한가운데에 플라스틱 조각들로 이루어진 쓰레기 섬을 이루었습니다.

16 지구촌 환경문제를 해결하기 위해 개인, 정부, 기업, 시민 단체가 모두 함께 노력해야 합니다.

왜 틀렸을까?
①, ③ 지구촌 환경문제 해결을 위한 기업의 노력입니다.
④ 지구촌 환경문제 해결을 위한 개인의 노력입니다.

17 시민 단체는 환경에 나쁜 영향을 끼치는 기업 활동에 반대하는 시위를 하기도 합니다.

채점 기준

(1)	'시민 단체'라고 정확히 씀.	
(2)	정답 키워드 기업이나 정부 | 감시 '기업이나 정부의 활동이 환경에 나쁜 영향을 끼치지 않는지 감시한다.' 등의 내용을 정확히 씀.	상
	지구촌 환경문제를 해결하기 위해 시민 단체가 하는 일을 썼으나 구체적이지 않음.	하

18 환경문제를 해결하기 위해서는 가전 제품의 에너지 소비 효율 등급 기준을 높여야 합니다.

19 제시된 그림 속 인물들은 서로 다른 문화에 대한 편견과 차별로 힘들어하고 있습니다. 왼쪽 그림은 종교에 대한 편견을 가지고 있는 모습을 보여주고 있고, 오른쪽 그림은 인종에 대한 차별을 하고 있는 모습을 보여주고 있습니다.

왜 틀렸을까?
①, ② 환경문제 해결을 위한 노력입니다.
④ 지구촌의 기아 문제를 해결하기 위한 노력입니다.

20 환경문제 해결을 위해 음식은 먹을 만큼만 받고, 남기지 않고 다 먹어야 합니다.

대단원 평가 2회

30~33쪽

1 독도 **2** ③ **3** ② **4** ①, ④ **5** ③
6 (1) 이산가족 (2) 예 언어와 생활 모습 등 남북한 문화의 차이가 더욱 벌어지고 있다. 군사적으로 남북한 모두 막대한 국방비를 부담하고 있다. **7** ③, ⑤ **8** ① **9** 여울
10 예 지구촌 갈등 문제에 관심을 가지고 정보를 찾아본다. 지구촌 갈등 문제를 알리고 해결하려는 활동에 참여한다.
11 ② **12** 세이브 더 칠드런 **13** ㉡ **14** ②
15 ④ **16** 예 친환경 기술을 개발한다. 제품의 생산, 이동, 폐기 과정에서 불필요한 자원과 에너지가 낭비되지 않도록 노력한다. **17** ② **18** ㉡, ㉣ **19** ④ **20** ㉡

1 독도는 두 개의 큰 섬과 89개의 작은 바위섬으로 이루어져 있습니다.

2 독도는 화산 활동으로 생긴 화산섬으로, 독특한 지형과 모습을 지니고 있습니다.

왜 틀렸을까?
① 탕건봉의 모습입니다.
② 독도 사철나무의 모습입니다.
④ 코끼리 바위의 모습입니다.

3 1887년에 작성된 「태정관 지령」에서 일본 정부는 울릉도(죽도)와 독도(일도)가 일본 영토가 아니라고 지시를 내렸습니다.

4 『신증동국여지승람』 「팔도총도」에는 울릉도와 독도(우산도) 두 섬이 그려져 있습니다. 「삼국접양지도」에는 독도가 조선의 것이라고 쓰여 있습니다.

5 독도는 옛날부터 우리 민족이 우리 땅으로 생각하고 지켜 온 영토입니다. 안용복은 조선시대에 독도 주변에서 어업을 하는 일본 어부들을 쫓아내고 독도가 우리나라 땅임을 확인받았습니다. 최종덕은 독도 최초의 주민으로 1981년 독도로 주민 등록을 옮겼습니다.

6 6·25 전쟁으로 분단이 굳어진 이후 70여 년의 시간이 흐르면서 남한과 북한은 여러 가지 어려움을 겪고 있습니다.

채점 기준

(1)	'이산가족'이라고 정확히 씀.	
(2)	정답 키워드 남북한 | 문화 차이 | 국방비 '언어와 생활 모습 등 남북한 문화의 차이가 더욱 벌어지고 있다.', '군사적으로 남북한 모두 막대한 국방비를 부담하고 있다.' 등의 내용을 정확히 씀.	상
	이산가족 문제를 제외한 남북 분단의 문제점을 썼으나 구체적이지 않음.	하

7 또한 육로 교통이 아시아를 넘어 유럽까지 연결되면 여러 나라와 더욱 쉽고 편하게 교류할 수 있게 되기 때문에 남북한이 통일하면 좋습니다.

8 6·15 남북 공동 선언에서 남북한 정상이 만나 회담을 한 후 남북 간 교류 활성화와 통일 방안에 대해 발표했습니다.

9 카슈미르 분리 분쟁은 파키스탄과 인도의 갈등, 에티오피아 내전은 민족 간 차별 등으로 인해 발생한 갈등입니다.

10 지구촌 갈등 문제 해결을 위한 다양한 국제기구와 비정부 기구의 활동에 참여할 수 있습니다.

채점 기준

정답 키워드 관심 | 정보 | 해결하려는 활동 '지구촌 갈등 문제에 관심을 가지고 정보를 찾아본다.', '지구촌 갈등 문제를 알리고 해결하려는 활동에 참여한다.' 등의 내용을 정확히 씀.	상
지구촌 평화와 발전을 위해 우리가 할 수 있는 일을 썼으나 구체적이지 않음.	하

11 국제 연합(UN)은 다양한 기구를 두어 지구촌 갈등 문제를 해결하기 위해 노력하고 있습니다.

왜 틀렸을까?

① 내전, 자연재해 등 긴급한 상황으로 어려움에 처한 사람들에게 식량을 지원합니다.
③ 전 세계의 노동 문제를 다룹니다.
④ 어린이들이 안전하고 깨끗한 환경에서 교육받고 성장하도록 여러 가지 지원을 합니다.
⑤ 난민들에게 안전한 피난처와 식수, 생활 용품 등을 제공하고 안전하게 정착할 수 있도록 돕습니다.

12 세이브 더 칠드런은 종교, 국적, 인종을 초월해 모든 어린이의 생존과 보호를 위해 교육, 의료, 등의 분야에서 다양한 지원을 하고 있습니다.

13 해비타트는 터전을 잃은 사람들에게 집을 지어 주는 비정부 기구입니다.

14 조디 윌리엄스는 1991년 지뢰 금지 국제 운동 단체를 만들고 123개 나라로부터 더 이상 지뢰를 사용하지 않겠다는 약속을 받아 내 그 공로를 인정받아 1997년 노벨 평화상을 받았습니다.

15 공장이나 자동차에서 배출되는 오염 물질 때문에 공기 중 초미세 먼지의 농도가 증가했습니다. 초미세 먼지는 사람 몸속에 들어가 호흡기 질환과 같은 여러 질병을 일으킵니다.

16 기업은 비닐 포장이 없는 제품을 만들고, 재사용 가능한 가방에 담아 배송하며, 에너지 고효율 가전제품과 친환경 제품을 만드는 등의 노력을 하기도 합니다.

채점 기준

정답 키워드 친환경 기술 | 자원과 에너지 | 낭비 '친환경 기술을 개발한다.', '제품의 생산, 이동, 폐기 과정에서 불필요한 자원과 에너지가 낭비되지 않도록 노력한다.' 등의 내용을 정확히 씀.	상
지구촌 환경문제를 해결하기 위한 기업의 노력을 썼으나 구체적이지 않음.	하

17 정부는 환경 관련 법과 제도를 만들어 개인과 기업이 이를 실천하도록 하기도 합니다.

18 지구촌에는 먹을 음식이 충분하지만, 지구촌 인구의 10%가 기아 상태이고, 상위 1%의 부자가 전체 부의 20%를 차지할 정도로 부의 불평등이 심각합니다.

19 제시된 그림에는 문화가 다르다는 이유로 힘들어하는 사람들이 나타나 있습니다.

20 잘 안 입는 옷은 재활용할 수 있는 곳을 찾아 기부합니다.

대단원 서술형 평가 1회

34쪽

1 (1) 독도
(2) 예 정부는 독도와 관련한 각종 법령을 시행한다. 민간단체는 독도를 잘못 소개한 자료를 찾아 수정을 요구한다.

2 예 각 나라가 자신의 이익을 가장 먼저 생각하기 때문이다. 역사적으로 오랫동안 갈등이 반복되었기 때문이다.

3 예 많은 사람에게 핵무기의 위험성을 알린다. 핵무기와 관련된 모든 것을 반대하는 운동을 펼치고 있다.

4 예 돈, 물건, 식량 등을 지원한다. 스스로 경제활동을 할 수 있도록 지원한다.

1 우리는 소중한 영토이자 국민의 중요한 삶의 터전인 독도에 관심을 갖고 독도를 지키기 위해 노력해야 합니다.

채점 기준

(1)	'독도'라고 정확히 씀.	4점
(2)	정답 키워드 정부 | 법령 | 민간단체 | 수정 '정부는 독도와 관련한 각종 법령을 시행한다.', '민간단체는 독도를 잘못 소개한 자료를 찾아 수정을 요구한다.' 등의 내용을 정확히 씀.	6점
	사람들이 독도를 지키기 위해 하는 노력을 썼으나 구체적이지 않음.	3점

2 세계 여러 지역에서는 자원, 영토, 민족, 인종, 종교, 언어, 역사 등 다양한 원인으로 인해 갈등이 일어나고 있습니다.

채점 기준

정답 키워드 각 나라 | 자신의 이익 | 역사 | 갈등 '각 나라가 자신의 이익을 가장 먼저 생각하기 때문이다.', '역사적으로 오랫동안 갈등이 반복되었기 때문이다.' 등의 내용을 정확히 씀.	8점
지구촌 갈등이 사라지지 않는 까닭을 썼으나 구체적이지 않음.	4점

3 뜻이 비슷한 사람들이 모여 비정부 기구를 이루어 여러 가지 활동을 하고 있습니다.

채점 기준

정답 키워드 핵무기 | 위험성 | 반대 '많은 사람에게 핵무기의 위험성을 알린다.', '핵무기와 관련된 모든 것을 반대하는 운동을 펼치고 있다.' 등의 내용을 정확히 씀.	8점
'핵무기 폐기 국제 운동'이 지구촌 평화와 발전을 위해 하는 일을 썼으나 구체적이지 않음.	4점

4 빈곤과 기아 문제는 열악한 환경, 자연재해, 식량 분배의 불균형 등 다양한 원인으로 인해 발생합니다.

채점 기준

정답 키워드 지원 | 스스로 | 경제활동 '돈, 물건, 식량 등을 지원한다.', '스스로 경제활동을 할 수 있도록 지원한다.' 등의 내용을 정확히 씀.	8점
세계 기아 문제를 해결하기 위한 노력을 썼으나 구체적이지 않음.	4점

대단원 서술형 평가 2회 — 35쪽

1 (1) 군사적

(2) 예 오랫동안 사람의 발길이 닿지 않은 자연 그대로의 생태 환경을 지닌 지역이다.

2 예 탈레반 점령 지역의 실상을 알렸다. 여성과 아이들의 인권을 위해 활동했다.

3 (1) 지구 온난화

(2) 예 여름철 실내 온도를 너무 낮게 설정하지 않는다.

4 예 모두가 세계시민으로서의 책임감을 갖고 지구촌 문제를 해결하고자 노력한다. 지속가능한 미래를 위해 우리가 할 수 있는 일을 한다.

1 비무장 지대는 남북한의 군사적 충돌을 막기 위해 군사 시설이나 인원을 배치하지 않은 지역입니다. 휴전선으로부터 남북으로 각각 2km씩 총 4km입니다.

채점 기준

(1)	'군사적'에 ○표를 함.	2점
(2)	정답 키워드 자연 | 생태 환경 | 통일 '오랫동안 사람의 발길이 닿지 않은 자연 그대로의 생태 환경을 지닌 지역이다.', '통일의 꿈을 품은 지역이다.' 등의 내용을 정확히 씀.	6점
	비무장 지대의 의의를 썼으나 구체적이지 않음.	3점

2 파키스탄의 운동가 말랄라 유사프자이는 지구촌 평화와 발전을 위해 노력한 공로를 인정받아 2014년 최연소 노벨 평화상을 수상했습니다.

채점 기준

정답 키워드 탈레반 | 여성 | 아이들 | 인권 | '탈레반 점령 지역의 실상을 알렸다.', '여성과 아이들의 인권을 위해 활동했다.' 등의 내용을 정확히 씀.	8점
말랄라 유사프자이가 지구촌 평화와 발전을 위해 한 일을 썼으나 구체적이지 않음.	4점

3 지구 온난화를 막기 위해서는 이산화 탄소의 발생을 줄여야 합니다. 에어컨 온도를 너무 낮게 설정하거나 멀리서 생산된 과일을 이용하면 이산화 탄소가 많이 배출됩니다.

채점 기준

(1)	'지구 온난화'를 정확히 씀.	4점
(2)	정답 키워드 여름철 실내 온도 | 가깝다 | 생산 '여름철 실내 온도를 너무 낮게 설정하지 않는다.', '가까운 데서 생산된 과일을 사 먹는다.' 등의 내용을 정확히 씀.	6점
	지구 온난화를 해결하기 위해 우리가 할 수 있는 일을 썼으나 구체적이지 않음.	3점

4 우리는 지구촌의 지속가능한 미래를 위해 생활 속에서 작은 것부터 실천할 수 있습니다.

채점 기준

정답 키워드 세계시민 | 책임감 | 지구촌 | 문제 | 해결 '모두가 세계시민으로서의 책임감을 갖고 지구촌 문제를 해결하고자 노력한다.', '지속가능한 미래를 위해 우리가 할 수 있는 일을 한다.' 등의 내용을 정확히 씀.	6점
제시된 그림을 참고하여 모두가 행복한 지구촌을 만들 수 있는 방법에 관해 썼으나 구체적이지 않음.	3점

◀ 정답은 이 안에 있어!

BOOK 3

정답과 풀이

코칭북

book.chunjae.co.kr

교재 내용 문의 ······························ 교재 홈페이지 ▸ 초등 ▸ 교재상담
교재 내용 외 문의 ··························· 교재 홈페이지 ▸ 고객센터 ▸ 1:1문의
발간 후 발견되는 오류 ······················ 교재 홈페이지 ▸ 초등 ▸ 학습지원 ▸ 학습자료실

My name~

초등학교		
학년	반	번
이름		

시험 대비교재

- **올백 전과목 단원평가** — 1~6학년/학기별 (1학기는 2~6학년)
- **HME 수학 학력평가** — 1~6학년/상·하반기용
- **HME 국어 학력평가** — 1~6학년

논술·한자교재

- **YES 논술** — 1~6학년/총 24권
- **천재 NEW 한자능력검정시험 자격증 한번에 따기** — 8~5급(총 7권)/4급~3급(총 2권)

영어교재

- **READ ME**
  - Yellow 1~3 — 2~4학년(총 3권)
  - Red 1~3 — 4~6학년(총 3권)
- **Listening Pop** — Level 1~3
- **Grammar, ZAP!**
  - 입문 — 1, 2단계
  - 기본 — 1~4단계
  - 심화 — 1~4단계
- **Grammar Tab** — 총 2권
- **Let's Go to the English World!**
  - Conversation — 1~5단계, 단계별 3권
  - Phonics — 총 4권

예비중 대비교재

- **천재 신입생 시리즈** — 수학/영어
- **천재 반편성 배치고사 기출 & 모의고사**